Deutsche Erstauflage

Pro Media GmbH, Postfach 1323, 54516 Wittlich, Deutschland
Internet: www.index-verlag.org

Im Englischen herausgegeben 2015 von
Jawbone Press
2a Union Court
20 – 22 Union Road
London SW4 6JP
England
www.jawbonepress.com

Originalausgabe Spowiedź Heretyka veröffentlicht durch
Gruner & Jahr
www.guj.pl
Übersetzung ins Deutsche: Jochen Herlitz
Lektorat: Eva Hartmann

Satz und Grafik: Lukasz Jaszak (www.lukasjaszak.net)

Bibliografische Informationen der Deutschen Nationalbibliothek: Die Deutsche Nationalbibliothek verzeichnet diese Publikation in der Deutschen Nationalbibliografie; detaillierte bibliografische Daten sind im Internet abrufbar: www.dnb.de.

978-393687833-2

BEICHTEN EINES KETZERS

DER HEILIGE UND DER HEIDE: BEHEMOTH AND BEYOND

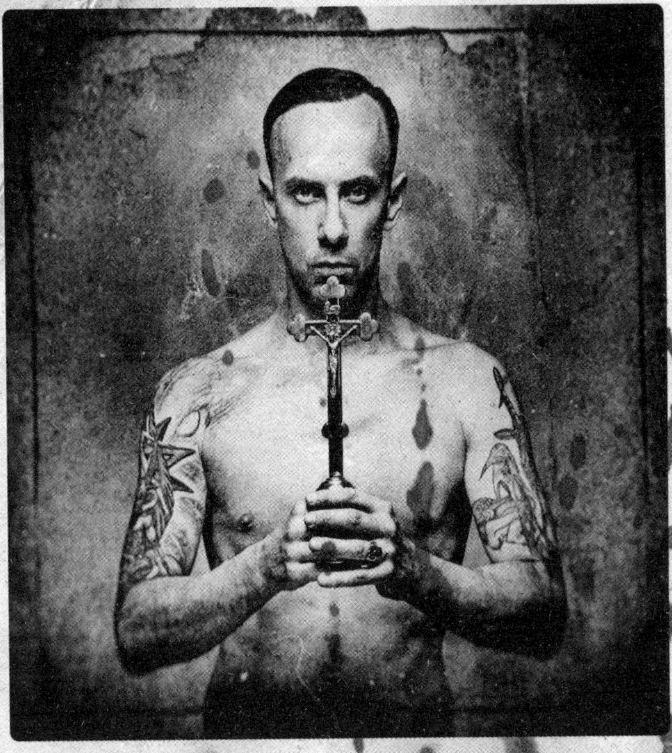

ADAM NERGAL DARSKI

MIT MARK EGLINTON

UND KRZYSZTOF AZAREWICZ & PIOTR WELTROWSKI

INDEX VERLAG

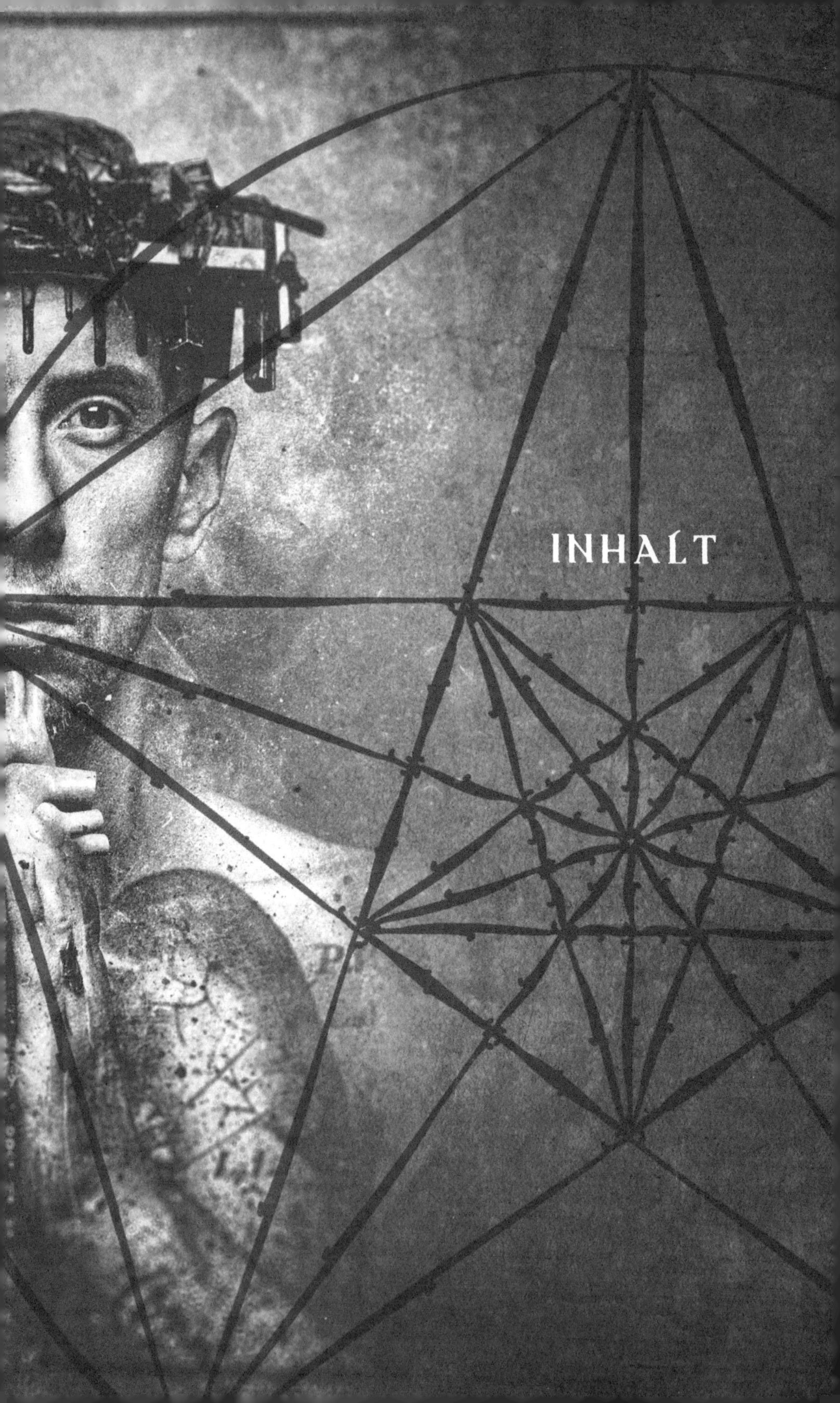

INHALT

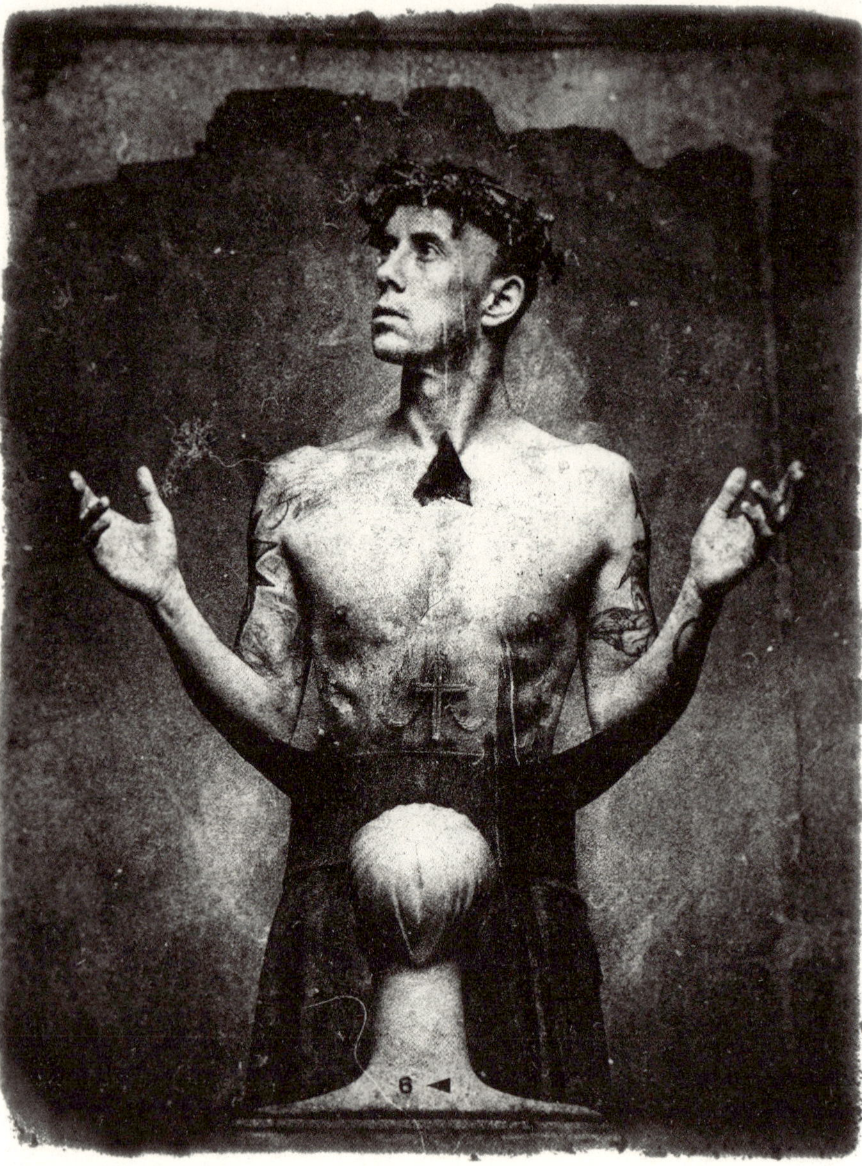
6

EINFÜHRUNG

VON KRZYSZTOF AZAREWICZ & PIOTR WELTROWSKI

Das Buch, das du in Händen hältst, hat über sechs Monate bis zur Vollendung gebraucht. Es ist das Ergebnis einer lange bestehenden Freundschaft zwischen Nergal und uns. Während der Interviews versuchten wir stets, Nergal in natürlicher Umgebung zu erwischen und ihn auf die Art zu zeigen, wie wir ihn aus dem alltäglichen Leben kennen.

Für dieses Buch haben wir über 100 Gespräche geführt. Diese fanden an verschiedenen Orten statt: bei uns daheim, während langer Spaziergänge an der Ostsee oder durch die Altstadt von Krakau, in vielen Londoner Restaurants und während Behemoths Touren. Unterschiedliche Gefühle begleiteten unsere Unterhaltungen, die manchmal zu einem langen und trägen Geplauder bei einer Tasse Kaffee wurden. Gelegentlich schalteten wir impulsiv das Diktiergerät ein, um einen oder zwei Sätze aufzunehmen, und es gab Momente, in denen Nergal gar nicht merkte, dass wir das Gespräch überhaupt aufnahmen...

Während der Vorbereitungen zu *Confessions Of A Heretic* taten wir jedoch unser Möglichstes, dass unsere eigenen Sichtweisen und Meinungen keinen Schatten darauf warfen, was Nergal zu sagen hatte. Tatsächlich vertraten wir oft Ansichten, die seiner Sicht auf die Welt total entgegenstanden, einzig mit dem Ziel, ihn dazu zu bringen, frei aus sich heraus zu sprechen. Im Endeffekt war die Arbeit an diesem Buch ein Test unserer Freundschaft. Trotzdem taten wir unser Bestes, um die Gespräche ehrlich und kompromisslos zu führen. Es gab Witze, Lächeln, Geklimper auf der Gitarre und sogar einige Tränen.

Wir hoffen, dass dich dieses emotionale Kaleidoskop zu selbstständiger Reflexion inspiriert und deiner Weltsicht etwas mehr Farbe verleiht.

ÜBER DIE ENGLISCHE AUSGABE

VON MARK EGLINTON

Die englische Ausgabe dieses Buches kam durch puren Zufall zustande. Als Fan von Nergal und seiner Musik wusste ich natürlich von seiner Krankheit und auch, dass eine polnische Ausgabe existierte, die im Jahre 2012 veröffentlicht wurde. Was ich zu dieser Zeit aber noch nicht erkannt hatte, war die Stärke und Tiefe des Charakters, der dahinterstand; der, offen gesagt, eine sehr einschüchternde Persönlichkeit des öffentlichen Lebens war. Jedoch können solche Persönlichkeiten irreführend sein. Und im Umgang mit seiner Not offenbarte Nergal eine Menschlichkeit, die jeden überraschte, der vielleicht zu schnell über jemanden geurteilt hatte, dessen gefühlvolle Meinungen oft als extrem angesehen wurden, um es vorsichtig auszudrücken.

Machen wir uns nichts vor: Ganz gleich, ob man Fan von Behemoth ist oder nicht, verdienen es Nergals Geschichte und Einstellungen zum Leben – nicht nur die Aspekte, die mit dem Besiegen seiner Krankheit zu tun haben –, in allen Sprachen genussvoll gelesen zu werden. Mit diesem Gedanken schickte ich dem Mann eine E-Mail und fragte, ob er zufällig Hilfe beim Erstellen einer englischsprachigen Ausgabe bräuchte. Ich war überrascht, nach 30 Sekunden eine Antwort zu bekommen. „*Let's do it*", sagte er.

Confessions Of A Heretic ist das Ergebnis. Es muss offen gesagt werden, dass diese Edition sich an manchen Stellen – meist nur ganz leicht – von dem polnischen Original unterscheidet. Wir mussten mit einer Rohübersetzung arbeiten, die von Piotrek Niesluchowski peinlich genau umgesetzt worden war. Sie war gut und brutal akkurat, aber ich fühlte, dass der Text editiert, verbessert und allgemein geformt werden musste, um seinem neuen Zweck gerecht zu werden, nämlich um ein potenzielles, großes Publikum englischsprachiger Leser in seinen Bann zu ziehen. Die Kernaussagen wurden nicht verändert und die oft rohe Natur der Dialoge wurde beibehalten, doch während des Prozesses der *Anglifizierung* – in Ermangelung eines besseren Ausdrucks – waren einige nicht vermeidbare Abweichungen von der polnischen Version nötig. All dies macht es zu einem fesselnden Buch. Am wichtigsten war mir, dass Nergals einzigartige Meinung, unabhängig von der Sprache, zum Vorschein kommen konnte. Als jemandem, dessen Beruf es ist, Meinungen aller sozialen Schichten einzufangen, war es für mich unverzichtbar, dass der außergewöhnliche Charakter dieses Mannes allen zum Lesen erhalten blieb.

ZUR DEUTSCHEN FASSUNG

VON JOCHEN HERLITZ

Bücher aus dem Metalbereich, noch dazu aus extremeren Sparten wie Black oder Death, haben es nicht leicht. Noch schwieriger ist es mit Biografien einzelner Künstler. Umso erfreulicher war die Veröffentlichung der englischen Ausgabe von *Confessions of a Heretic*. Die Edition ließ jedoch die große Gruppe rein deutschsprachiger Fans außen vor. Nergals Denken, seine Auseinandersetzung mit sich selbst und mit der Welt erschienen mir aber wertvoll und wichtig. Ich wollte einen Beitrag dazu leisten, das Gedankengebäude dieser außergewöhnlichen Persönlichkeit mehr Menschen zugänglich zu machen. Viele Passagen rufen beim Lesen ein lächelndes, wissendes Nicken hervor, einige Kopfschütteln. Und obwohl ich nicht all seinen Sichtweisen zustimmen kann, halte ich die Lektüre dieses Buches für unabdingbar, um einerseits Nergal selbst ein wenig mehr zu verstehen und andererseits zu einem besseren und tieferen Werkverständnis der Musik von Behemoth zu gelangen.

Die Entstehungsgeschichte der deutschen Fassung weist eine gewisse Ähnlichkeit zu der der englischen Version auf. Ich bot in einer E-Mail an, das Buch zu übersetzen. Ich ging von langwierigen Verhandlung und Diskussionen mit irgendwelchen

Sachbearbeitern und Managern aus. Umso überraschter war ich, als kurz darauf die Antwort kam: „*Let's talk, hm? N.*" Die Idee war geboren.

Mark Eglinton hat der englischen Fassung einen wunderbar eigenen Sprachstil gegeben. Insbesondere hat er den verschiedenen Textquellen eine homogene Struktur verliehen. Er hat die Stimmungen hinter den Aussagen auf eine ganz besondere Weise transportiert, die nicht immer einfach zu verstehen ist und manches Mal zum Innehalten und Nachdenken zwingt. Viele scheinbare Unklarheiten und Andeutungen hätten mit einfachen sprachlichen Mitteln ganz eindeutig dargestellt werden können. So aber sind sie nichts anderes als Denkimpulse. Diese bewussten Ambiguitäten ins Deutsche zu übertragen war entscheidend dafür, zugunsten eines angenehmen Leseflusses an einigen wenigen Stellen auf eine wortwörtliche Übersetzung zu verzichten. Der Kern der Aussagen, ihre Essenz, blieb natürlich jederzeit erhalten.

Nun liegen die „Beichten eines Ketzers" vor: die Energie, das Herz, die Seele von Behemoth. Sie laden ein zur Auseinandersetzung mit der Vielschichtigkeit, mit der Klarheit und Widersprüchlichkeit, Witzigkeit und Ernsthaftigkeit, Leichtigkeit und Tragik eines sehr extremen und gleichzeitig sehr empfindsamen Menschen.

VORWORT

VON D. RANDALL BLYTHE

Adam Nergal Darski ist ein Überlebender. Da die meisten Menschen in den zivilisierten Ländern nie in lebensbedrohliche Situationen kommen (und Überleben ist in der Tat der wichtigste menschliche Instinkt), bedeutet mir dieser überbeanspruchte Begriff des Respekts nicht allzu viel. Es sagt nicht viel über den Mann aus, dass er – bis heute – am Leben ist, denn das sind etwa sieben Milliarden andere Menschen auf diesem Planeten auch. *Big fucking deal.*

Alle Menschen – außer, sie sind geistig krank oder selbstmordgefährdet –, werden aus ihrem innersten Kern heraus angetrieben, ihr Dasein abzusichern. Genaugenommen streben *alle* Lebensformen danach, zu überleben. Somit ist überhaupt nichts wirklich Außergewöhnliches daran, da alles leben möchte und sein Möglichstes tun wird, um das zu tun – wenn es sein muss, um jeden Preis. Menschen haben Schreckliches überlebt, seit wir uns von vier auf zwei Beine erhoben haben, also ist Überleben nichts grundsätzlich Besonderes. Wären wir nicht fähig, Unglücke zu überstehen, wäre niemand von uns heute hier.

Doch was den Menschen von, sagen wir, Möwen, Klapperschlangen oder Topfpflanzen unterscheidet, ist die Fähigkeit, bewusst zu wählen, wie er mit bestimmten kritischen Situationen basierend auf individuellen ethischen Kodizes umgeht. Natürlich, manchmal müssen wir tun, was wir tun müssen. Das ist nicht immer schön, und wir müssen damit zurechtkommen. Doch in einer immer weicher werdenden Welt – einer Welt, die mit jedem Tag mehr und mehr ichbezogener zu werden scheint – steht das Konzept der Selbsterhaltung um jeden Preis an vorderster Stelle (obwohl ich den Begriff Selbst*förderung* treffender finde). Anspruchsdenken und gefährdete ethische Werte scheinen jetzt die Norm zu sein. Alle heulen wegen ihrer Leiden, während sie sich gegenseitig bei den Streitereien um Geld, Prestige und die lächerlichen anderthalb Sekunden virtuellen Ruhmes niedertrampeln Von dem denken die meisten Menschen, sie hätten in diesen erbärmlichen, modernen Zeiten einen Anspruch darauf.

Damit Überleben mich heutzutage noch beeindruckt, muss es *wahrhaftig* sein und mit Verve geschehen. Auf diesem Planeten gibt es einfach zu viele Wichser, als dass ich durch schieres Fortführen der Existenz beeindruckt wäre. Sich nicht zu erhängen, weil die Freundin Schluss macht, oder ohne Zusammenbruch eine anstrengende Woche im Büro zu überstehen, ist kein „Überleben“. Damit ich jemanden einen Überlebenden nenne, muss diese Person im Angesicht *echter* Not an ihren Überzeugungen festhalten und aus Krisen, gleich welcher Art, mit intakten inneren Richtlinien und erhobenem Kopf hervorgehen. Noch besser, wenn sie dabei schick angezogen ist. Nergal ist einer dieser Menschen – er überlebt *mit Stil.*

Ich bin mit Nergal nicht immer einer Meinung. Einige seiner Ansichten sind für meinen Geschmack etwas zu extrem, und sicherlich würde ich manche Dinge nicht so angehen, wie er es tut. Aber immer, immer, immer respektiere ich diese Ansichten und den Mann, der sie vertritt, da sie wohldurchdacht und logisch sind und Ner unerschütterlich an ihnen festhält, selbst wenn sie für ihn möglicherweise unerfreuliche Umstände nach sich ziehen. Ich wurde aus erster Hand Zeuge dieser Schnittmenge aus Überzeugung, Handlung und möglicher Konsequenz bei einem Ereignis, das er sehr kurz zu Anfang dieses Buches beschreibt.

Meine Band, Lamb Of God, war 2007 mit Behemoth als Teil der „Sounds of the Underground"-Tour unterwegs. Die Tour machte einen Halt auf dem Gelände des Waverly-Hills-Sanatoriums, einem verlassenen und angeblich verfluchten Behandlungszentrum für Tuberkulosekranke (und später für alte oder geistig kranke Menschen) in den Wäldern außerhalb von Louisville, Kentucky. An diesem Tag sollten etwa 20 Bands auftreten. Eine davon war eine christliche „Metalcore"-Band, bei der man es anscheinend für eine gute Idee hielt, Nergal eine Bibel in die Hand zu drücken, bevor Behemoth auf die Bühne gingen. Ich weiß nicht, ob es ein evangelikaler Versuch, Nergals unsterbliche Seele zu retten, oder ob es passiv-aggressives Verhalten ihm gegenüber war – jedenfalls ging es gehörig nach hinten los.

Meine Frau und ich standen mit einem Freund an der Seite der Bühne, um uns Behemoths Auftritt anzusehen, als ich sah, wie Nergal mit der Bibel in der Hand nach vorne an den Bühnenrand stiefelte und sich an die Menge von etwa 7.000 Leuten wandte. Der Veranstaltungsort fasste 4.000 Menschen, und die Show war lange im Voraus ausverkauft gewesen. Weitere 3.000 Metalheads ohne Tickets, neugierige Leute aus Louisville und einfach gewöhnliche, alte, betrunkene Rednecks, die nichts Besseres zu tun hatten, waren einfach durch den Wald marschiert, um sich die Show mal anzusehen. Das Festival verlief nicht wie geplant: Alle Sets fingen mit Verspätung an, es gab nicht ansatzweise genug Dixis und die Händler hatten kein Wasser mehr, da wegen des unerwartet großen Andrangs ziemlich bald alles ausverkauft war. Es war ein auffallend schwüler Nachmittag, und über der verschwitzten Menge hing eine deutlich schlechte Stimmung. Die Security hatte nicht ihren besten Tag (um es vorsichtig auszudrücken), und ich sah Nergal die Bibel in die Höhe heben. Ich erinnere mich, dass ich dachte: *Was auch immer jetzt passiert, es wird nicht gut ausgehen.*

„Wie viele von euch glauben an diesen Mann, den man Jesus nennt?“, bellte Nergal ins Mikrofon.

Etwa die Hälfte der Anwesenden hob die Hände.

„Und wie viele von euch haben dieses Buch gelesen und glauben, dass es die wahren Worte dieses Jesus, eures Herrn und Erlösers, enthält?“, fragte er und schwenkte die Bibel vor der Menge herum. Dieselben 3.500 Hände gingen in die Höhe.

„Na, ich habe schlechte Neuigkeiten für euch“, knurrte er. „Dieses Buch, das ihr so sehr liebt... Ich sage, es ist ein Buch der *Lügen*!“

Und dann zerriss Nergal die Bibel, spuckte auf die herausgerissenen Seiten und schleuderte sie in die Menge. Während die Seiten auf das Publikum herabsegelten, sprach er ins Mikrofon: „Das Nächste ist für alle von euch, die dem falschen Christus glauben, den ihr Jesus nennt. Dieser Song heißt ‚Christians to the Lions‘.“ Behemoth legten los, und Chaos brach aus.

Holy fuck, dachte ich. *Wir werden alle sterben.*

Das war keine Aufführung in irgendeinem Programmkino in Los Angeles, wo bärtige Hipster hinterher im Internet schmierige Kommentare hinterlassen konnten, wie „edgy“ der Frontmann dieser polnischen Metalband doch gewesen sei. Das war keine Fernsehaufzeichnung von Sinéad O'Connor, wie sie in New York fucking City bei *Saturday Night Live* ein Bild des Papstes zerriss (obwohl ich sicher bin, dass Nergal das gefallen hatte), was in der folgenden Woche eine total verweichlichte Entschuldigung seitens des Senders zur Folge hatte. Das war eine kaum gezügelte Menge mehrerer tausend Betrunkener, von denen viele keine Metalfans waren. Tief in den Wäldern. In Kentucky. Im *Bible Belt*. Wo Leute Waffen hatten. *Viele* Waffen. Falls hier was schiefging, würde es *richtig* schiefgehen.

Dazu brauchte man Eier. Nein, man brauchte *Stil*.

Irgendwie blieb ein umfassendes Redneck-Massaker an uns aus, aber im Publikum gab es viele sehr, sehr unglückliche Menschen. Als Behemoth die Bühne verließen, ging ich zu Nergal und sagte: „Verdammt, Mann, wer immer dir diese Bibel gegeben hat, hat dich richtig angepisst, hm?"

„Weißt du, ich versuche, zu jedem nett zu sein", sagte er, immer noch sichtlich wütend, „aber offensichtlich wollen einige mich das nicht sein lassen." Damit stampfte er davon, in seine Garderobe.

Nachdem ich ihn schon einige Jahre kenne, kann ich mit nicht wenig Überzeugung sagen, dass Nergal ein supernetter Kerl *ist*. Obwohl ich mit Sicherheit nicht dieselbe Verachtung für religiösen Glauben empfinde wie er, habe ich ein großes Problem damit, was viele Menschen im Namen des jeweiligen Gottes tun, den sie anbeten. Wie auf diesen alten Stoßstangenaufklebern steht: *God save me (from your crazy followers)*. Meine Band, obwohl wir unseren Namen der christlichen Bibel entnommen haben, hat genau null Texte, die für oder gegen irgendeine Religion sind. Und ich habe kein Problem damit, wenn Andere an irgendeinen Gott glauben möchten (solange dieser Glaube nicht die Rechte anderer verletzt oder einschränkt). Aber

Lamb Of God wurden bestreikt und von Auftritten verbannt. Zur Hölle, wir wurden von religiösen Fanatikern aus ganzen *Ländern* verbannt, weil sie absolut keine Ahnung hatten, um was es bei uns geht. Mehr als einmal schrien mir außerhalb unserer Gigs religiöse Spinner ins Gesicht, dass ich wegen der „Teufelsmusik", die ich machte, in die Hölle käme.

Hingegen habe ich, obwohl Nergal das Christentum offenkundig verachtet (der Kerl hat ein Album namens *The Satanist* veröffentlicht!), nie gesehen oder gehört, dass er vor einer fundamentalistischen Kirche mit „Corpsepaint" herumgerannt wäre, den Gläubigen blasphemische Flüche entgegengebrüllt und versucht hätte, ihnen seine Ansichten einzutrichtern, während er ihnen mit einem „Satan Saves"-Schild vor den Gesichtern herumwedelt (obwohl das ziemlich lustig anzusehen wäre). Ich habe ihn tatsächlich niemals jemanden willkürlich misshandeln sehen, weder physisch noch verbal. Anders als bei seiner Bühnenpräsenz kenne ich Nergal als herzensguten, wohlerzogenen Mann. Es macht viel Spaß, mit ihm rumzuhängen, und er ist ein echt netter Kerl – doch, das ist er wirklich.

Auch ist er äußerst intelligent, kann seine Ansichten klar und deutlich formulieren und hat keine Skrupel, sie in der Öffentlichkeit zu verteidigen. Als bei ihm Leukämie diagnostiziert wurde, ermutigte Nergal seine Fans, sich bei einer Organisation für Knochenmarkspenden zu melden, um dabei zu helfen, anderen das Leben zu retten, die an derselben Krankheit litten wie er. Doch ebenso gründlich vertrieb er in seiner ersten Stellungnahme nach der Diagnose alle Gerüchte, er könne angesichts der lebensbedrohenden Erkrankung seine verachtende Sicht auf Religion geändert haben und zum Christentum konvertiert sein.

„Warum sollte die Krankheit meine Sichtweise ändern? Es stimmt, dass es eine schwierige Zeit für mich ist und dass die Gedanken an die letzten Dinge nur schwer zu vertreiben sind. Aber die Vorstellung, ich würde als Folge der Krankheit meine Meinungen, Prioritäten und Werte ändern, klingt für mich, als wäre mein Kopf krank, und nicht meinen Körper. Also, ich sage denen, die eine Chance wittern, wegen der Erkrankung mich oder meine Regeln zu brechen: Nur über meine Leiche!"

Na, das ist Überleben mit *Stil*!

Genau wie mir armem Kerl sind Nergal Auseinandersetzungen und rechtliche Scherereien nicht fremd, wie die Leser dieses Buches erfahren werden. Er sah sich dem Ungemach eines Gerichtssaals mit ziemlich schweren Konsequenzen bei mehr als einer Gelegenheit gegenüber (ein Gefängnis im früheren Ostblock ist *kein* schöner Ort – das könnt ihr mir glauben). Er hielt an seinen Überzeugungen fest, und wieder einmal überlebte er die Schlacht mit *Stil*. Ner ist ein komplexer Typ, der einen faszinierenden Weg voll überraschender Wendungen und Drehungen hinter sich hat, sein Leben stellt eine großartige Geschichte dar. Beim Erzählen dieser Geschichte hat er es sich nicht einfach gemacht, und er hat auch nicht versucht, ein größeres oder glamouröseres Bild von sich zu zeichnen, als er wirklich ist. Es ist eine gute Lektüre, ein ehrenwertes Buch, und ich bin stolz, dass ich gebeten wurde, das Vorwort der englischen Ausgabe zu schreiben. Da ich die Intelligenz, die Ethik und die innere Stärke der Menschen, mit denen ich mich umgebe, sehr hoch schätze, bin ich noch stolzer darauf, diesen Mann meinen Freund nennen zu dürfen.

Genießt dieses Buch – aber ich hoffe, dass die Leser einen oder zwei Abschnitte entdecken, bei denen sie innehalten und sich einen Moment Zeit nehmen, über die Umstände ihres eigenen

Lebens nachzudenken und die Handlungsweisen ihres täglichen Daseins zu überdenken. Ich habe das mit Sicherheit getan.

Seid ohne Furcht!

D. Randall Blythe
Richmond, VA
1. Dezember 2014

I

ICH BIN DEIN BLINDES SCHICKSAL, DAS DICH AUS DEM LAND DER HOCHHÄUSER ERLÖSTE

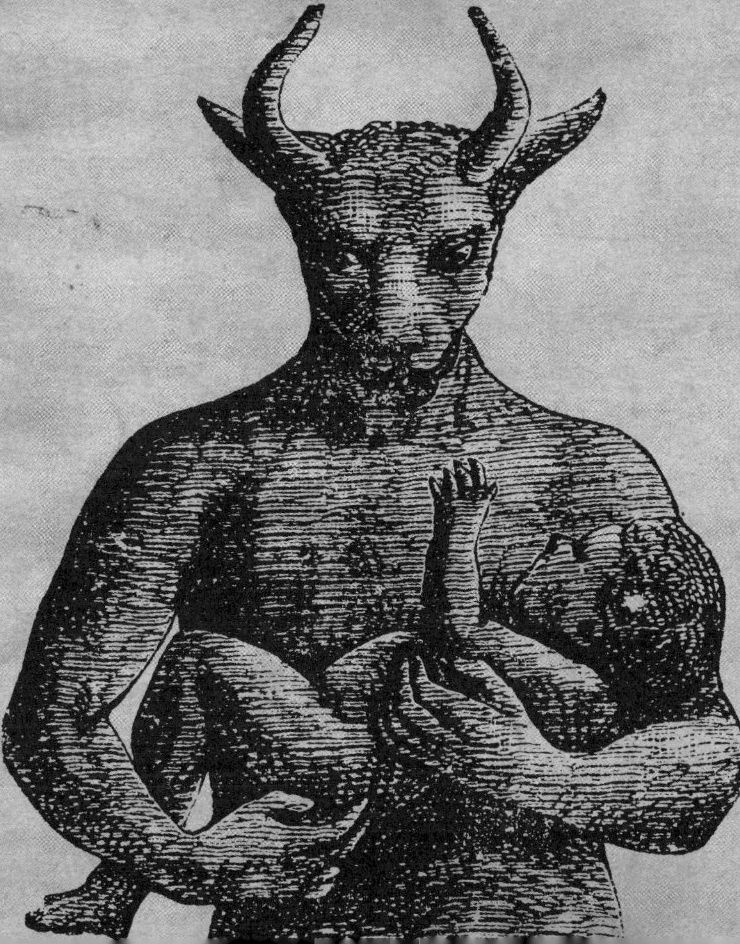

Wann bist du das das letzte Mal beichten gewesen?

Ich weiß es nicht. Ich erinnere mich nicht mehr. Das muss Jahre her sein.

Aber in Polen geht jedes Kind zur Beichte.

Ich muss etwa vierzehn gewesen sein. Ich habe mich auf die Konfirmation vorbereitet, sie aber nie erhalten. Ich wollte aus diesem Zirkus rauskommen. Die Religion selbst wurde mir verleidet. Sie stank irgendwie. Diesen Gestank hatte ich bereits wahrgenommen, als ich mich noch katholisch fühlte und dachte, ich würde glauben. Es gab so eine Zeit in meinem Leben – ernsthaft. Aber es war ein flüchtiger Glaube, er hatte nichts Tiefgehendes. Ich war ein Kind, und somit eher an Vergnügen als an der Kirche interessiert.

Versuch mal, nachzudenken. Vielleicht *kannst* du dich an den Moment erinnern, als du deine Sünden das letzte Mal gestanden hast?

Nein. Ich erinnere mich nur an die Gefühle, die mich begleiteten, wenn ich zum Beichtstuhl ging, nicht an den Akt an sich. Man steht einfach da, wartet in der Reihe, und um einen herum ist alles traurig und kalt. Ich hasste es, und das tue ich immer noch. Kirchen mögen schön sein, aber sie sind immer traurig und kalt.

Adam Darski floh vor der Konfirmation, und der Himmel weinte ihm keine Träne nach...

Das einzig Besondere an meiner Geburt war der Ort. Obwohl meine Familie in Danzig lebte, wurde ich in einem Krankenhaus in Gdingen geboren, also bin ich eigentlich ein „Hering“ (das Stadtwappen zeigt einen Hering). Abgesehen davon war es ziemlich normal. Die Heiligen Drei Könige waren nicht da, auch kein heller Stern. Nur eine ganz normale Geburt. Meine

Kindheit war ähnlich. Wir waren eine typisch polnische Familie.

Adam ist so ein schöner, biblischer Name.

Ja, er ist schön.

Waren in deinem Elternhaus Traditionen wichtig?

Nur zur Dekoration. An der Wand hing ein Kruzifix und wir ließen einen Priester in unser Haus kommen, aber ich spürte, dass das nur zur Zierde war. Es gab auffällige Unstimmigkeiten zwischen dem, was an der Wand hing und dem, was wir tatsächlich praktizierten. Mein Vater war in der PZPR (Polnische Vereinigte Arbeiterpartei). Ich wusste, dass er in einer misslichen Lage war, und er versuchte, einen Kompromiss zwischen seiner eigenen Weltsicht und diesen Traditionen zu finden. Er nahm an allen Festen teil, aber er kniete niemals nieder — er trat immer zur Seite. Er wahrte den Schein, hielt sich aber aus allem raus.

Was ist mit deiner Mutter?

Für sie hatte Religion mehr Gewicht, aber ich denke eigentlich nicht, dass ihr Glaube sehr tief war. Wahrscheinlich wird sie mit mir schimpfen, weil ich das gesagt habe, aber so sehe ich es. Allerdings gab es eine Phase in ihrem Leben, in der sie aufrichtig nach Hilfe von Gott suchte.

Ich war acht Jahre alt und mein Bruder Pawel war sechzehn, als er einen Blindgänger mit nach Hause brachte. Es gab damals keine Computer, und im Fernsehen hatten wir zwei Kanäle, also mussten Kinder ihren Spaß woanders suchen. Mein Bruder interessierte sich schon immer für alten Militärkram. Er war nicht schwer zu finden, man musste nur in den Wald gehen. Pawel bastelte an dem Teil herum, das er gefunden hatte. Es explodierte, und er verlor sein Augenlicht für einige Zeit. Er war ein paar Monate im Krankenhaus. Die Ärzte wussten nicht, ob er jemals wieder sehen können würde. *Da* begann meine Mutter Irena zu beten. Sie ging in die Kirche und suchte Hilfe durch das Kruzifix. Aber als es meinem Bruder besserging, hörte sie auf damit. Zum Glück für sie, und mich, wurde sie kein Zelot.

Der Altersunterschied zwischen dir und Pawel ist ziemlich hoch — acht Jahre. Wie war eure Beziehung?

Wir haben dieselbe Mutter, aber — nicht ganz ernst gemeint — bei dem Vater bin ich mir nicht so sicher. Wir waren polare Gegensätze. Wir unterschieden uns in allem, das fing bei unseren Charakteren an und endete mit der Art, wie wir unsere Leben führten. Ich war ein guter Schüler; weder in der Schule noch daheim habe ich große Probleme gemacht.

Mein Bruder war ein astreiner Rabauke. Er machte viel Ärger und hat gerade noch die Grundschule abgeschlossen. Er wollte seine Ausbildung nicht fortsetzen. Er ging auf eine Berufsschule und fand danach Arbeit. Seine Bestrebungen gingen radikal von der Ausbildung weg. Er war hauptsächlich an Partys, Mädchen und Fitnessstudios interessiert. Er hatte sich sogar auf dem Dachboden ein Fitnessstudio eingerichtet.

Eines Tages fand ich im Schrank einen Satz Spritzen und seltsame Fläschchen. Ich hatte natürlich keine Ahnung, was das war. Erst später — als Pawel in kurzer Zeit sehr beeindruckende Muskeln bekommen hatte —, habe ich eins und eins zusammengezählt. Aber das störte mich nicht. Wir lebten in einem Zimmer, aber wir verbrachten unsere Zeit *neben*einander, nicht miteinander — das ist ein Unterschied. Gleichwohl ist es zum großen Teil ihm zu verdanken, dass ich die Musik entdeckt habe. Man kann sagen, dass er mein Leben verändert hat …

Bist du an Ostern zur Kirche gegangen?

Niemals! Selbst dann nicht, als ich mich noch als Katholik sah — ich hasste Kirchen. So war mein Instinkt. Ich fing an, meine Eltern zu belügen. Als Kind musste ich meiner Mutter erzählen, dass ich in der Kirche war. Jeden Sonntag stahl sich mein Bruder natürlich in der Frühe davon, mein Vater kümmerte sich um seinen Schrebergarten und ich blieb bei Mama. Die Sonntagsmesse für Jugendliche war um elf Uhr, also verließ ich um diese Zeit das Haus.

Stand deine Mutter dann wartend in der Tür, um dich zu fragen, worum es in der Messe ging?

Nein, sie hat nie Gestapo gespielt. Aber ja, einige meiner Freunde mussten auf ihre Kumpels warten, bis die aus der Kirche kamen, um sie wegen der Messe zu fragen. Das ging mich nichts an. Ich wurde zu nichts gezwungen, es war eher eine Art stiller Druck.

Ich weiß noch nicht einmal mehr, wie meine Sonntagsausflüge endeten. Eines Tages ging ich einfach nicht mehr zur Kirche, und das war es. Ziemlich unspektakulär. Es gab keine Strafen, und mein Taschengeld wurde nicht gekürzt.

Womit haben deine Eltern ihren Lebensunterhalt verdient?

Mein Vater arbeitete in der Lenin-Werft als Schiffsbautechniker. Er verbrachte die meiste Zeit im Büro. Er hat mich ein paar Mal mitgenommen, aber das fand ich langweilig. Meine Mutter wiederum arbeitete ihr ganzes Leben bei Bimet, einer Kugellagerfabrik. Sie war ebenfalls im Büro. Als junges Mädchen wollte sie Krankenschwester werden, aber als sie einmal während des Unterrichts Blut sah, fiel sie fast in Ohnmacht und überlegte es sich anders. Ich hatte immer etwas zu essen und zum Anziehen. Wir waren nicht reich, aber wir mussten uns auch nicht abrackern, und selbst wenn, taten meine Eltern ihr Möglichstes, damit ich es nicht merkte.

Haben sie dich verwöhnt?

Wegen eines Vorkommnisses fühle ich mich bis heute blöd. In den 80er-Jahren gab es in den Geschäften praktisch keine Waren. Aber es gab Märkte, wo man allerhand interessantes Zeug bekommen konnte. Einer war in Langfuhr, einem Vorort von Danzig. Ich ging gerne dorthin, zuerst mit meinen Eltern, später mit meinen Freunden. Einmal sah ich einen Computer — einen ZX81, das vermutlich primitivste Gerät dieser Art. Es sah wie ein großer Taschenrechner aus, aber man konnte darauf Spiele spielen. Er war ein Vorläufer des ZX Spectrum, Atari oder Commodore.

Oh, es war der feuchte Traum jedes Jungen, so etwas zu besitzen. Ich scherte mich nicht um den Preis; ich wollte einfach einen haben. Zuerst weigerten sich meine Eltern, da er sehr teuer war. Aber sie konnten das Feuer in meinen Augen sehen, also kam der Händler zu uns nach Hause, erklärte mir, wie der Computer funktionierte und wir machten ein Geschäft.

Danach habe das Ding nie wieder eingeschaltet. Er stand einfach herum und verstaubte. Das waren schwierige Zeiten, und das Geld hätte man besser gebrauchen können. Aber so waren meine Eltern, und so sind sie noch heute. Sie erfüllten mir alle meine Wünsche. Ihnen mangelte es an Charakter...

Und dir mangelte es an Disziplin?

Jeder Topf hat zwei Henkel.

Komm schon — beantworte die Frage.

Ich bin meinen Eltern wirklich dankbar für die Art, wie sie mich erzogen haben. Aber schon als Kind konnte ich mein Leben in die eigenen Hände nehmen. Ich lernte Verantwortung und Selbstständigkeit. Ich musste nicht Klavier spielen lernen oder zum Ballettunterricht. Ich habe Sprachen gelernt, weil es mir gefiel und nicht, weil mich jemand dazu zwang. Ich konnte Kampfsport machen oder Gitarre spielen, niemand hielt mich davon ab. Im Gegenteil: Meine Eltern erleichterten mir vieles.

Wurdest du geschlagen?

Nein, aber mein Bruder. Er hat oft Prügel bekommen. Dank seiner Exzesse war mein Arsch in Sicherheit. Meine Eltern wussten, dass es sich nicht auszahlte, wenn sie grob zu mir waren. Sie hatten andere, lehrreichere Methoden für mich.

Also hast du nie Schläge bekommen?

Vielleicht zweimal in meinem ganzen Leben.

Hattest du es verdient?

Einmal mit Sicherheit. Ich war sechs Jahre alt, und wir verbrachten die Ferien auf dem Land. Unser Haus war auf einem Hügel mit einer steilen Straße, die zu einer Fußgängerbrücke über einen Fluss führte. Seitlich auf dem Hügel stand ein Traktor. Ich kletterte auf den Fahrersitz und drückte die Kupplung. Die Maschine setzte sich in Bewegung und rollte geradewegs auf das Wasser zu. Ich versuchte zu lenken, aber der Motor war aus. Auf keinen Fall hätte ein kleiner Junge wie ich so ein großes Fahrzeug kontrollieren können. Zum Glück war mein Onkel mit meinem Vater in der Nähe, und sie stoppten die Maschine ein paar Meter vor dem Fluss. Dafür habe ich ordentlich Prügel kassiert. Ich verbrachte die nächsten zwei Tage im Bett, weil mir alles wehtat.

Trägst du das deinem Vater nach?

Nein, ich hatte es verdient. An dieser Straße spielten immer Kinder. Es war pures Glück, dass an dem Tag niemand zu Schaden kam, als ich den Traktor startete. Ich kriege heute noch eine Gänsehaut, wenn ich daran denke. Wir machen eine Menge dummes Zeug, wenn wir jung sind.

Du bist also kein Traktorfahrer geworden! Wie steht es mit Kampfsport?

Mein Vater hat mich zum Judo-Unterricht mitgenommen. Ich bin darauf abgefahren. Kampfsport wurde zu einem Teil meines Lebens, fast so wichtig wie Musik. Ich hatte eine weitere Leidenschaft: zeichnen. Ich habe Stunden damit verbracht, ganze Hefte vollzuzeichnen. Ich habe sogar eigene Comicbücher gemacht. Meistens habe ich Schlachtenbilder gezeichnet. Jeder Junge mag Krieg.

Hast du mit Spielzeugsoldaten gespielt?

Mein Nachbar aus dem siebten Stock, Piotrek, kam oft vorbei. Wir führten Kriege, indem wir Murmeln in die gegnerische Armee warfen. Er war verdammt gut darin! Viel besser als ich, also habe ich für gewöhnlich verloren. Das machte mich wütend.

Hast du mit den Füßen aufgestampft und die Soldaten vom Tisch gefegt?

Nein, aber dass mein Freund gewann, war extrem frustrierend. Ich hatte nie gelernt, zu verlieren – ich konnte nie Zweiter sein. Andere Kinder spielten Fußball. Ich wusste, dass ich den Besten von ihnen nicht ebenbürtig war, also ließ ich es sein. Ich war in Judo viel besser. Ich war ein gewissenhafter Schüler und habe nie ein Training verpasst. Und bei den Kämpfen gab es auch Preise. Die besten Teilnehmer bekamen Eintrittskarten fürs Schwimmbad. Das war wirklich exklusives Entertainment. Heute kreuzt man einfach auf, kauft sich eine Dauerkarte und geht hin, wann immer man will. Damals gab es in der

Dreistadt[1] nur eine Handvoll Schwimmbäder, und man kam nicht so einfach hinein. Ich war jeden Samstag da.

Hattest du zu der Zeit Interesse an Mädchen?

Ich entdeckte das zarte Geschlecht bereits im Kindergarten. Ich war in drei verschiedenen... ich flog aus keinem raus, aber meine ersten Kindergartenerfahrungen waren sehr traumatisch. Ich hing sehr an meinen Eltern und verstand einfach nicht, warum meine Mutter mich an einem so seltsamen Ort abgab. Ich stand am Fenster und mir liefen Tränen über das Gesicht, als ich sah, wie meine Eltern das Gebäude verließen. Dann ging ich auf die Toilette, schloss die Tür und heulte weiter.

Die anderen Kinder haben nicht so reagiert, aber ich habe es wirklich gehasst. Das Schlimmste war das sogenannte „Kotelett“. Ich sage „sogenannt“, weil es nichts mit einem richtigen Schweinekotelett zu tun hatte. Ein paar Bänder, Knorpel und Sehnen, an denen ein paar winzige Stückchen Fleisch hingen, und das Ganze hielt nur dank der scheußlichen Panade zusammen. Das war das Kindergartenkotelett. Es war unmöglich zu essen. Das Problem war, dass wir nicht vom Tisch aufstehen durften, wenn auf unseren Tellern noch Essen war.

Hast du die Fäuste geballt und aufgegessen?

Ich habe es versucht. Einmal habe ich es nicht geschafft. Ich denke, das war das größte Trauma meiner Kindheit. Ich kaute auf diesem verdammten Stück Fleisch herum, versuchte es aus allen möglichen Richtungen und stopfte die Fleischstücke in die Backen wie ein Hamster. Gleichzeitig meldeten sich meine Gedärme mit einem dringenden Bedürfnis, aber ich durfte nicht aufstehen und zur Toilette gehen, weil mein Teller noch

[1] polnisch *Trójmiasto*: eine städtische Fläche in Polen mit den drei Zentren Danzig, Gdingen und Zoppot

voll war. Für ein paar Augenblicke kämpfte ich tapfer mit der Natur.

Ich zappelte weiter herum und redete mir ein, dass mich irgendwer schon zur Toilette lassen würde, aber nichts geschah. Als es dann kritisch wurde, sprang ich auf und rannte zum Scheißhaus. Ich hörte, wie jemand nach mir rief, aber ich ignorierte ihn.

Es gibt noch etwas, das du wissen musst: In demselben Kindergarten war in der anderen Gruppe ein Mädchen, eine kleine Blonde namens Bożenka. Alle Jungs waren verrückt nach ihr – und ich auch. Es war natürlich rein platonisch, ich hatte keinen wirklichen Kontakt mit ihr. Sie war ein sehr freundliches Mädchen: ruhig, still und hübsch. Einfach perfekt. Ich liebte es, sie anzustarren, aber mehr habe ich nicht gemacht.

Was war ihre Rolle in der Kotelettgeschichte?

Ich rannte aus dem Raum. Ich eilte mit Höchstgeschwindigkeit aufs Scheißhaus, aber es war schon zu spät. Ich schaffte es noch nicht mal, die Tür zu schließen und meine Hose runterzuziehen. Da war ich nun, voll mit meiner eigenen Scheiße und versuchte, mich mit Toilettenpapier zu säubern, als die Tür aufging und Bożenka hereinkam. Sie starrte mich an, ich starrte sie an. Meine Kacke war überall.

Ich lächelte sie verlegen an, bekam den Mund auf und bat sie, mich nicht zu verpetzen. Selbstverständlich war das Erste, was sie machte, einen der Erzieher zu rufen. Es endete mit einer Menge Peinlichkeit und einem Bad im Kinderplanschbecken. Die Erzieherin hielt mich an der Hand wie einen Putzlappen, während sie mich mit dem Schlauch säuberte. Ich bekam einen Verweis und etwas extra Nickerchenzeit. Nun, das und außerdem das Gefühl, das meine unerfüllte Liebe mich verpetzte, dass ich mir in die Hose gemacht hatte.

War das deine erste Jungs-Mädchen-Erfahrung?

Nein. Die erste war viel angenehmer. Ich hatte irgendwas angestellt. Ich weiß noch nicht mal mehr, was es war, aber ich wurde bestraft. Das bedeutete natürlich mehr Nickerchenzeit. Ich musste meinen Schlafanzug tragen und im „Strafbett" in der Mitte des Raumen liegen. Ich riss die Zeit ab, bis meine Erzieherin kam und sagte, dass ich aufstehen könnte. Aber ich fühlte deutlich, dass etwas anderes auch noch „aufgestanden" war. Das war die erste Erektion, an die ich mich erinnere.

Hattest du im Kindergarten eine feste Freundin?

Da habe ich sogar meinen ersten Blowjob bekommen! Daran kann ich mich genau erinnern. Das Mädchen hieß Magda und war definitiv nicht mein Typ. Sie hatte eine Hakennase und wirr abstehende Haare, wie ein Huhn oder so. Während der Schlafenszeit lag sie in dem Bett neben mir. Wir haben miteinander geflüstert. Und plötzlich machte sie mir ein Angebot, dass ich nicht ablehnen konnte. Sie wollte mich da unten lecken, falls ich das auch bei ihr machte. Ich war neugierig, also sagte ich: „Bin dabei." Aber als sie unter meine Decke ging, hat bei mir nichts gezündet... ich habe nur mit den Achseln gezuckt.

Was ist mit deinem Teil der Abmachung?

Ich habe kalte Füße bekommen. Ich habe zwar meinen Kopf unter die Decke gesteckt, aber auf halbem Wege beschloss ich, dass ich es nicht wirklich wollte. Also bin ich wieder zurück und habe ihr ganz ernsthaft erklärt, dass ich nicht drankäme. Dann habe ich mich umgedreht und geschlafen.

Du hast dem armen Mädchen das Herz gebrochen. Wann hast du herausgefunden, wozu dieses baumelnde Ding da unten ist?

Schwer zu sagen. Ziemlich früh, nehme ich an. Als ich acht war, wurde ich das erste Mal ordentlich aufgeklärt. Von Cezar, einem Kumpel meines Bruders. Er feierte gern. Er war ein Raufbold, aber mich hat er immer ordentlich behandelt.

Mein Bruder gab eine Party. Unsere Eltern waren nicht daheim, und ich sollte in meinem Zimmer bleiben und die Klappe halten. Also lag ich im Bett und las, während im Nebenzimmer ziemlich die Post abging: Zigaretten, Alkohol, laute Musik. Auf einmal kam Cezar hackedicht in mein Zimmer. Er setzte sich auf mein Bett und fing betrunken einen Monolog an. Irgendwann gab er mir eine VHS-Kassette. Er sagte, er leihe sie mir aus und dass ich sie ihm erst einmal nicht zurückgeben bräuchte, aber ich solle sie mir ansehen, wenn ich allein daheim wäre. Das war am nächsten Tag.

Es war dann wohl kein Disney-Cartoon?

Da waren auch Cartoons drauf, aber die waren nicht unbedingt für Kinder geeignet. Es waren drei Stunden Hardcore-Pornos. Ich habe die Kassette monatelang nicht zurückgegeben — so inspirierend war das. Hätte Cezar sie mir nicht gegeben, hätte es noch ein paar Jahre gedauert, bis ich solche Filme gesehen hätte.

Zurück zum Kindergarten. Warst du ein böser Junge?

Eher ein Rebell. Ich heckte alle möglichen Pläne aus und setzte sie in die Tat um. Einmal schaffte ich es sogar abzuhauen. Der Grund war sehr banal. Ich konnte nicht verstehen, warum ich an einem so seltsamen Ort sein sollte, wenn zu Hause niemand war. Also entwarf ich einen Plan. Nichts Kompliziertes. Ich beschloss, zum Tor zu gehen, wenn wir raus zum Spielen gingen, allen Hindernissen auszuweichen und es schon irgendwie zu schaffen. Und das tat ich, allerdings jagte mir Fräulein Jadzia hinterher. Sie war nicht allzu schnell und rannte ziemlich tollpatschig, also schaffte ich es ohne Probleme vor ihr zum Tor.

Also hast du da das erste Mal blaugemacht.

Mein Bruder war der, der blaugemacht hat. Ich traf ihn, als ich nach Hause rannte. Er bemerkte mich und war wirklich überrascht. „Was machst du hier?", fragte er. Ich sagte, dass ich abgehauen sei. Er nahm mich mit nach Hause. An dem Tag bin ich nicht mehr zurück in den Kindergarten. Man kann sagen, dass ich meinen Plan in die Tat umgesetzt habe.

Und nach dem Kindergarten kam die Schule...

Ich ging auf die 93. Gesamtschule in Danzig. Die befand sich direkt neben meinem Haus, etwa 300 Meter entfernt. Das war ziemlich bequem, weil ich nie gerne früh aufstand.

Hast du gespürt, dass du anders als deine Freunde warst?

Eigentlich nicht. Jedenfalls damals nicht. Ich ragte etwas heraus, weil ich ganz gut zeichnen konnte, was auch wieder Folgen hatte, denn ich musste für die Schülerzeitung zeichnen.

Hast du die Schule mit Auszeichnung abgeschlossen?

Ich war ein besserer Schüler als mein Bruder, aber auch nicht besonders gut.

Welches war dein bestes Fach?

Sport. Ich habe mich immer gern körperlich betätigt. Für mich war das ein Gegengift zu all den Fächern, die ich nicht so gerne mochte. Auf die exakten Wissenschaften war ich allergisch. Mein größter Feind war die Mathematik — und sie ist es noch heute. Ich habe immer einen Taschenrechner dabei.

Ein Künstler, ein Musiker, ein Humanist...

Diese Talente zeigten sich erst später auf dem Gymnasium. Vorher hatte ich kein gutes Verhältnis zu Büchern. Es gab Bücher als Pflichtlektüre, und wir alle wissen, dass man, wenn man zu etwas gezwungen wird, es nicht wirklich gerne tut. Erst nach einigen Jahren entdeckte ich, dass man Bücher auch lesen kann, weil man es möchte, und dass man glücklich damit sein kann.

Aber du hast dir Filme angesehen?

Wir hatten ein VHS-Gerät daheim, und ich habe es genutzt. Wie ich vorhin sagte, war ich von Kampfsportarten fasziniert, also habe ich Karate-Filme verschlungen. Jeden Samstag ging ich zum Markt und kaufte zwei Filme, die auf einer Kassette aufgenommen waren. Man konnte eine kaufen und sie später für eine kleine Summe gegen eine andere eintauschen. Natürlich waren das Filme der Z-Klasse mit kruder Handlung, primitiver Synchronisation und so weiter. Aber es gab Action, und mehr brauchte ich nicht.

Hast du gerne Russisch gelernt?

Ich war ziemlich gut, aber heute erinnere ich mich nicht mehr an viel. Eine Schande.

Dein Vater war in der Partei, und dir tut es jetzt leid, dass du Russisch nicht akribisch genug gelernt hast. Und doch verstehst du nicht, warum einige Leute dich einen Bolschewisten nennen... hast du nicht gegen den Kommunismus rebelliert?

Mein Bruder schon. Ich war lieber auf dem Hof, bei meinen Freunden und habe Spaß gehabt. Den einzigen Kontakt mit Politik hatte ich, als ich Pawels Schubladen durchstöbert habe. Da waren Broschüren und Flugblätter von der Solidarność, der polnischen Gewerkschaft. Ich habe sie durchgeblättert —

verwechsele das nicht mit tatsächlichem Lesen. Es gab zwei Zimmer im Haus: eins für meine Eltern, das andere für meinen Bruder und mich. Manchmal, wenn mein Vater in seinem Zimmer Fernsehdebatten ansah und es Diskussionen über die Partei gab, spielte mein Bruder ein paar Songs von *Perfect*, die damals die beliebteste polnische Rockband waren, und erklärte mir, dass „We Want to be Ourselves" eigentlich bedeutete: „Wir wollen die ZOMO[2] verprügeln".

Haben dein Vater und dein Bruder jemals politische Streitereien gehabt?

Eigentlich nicht. Mein Vater hat die Politik nicht mit nach Hause gebracht. Er war zwar in der Partei, aber kein aktives Mitglied. Er hatte den Parteiausweis in der Tasche, das war's. Er hat Pawel auch nicht wegen seiner Ansichten kritisiert. Natürlich weiß ich heute, dass Kommunismus tatsächlich *Einsperren* bedeutete, aber damals hat mich das einfach einen Scheiß interessiert.

Haben die Geschichten deines Bruders nicht irgendetwas in dir aufgestachelt?

Er war von der Solidarność wirklich fasziniert, aber ich habe mich mehr für die Musik von Perfect interessiert als für deren Texte. Für ihn war die Musik nur ein Träger von Inhalten.

Die Sache mit dir und der Musik — wie hat es angefangen?

Zuerst war ich nur begeistert, wie ein Typ mit Gitarre aussah. Das hat meine Vorstellung angesprochen. Es war nicht sonderlich wichtig, was ich gehört habe, weil ich alle Arten von Musik mochte.

---

[2] *Zmotoryzowane Oddziały Milicji Obywatelskiej* (Motorisierte Reserven der Bürgermiliz), Sondereinheit der polnischen Polizei

Trotzdem muss es doch mit etwas Besonderem angefangen haben?

Vielleicht war es die polnische Band Kombi. Damals waren sie andauernd im Fernsehen. Ziemlich witzig, denn heute bin ich mit Grzesiek Skawiński, ihrem Gitarristen, befreundet. Vor Kurzem, nach ein paar Gläsern Wein, habe ich ihm gesagt, dass ich die alten Kombi immer noch für perfekt halte. Er dachte, ich wollte ihn auf den Arm nehmen! Aber ich kann es nicht ändern: „Słodkiego, Miłego Życia" („Süßes, schönes Leben") und „Black and White" sind immer noch in meinem Kopf. Ich glaube, so funktionieren Gefühle.

Gefühle sind das eine, aber wenn irgendwer dir erzählt hätte, dass du in ein paar Jahren zusammen mit Grzesiek trinkst — nicht als Fan, sondern als ebenso beliebter Musiker —, hättest du es geglaubt? Hast du je darüber nachgedacht?

Machst du Witze? Ich habe mit einem Besenstiel so getan, als würde ich Musik machen, aber keinen Moment gedacht, dass ich Musiker werden würde. Das waren nur kindliche Fantasien. Aber, ja, Musik hat mich auf höchst ungewöhnliche Weise angesprochen. Die Klänge waren wie ein Magnet. Als wir Urlaub auf dem Land gemacht haben, hatten wir im Haus direkt neben uns Nachbarn, die eine sehr musikalische Familie waren, sie hatten eine Hochzeitsband. Ich bin gerne zu ihnen gegangen, habe mich hinter das Schlagzeug gesetzt und die Sticks eine Weile festgehalten, oder die Gitarre angefasst. Instrumente waren teuer und schwer zu beschaffen. Für mich waren das Reliquien.

Wie hast du deine erste Gitarre bekommen?

Das war 1983 oder 1984. Ich war im Schlafanzug und wartete, dass mein Vater von der Arbeit kam. Als er hereinkam, hatte er eine Gitarre in der Hand, eine alte, akustische. Die war ziemlich mitgenommen und hatte ein paar schwarze Aufkleber, die die Kratzer verdecken sollten. Sie sah aus, als würde sie jeden Moment auseinanderfallen, aber das machte nichts. Ich bin ausgeflippt, als ich sie gesehen habe.

War dein Bruder genauso von Musik fasziniert wie du?

Er hat Musik gehört, aber ich hatte den Eindruck, dass es ihm ziemlich gleichgültig war, welcher Art von Musik es war. Er mochte polnische Rockmusik, aber er hatte auch Poster von Popbands an der Wand.

Und was für Poster hattest du an der Wand?

Mein erstes Poster war von ZZ Top. Es passte ganz gut in ein typisch polnisches Kinderzimmer der 80er-Jahre: zwei Betten, ein Schreibtisch und ein Regal mit ein paar Fahnen darüber. Nebendran war eine Schrankwand, mit Bierdosen dekoriert.

Hast du dich mit deinem Bruder oft gestritten?

Wir hatten nicht allzu viel gemeinsam, der Altersunterschied hat es auch nicht besser gemacht. Auf gewisse Weise hatte ich Angst vor ihm. Er war älter als ich, und manchmal kam er mir gefährlich vor. Einmal hat er mich so verprügelt, dass ich die nächsten Tage blaue Flecken und Schmerzen hatte. Heute empfinde ich das als lustige, tragikomische Situation. Wir hatten ein Dartspiel. Unsere Eltern waren nicht zu Hause, und mein Bruder saß in Unterwäsche da und las die Fernsehzeitung. Und ich dachte, es wäre lustig, wenn ich einen Dartpfeil neben seinen Fuß werfe. Es sollte ein Spaß sein, ich wollte ihm nicht wehtun. Ich dachte, ich könnte den Pfeil in den Boden werfen, aber natürlich hat er Pawel in den Fuß getroffen. Er hat geschrien, als würde ihm jemand die Haut abziehen. Er hüpfte auf einem Bein herum — und hat mich danach ordentlich verdroschen.

Hat er dich oft in die Mangel genommen?

Unsere Beziehung zueinander war manchmal schlecht. Er hat auf mich herabgeblickt — wir haben praktisch nicht miteinander geredet. Vielleicht, weil meine Eltern mich anders erzogen haben — sie waren viel milder mit mir. Pawel war möglicherweise verbittert. Sein Verhältnis zu unseren Eltern war sehr angespannt, und er hat sich recht einfach von ihnen losgesagt.

Ist er ausgezogen?

Er ist ohne ein Wort gegangen. Er hat gearbeitet und Obst ausgefahren. Eines Tages machte meine Mutter ihm wie immer Butterbrote. Er hat einfach die kleine Tüte genommen und ist aus dem Haus gegangen. Er kam nie zurück. Seine Freunde sagten uns, er sei ins Ausland gegangen. Erst einige Jahre später haben wir uns wiedergesehen.

Hattest du Angst?

Ich hatte endlich das ganze Zimmer für mich alleine, ich war zu einem gewissen Grad erleichtert. Das waren wir alle — selbst meine Eltern. Vorher war die Situation sehr angespannt, etwas lag in der Luft, und irgendjemand musste einen extremen Schritt machen. Nach einiger Zeit erkannte ich, dass er einfach getan hatte, was er tun musste. Deswegen ist er viel schneller reif geworden. Heute hat er ein wirklich gutes Verhältnis zu unseren Eltern.

War dir bewusst, was bei ihm vorging?

Nach einem Jahr hat er uns eine Postkarte aus Spanien geschickt. Vorher war er in Frankreich gewesen. Er hatte einen Freund, der dort hingezogen war. Der hatte Pawel eine Postkarte geschickt, auf der er den Ort des Hauses markiert hatte, in dem er angeblich lebte. Mein Bruder fand das Haus und rief ihn mehrmals vergeblich an. Der Kerl wohnte anscheinend nicht mehr dort, also zog mein Bruder weiter, bis er es auf die iberische Halbinsel schaffte.

Wie war dort das Leben für ihn?

Er lebte einige Jahre unter spartanischen Bedingungen, oft besetzte er unbewohnte Häuser. Er arbeitete illegal auf dem Bau und half gelegentlich bei Renovierungen. Aber er begnügte sich damit. Er hatte keine großen Ansprüche und sparte das Geld, und mit der Zeit bekam er sein Leben in den Griff. Er mietete sich eine Wohnung, lernte eine Frau kennen, die er später heiratete, und eröffnete ein Geschäft. Er war kräftig und gut aussehend, die Leute respektierten ihn und nannten ihn „der Barbar aus dem Norden".

Ich nehme an, dass ich ihn auf eine gewisse Art bewundert habe. Er zeigte mir, was wahre Entschlossenheit ist. Es kann sein, dass er einen größeren Einfluss auf mein Leben hatte, als ich geneigt bin zuzugeben. Er hat mir viel mehr eingeflößt als nur die Liebe zur Musik...

Da du die Musik ansprichst: Wie lange musstest du mit dieser alten Gitarre durchhalten?

Ich habe meine Eltern damit in den Wahnsinn getrieben. Ich lief durchs Haus, schrammte auf den Saiten herum und sang. Sie haben wohl gespürt, dass da Potenzial vorhanden war. Ich versuchte, sie zu überreden, mich in einer Musikschule anzumelden, und sie waren einverstanden. Aber bald schon wollte ich heftigeres Zeug spielen, wie Rock, was ich aus dem Radio kannte. In der Schule musste ich Pfadfinderlieder spielen. Dann kam ich nach Hause und bettelte meinen Bruder an, mir zu zeigen, wie man „Lokomotywa" von Perfect spielt. Die Akustikgitarre reichte mir nicht mehr. Zum Glück stand meine Erstkommunion bevor.

Hast du eine E-Gitarre bekommen?

Ich habe Geld bekommen – 22.000 alte Zloty, um genau zu sein. Die Gitarre habe ich für 13.000 Zloty selbst gekauft. Daran erinnere ich mich gut. Ich habe sie immer noch. Sie sah aus wie eine Fender, war aber selbstgebaut. Ich habe sie von Jacek Doniewski, meinem ersten Musiklehrer, gekauft. Er hatte sich das Spielen selbst beigebracht, aber er hatte eine „Elektrische". Er bat meinen Vater, den Korpus und den Hals herzustellen – nicht einfach für jemanden, der in einer Werft arbeitete. Aber Jacek baute das Instrument selber fertig und brachte mir das Riff von TSAs „Bez Podtekstów" bei.

Hatte noch jemand Einfluss auf deine musikalische Erziehung?

Mein Großvater Klemens Iwicki. Die Familie meiner Mutter war musikalisch begabt. Fast jeder spielte irgendein Instrument: Akkordeon, Violine, Gitarre... Mein Großvater zeigte mir, wie man einen Walzer spielt. Das war das einzige Mal, dass ich die tiefen Saiten mit dem Daumen gespielt habe.

Dicke Saite, dicker Finger...

Genau. Ich glaube, heutzutage spielt niemand mehr so. Aber um zu spielen, muss man die Gitarre zuerst stimmen. Das konnte ich nicht, also nahm ich meine Gitarre zum Musikunterricht mit. Celina, meine erste richtige Freundin, begleitete mich. Wir waren kein richtiges Pärchen, aber sie half mir. Sie lernte viel schneller als ich, denn sie hatte lange, schlanke Finger.

Ich werde nie ihre Reaktion vergessen, als ich sie bat, mir die Gitarre zu stimmen. In dem Raum waren weder Verstärker noch Radios. Sie betrachtete meine Gitarre und sagte: „Lass sie uns einstöpseln."

Was wolltest du spielen?

Mir liefen Schauer über den Rücken, wenn ich Deep Purples „Perfect Strangers" hörte, ein zeitloses Stück Musik. Diese Art von Musik lief damals im Fernsehen. Ich habe Videoclips auf einem alten Schwarz-Weiß-Gerät der Marke Neptun geschaut.

Die haben damals alles gespielt: Deep Purple, Iron Maiden und so weiter. Selbst bei Sendungen wie *Wideoteka* gab es immer mindestens einen „heavy" Song. Auf die Art habe ich Bands wie WASP, Kiss, Marillion und ZZ Top kennengelernt. Wir haben einen Kassettenrekorder vor den Lautsprecher gehalten und die Songs aufgenommen. Die ganze Familie musste leise sein. Das muss man sich vorstellen, wir hatten kein Kabel, um den Rekorder anzuschließen. Erst später hatten wir eine sogenannte „piątka". Von irgendwelchem Stereo-Zeug haben wir nicht mal geträumt. So etwas fand man nur bei Seemännern daheim, oder bei Leuten, die bei Pewex einkaufen konnten, einem polnischen Geschäft, wo man Waren aus dem Westen bekam, die ansonsten nicht erhältlich waren. Aber das war egal. Wichtig war, dass ich meinen Sound entdeckt hatte.

Was war an dieser Musik, das dich berührt hat?

Die Energie, das Adrenalin. Ganz einfach. Andere Kinder spielen gerne Fußball oder gehen Schlittschuhlaufen, mir gefiel „heavy" Musik. Der Rest ist Entwicklung. Man fängt an und betritt einen Wald, in dem es, wie sich herausstellt, sehr viele und verschiedene Bäume gibt.

War es nicht schwierig, irgendwelche Informationen über diesen Wald zu bekommen?

Es gab Radio. Dank eines Schulfreundes kannte ich die Sendung *Music Of The Young*. Die war eine Offenbarung für mich. Einmal pro Woche haben sie ein komplettes Album gespielt. Jeden Montag um 15: 15 Uhr und jeden Sonntag um 08:10 Uhr. Ich setzte mich mit dem Radio hin und nahm alles auf, was gespielt wurde. Die Bandnamen habe ich phonetisch aufgeschrieben, Krzysztof Brankowski und der Moderator von *Metal Tortures*, Roman Rogowiecki, übersetzten die Titel auf Polnisch.

Es war wie ein Lichtblick. Etwas, auf das man eine ganze Woche wartete. Ich weiß noch, wie sie Kats Album *38 Minutes Of Life* spielten. Ich war enttäuscht, denn das hatte ich schon als Vinyl, also war es ein verschwendeter Tag.

Im Radio hörte ich zum ersten Mal Thrash Metal. Zunächst war es unerträglich, es war zu extrem. Ich musste es langsam angehen lassen. Es war die klassische Evolution: Es fing mit Hardrock an und endete mir irgendwas Extremem. Musik war mein Leben.

Was hat deine Familie gesagt?

Sie waren sehr verständnisvoll. Ich kam von der Schule heim, warf meinen Rucksack in die Ecke und zog meine Jacke an. Ich fragte meinen Vater, ob er mir einen Totenkopf mit „Heavy Metal"-Aufschrift darauf malen könne. Nun hatte ich meine Uniform, und ich hatte meine Gitarre. Die habe ich stundenlang gespielt.

Hausaufgaben interessierten mich nicht. Ich saß in meinem Zimmer, komponierte meine eigenen Songs und schrieb sogar ein paar primitive Texte. Einer meiner Songs hieß „Kanalia" („Stinktier", auch „Saukerl", „Schweinehund"). Ich kann sogar noch den Text, aber es wäre mir hochnotpeinlich, wenn ich ihn jetzt aufsagen müsste.

Das Radio, das ich als Verstärker benutzte, stand im Wohnzimmer. Es war ein Amator 2. Meine Eltern mussten in die Küche, damit ich spielen konnte. Der Sohn musste spielen, also gaben sie ihm die Möglichkeit. Erst wenn ich fertig war, konnten sie zurück ins Zimmer, sich auf die Couch setzen und fernsehen.

Wolltest du keine Band gründen?

Ich hatte eine Band. Zumindest habe ich ein paar Freunde dazu aufgefordert. Der Drummer spielte auf Stühlen, und das einzig echte Instrument war meine Gitarre. Wir haben keine Coversongs gespielt. Ich wollte schon damals meine eigenen Stücke schreiben. Ich hatte die Fäden in der Hand. Ich sagte meinen Klassenkameraden: „Ihr seid in meiner Band. Ihr spielt dies, und ihr spielt jenes."

Einmal machte der Schlagzeuger einen Fehler. Das betrachtete ich als Insubordination, also habe ich ihn verprügelt. Er wurde ganz rot und fing an zu weinen.

Warst du so auch in der Schule?

Ich gehörte zu der Truppe, die die ganze Schule terrorisierte. Man wird als Kind zum Alphamännchen. Ich habe es allerdings nicht übertrieben, ich habe nie großen Ärger gemacht. Nach Elternsprechtagen kamen meine Eltern nicht sauer nach Hause, also haben sie auch nicht versucht, mich an die Leine zu legen.

Waren deine Freunde genauso von Musik begeistert wie du?

Meine Schulkameraden nicht. Ein paar aus der Nachbarschaft mochten „Heavy", aber niemand war so darin vertieft wie ich. Bis auf ein paar Eingeweihte war ich da alleine.

Als ich mit der Gesamtschule fertig war, war ich dem Punk verfallen. Ich trug sogar die passenden Klamotten für jede Gruppe. Ich hatte kurze Haare und trug einen Anstecker mit „The Exploited" auf meiner Jacke. Ich kaufte mir sogar ein Paar schäbige, alte Kampfstiefel. Die waren verdammt geil. Ich erinnere mich auch ein einen berühmten Spruch: „Punks aus Żabianka trinken keine Buttermilch!“

Aber du bist nicht dabeigeblieben?

Es war ein kurzer, aber heftiger Flirt. Die Musik machte mich an, und zum Teil auch die Ideologie, vielleicht die Liebe zur Anarchie. Wir empfanden ein Gefühl von Freiheit. Wir wollten es. Dann entdeckten wir Stimulanzien. Einige der Typen gingen einen Schritt weiter: Der billige Wein war nicht mehr genug, also schnüffelten sie Klebstoff. Aber ich habe meinen gesunden Menschenverstand benutzt. Ich sah Punk als Gegner. Ein paar Leute absolvierten das Standardprogramm: Schule, Uni, Familie, Kinder, Scheidung, nächste Frau. Wir jedoch wollten aus diesem Kreis ausbrechen, und Metal blieb an erster Stelle.

Wie kam es dazu, dass du wirklich extreme Musik gehört hast?

Ich wurde sehr von meinen Freunden aus der Nachbarschaft beeinflusst, insbesondere durch Daniel Gierszanow. Wir hatten dieselben Interessen. Einmal kam er total verändert aus den Sommerferien zurück. Wir hatten Angst vor Slayer und ihrem satanischen Image gehabt. Ich dachte, die könnten nicht spielen und hielt ihre Musik für nichts als Krach.

Aber als Daniel zurückkam, sagte er: „Weißt du was? Slayer sind gar nicht so übel.“ Bald stimmte ich ihm zu.

Andauernd hörte er das „Reign In Blood“-Album; er hatte es auf einer schäbigen, gelben Stilon-Kassette aufgenommen. Er war der Erste, der sich wirklich in Heavy verliebt hat, und das flößte er mir ein. Nach Slayer kamen Death. Er liebte *Leprosy*, und ich *Scream Bloody Gore*. Die Scheibe höre ich mir heute noch an. Ein Klassiker; die Texte kenne ich in- und auswendig.

Und dann war es wie ein Dominoeffekt. Auf einem der Märkte in Danzig stellten ein paar Typen eine Reihe Fernsehsessel auf und boten darauf Tapes zum Verkauf an. Von denen kaufte ich tonnenweise, ich habe mein ganzes Taschengeld ausgegeben. Du, Krzysiek, hast dort auch verkauft, wenn ich mich recht erinnere. Ich glaube, so haben wir uns kennengelernt. Bei dir habe ich Hellhammer und Sepultura gekauft.

Ich ging nach Hause, legte Hellhammer ein, und 20 Minuten später war die Musik vorbei. Ich betrachtete das Tape – eine 90-Minuten-BASF-Kassette – und dachte: „Der hat mich reingelegt!" Es war natürlich ein Mini-Album, wovon ich keine Ahnung hatte, und ich war wirklich enttäuscht. Erst später kapierte ich, dass du fair sein wolltest, also hast du die Alben auf den qualitativ hochwertigsten Bändern aufgenommen, die man kriegen konnte. Aber wie dem auch sei, ich habe euch beide unter ähnlichen Umständen kennengelernt.

Das treibt mir ja Tränen in die Augen.

Du weißt, wie es war. Man hat mit Freunden Tapes getauscht. Um Geld zu sparen, kaufte jeder was anderes, so bekamen wir alle mehr Musik. Das haben wir auch mit Daniel gemacht. Wir haben auch versucht, gemeinsam zu spielen, aber unsere Bekanntschaft schlief ein. Dann tauchte Baal, oder Adam Muraszko, auf.

II

WO RAUCH IST, DA IST AUCH FEUER

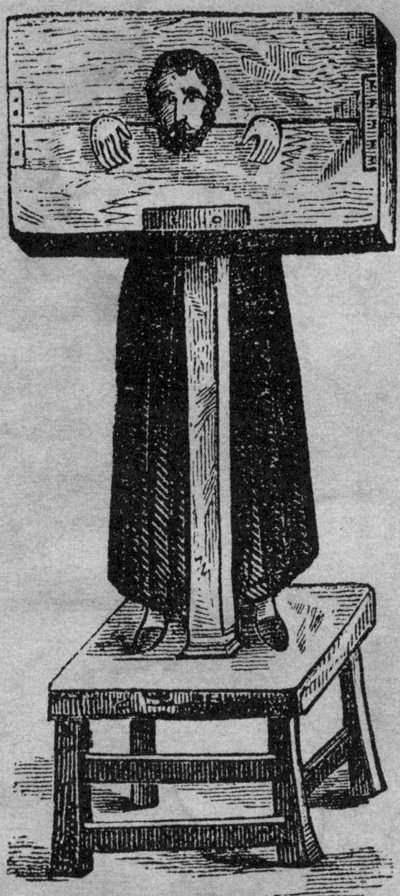

Wolltest du jemals eine Kirche anzünden?

Ja.

Das ist ein ziemlich aufrichtiges Geständnis.

Als Kind nimmt man viele Dinge sehr ernst. Beispielsweise hatte Black Metal mich vollständig in seinen Bann gezogen, besonders in seiner radikalen Ausprägung, und die Bands in Skandinavien. Besonders fasziniert war ich von denen, die Taten den Worten vorzogen und dabei gnadenlos waren.

Zwischen 1992 und 1996 haben Black-Metal-Musiker und deren Fans in Norwegen über 50 Kirchen angezündet. Wollte irgendein Teil von dir ihnen nacheifern?

Der Black Metal kam genau im richtigen Moment zu mir. Meine jugendliche, rebellische Seele erwachte eben erst, aber davon abgesehen war mir die allgegenwärtige Doppelzüngigkeit christlicher Moral bereits aufgefallen.

Ich hatte natürlich keinen intellektuellen Hintergrund, aber ich sah, wie verlogen die Menschen waren: Menschen, die etwas sagten, aber etwas völlig anderes taten.

Da kam die Musik zu mir, und sie kam aus dem Norden. Diese Tatsache schien ihre Kraft und Authentizität nur zu verstärken. Sie klang in meiner Seele und brachte mir damit etwas Primitives. Sie war authentisch. Auch hatte ich nicht das Gefühl, dass es das übliche Gepose war. Sie war radikal und nannte die Dinge beim Namen.

Hat Black Metal dir irgendetwas geboten, das andere Genres nicht konnten?

Man hörte das Tape, man las die Texte, und man entdeckte, dass es irgendwo auf der Welt Menschen gab, die genauso waren wie man selbst. Es war, als gäbe es keine Distanz zwischen dir und einem Typ aus Norwegen, dessen Musik du hörtest. Er war da, genau vor dir. Man schrieb ihm einen Brief, und er schrieb zurück. Das war die Essenz des Metal-Undergrounds.

Wir waren alle zwischen 16 und vielleicht 20 Jahre alt. Wir wuchsen in einer Generation auf. Das hat uns verbunden. Es war unsere Musik, von niemand anderem sonst.

Black Metal gab es vorher aber auch schon.

Ja, aber in einer anderen, weniger radikalen Form. Als Erstes bin ich über Venom gestolpert, die Väter des Genres. Sie nahmen ein Album namens *Black Metal* auf, aber mit der Zeit begriff ich, dass sie wie Motörhead waren, nur in satanischer Verpackung. Sie haben sich selbst nie allzu ernstgenommen, aber das tat meiner fanatischen Verehrung für sie keinen Abbruch. Der Unterschied war, dass diese norwegischen Bands das in das alltägliche Leben brachten, worüber Venom, Hellhammer und Bathory nur sangen. Norweger kosten das Leben voll aus, und einige von ihnen starben auch so. Ich weiß nicht, wie die ersten Londoner Punks sich fühlten, als die Sex Pistols auf der Bühne standen. Aber diese Abwesenheit von Bescheidenheit und die Rebellion gegen bestimmte Regeln mussten denen ähnlich sein, die Anfang der 1990er-Jahre auf der Bühne des Black Metal zu finden waren.

Gab es andere Leute in Polen, in deren Seelen dieselben Melodien erklangen?

Es war eine eng zusammenhaltende Gruppe. Ja, und wir nährten gegenseitig unsere Interessen. Als in Norwegen die Kirchen brannten, wollten wir das nach Polen bringen.

Aber nichts ist je passiert, und es ist lange her. Heute bin ich ein anderer Mensch. Die Vergangenheit ist mir aber nicht unangenehm, da sie mich geformt hat.

Also blieben deine Gedanken, Kirchen anzuzünden, genau das? Gedanken?

Es ging ein bisschen weiter. Ich weiß nicht mehr genau, welches Gebäude wir als Ziel hatten. Es war vielleicht ein Gotteshaus in Nowy Portoder in Briesen. Mit den Jungs von Mastiphal, einer anderen Band aus Danzig, fuhren wir an der Kirche vorbei.

Browar, deren damaliger Bassist, nahm uns dahin mit. Er war älter und der Einzige, der ein Auto hatte. Als wir ankamen, fingen wir an, die ganze Geschichte zu planen. Ich glaube, wir einigten uns auf Molotow-Cocktails. Wir wollten sie durch die Fenster werfen.

Natürlich existierte der ganze Plan nur in unseren Köpfen. Bedeutender war, dass wir ein Team geschaffen und ein gemeinsames Ziel hatten. Am Ende bin ich kein Terrorist geworden. Der gesunde Menschenverstand siegte über jugendliche Ausgelassenheit. Ich sah ein, dass man Probleme nicht auf diese Weise lösen sollte, und mein Leben ist der Beweis, dass ich die richtige Wahl getroffen habe.

Musiker anderer Black-Metal-Bands mit Kultstatus, wie Burzum oder Emperor, wählten einen anderen Weg. Sie saßen im Gefängnis, erzielten letztendlich aber einen ähnlichen Effekt. Ihre Musik wurde berühmt, und heute haben sie einen ähnlichen Rang wie du.

Es liegt nicht an mir, über sie zu urteilen. Ich kannte – und kenne noch immer – die meisten von ihnen. Mit einigen habe ich bis heute ein freundschaftliches Verhältnis. Einzelne von denen haben Schlimmeres auf dem Gewissen als eine Kirche abgefackelt zu haben. Sie wurden wegen Mordes verurteilt. Manche haben sich in kriminelle Machenschaften hineinziehen lassen. Und natürlich sind einige heute tot.

Normalerweise bringt man solche Geschichten mit Hip-Hop in Verbindung, nicht mit Heavy Metal...

Alles Neue und Frische in einer Kultur ist zu einem gewissen Grad radikal. Ende der 70er-Jahre war Punkrock radikal. Black Metal war es den frühen 90ern. Ich bin sicher, dass es im Hip-Hop eine ähnliche Periode gab, aber da müsste ich raten, denn in diesem Genre kenne ich mich nicht aus. Rebellion ist Teil der Jugend, manchmal ist sie gefährlich.

Aber nun sagst du, dass dies nicht der Weg ist, dem man folgen sollte?

Statt eines Schwertes halte ich eine Gitarre in den Händen. Ich habe dieselbe, starke Geisteshaltung, aber statt Molotow-Cocktails nutze ich einen Computer. Das ist eine viel stärkere Waffe.

Zu welchem Zweck? Um Satan zu huldigen? Wofür brauchst du übrigens den Teufel?

Genaugenommen hat Vieles für mich eine größere Bedeutung, aber traurigerweise gibt es immer Leute, die die Welt nur in zwei Farben sehen. Die erwähnen nur Satan. So benutzen sie mich für ihre politischen Spielchen.

Vor der Wahl des polnischen Präsidenten 2010 gab es ganze Heerscharen dieser Typen. Es ist, als wären ein paar von ihnen plötzlich nach 20 Jahren Winterstarre aufgewacht, nur um ihre Empörung kundzutun und mich als Zielscheibe zu missbrauchen. Andere beschlossen, dass sie meine Kumpels wären, obwohl ich sie nie im Leben getroffen habe. Aber im Hintergrund war immer Satan.

Aber warum er?

Ich nehme an, weil er für Polen klar erkennbar ist. Menschen mögen Lieder, die sie kennen. Dasselbe gilt für Metaphern.

War er vorher weniger metaphorisch?

Er pflegte weniger zu lächeln. Ich zeigte ihn auf die Art, wie Christen ihn sehen: als abscheuliches Werkzeug der Einschüchterung. Jedoch hat die Bibel nie eindeutig beschrieben, wie er aussieht.

Demnach könnte der Teufel auch nett und freundlich sein?

Falls ich ihn personifizieren *würde*, würde ich ihn als gut aussehenden Gentleman mittleren Alters beschreiben. Er trägt tolle Kleidung, seine Manieren sind einwandfrei, und er spricht viele verschiedene Sprachen. Schwarz bedeutet nicht unbedingt hässlich. Mein Satan wurde in Bulgakows *Der Meister und Margarita* perfekt dargestellt, oder in Filmen wie *Angel Heart* mit Robert De Niro oder in *Im Auftrag des Teufels.* Al Pacino ist darin einfach großartig. Ich erinnere mich an seine Worte: „Ich bin ein Fan der Menschheit! Ich bin Humanist. Vielleicht ja sogar der letzte Humanist."

Also bist du ein satanistischer Humanist?

Manche denken, ich hätte mein Haus schwarz gestrichen, würde in einem Sarg schlafen und keine Milch trinken, weil sie weiß ist. Aber ich bevorzuge sonnige Morgen und ein großes Bett. Mein Teufel ist farbenfroh.

Was ist mit Gott?

Dieser biblische Gott scheint weder zu sprechen noch zuzuhören, und ganz sicher antwortet er nicht. Ich kann noch einmal aus *Im Auftrag des Teufels* zitieren, um das zu verdeutlichen. Mir fällt der genaue Wortlaut nicht mehr ein, aber sinngemäß hieß es: „Wer ist Gott? Er beobachtet gerne.

Zuerst gibt er einem Instinkte und dann Verbote. Gucken, aber nicht anfassen. Anfassen, aber nicht schmecken. Schmecken, aber nicht schlucken." Man sieht also, dass er ein bisschen was von einem Sadisten hat, dieser Gott.

Und dein Satan scheint ein bisschen allzu einfach zu sein. Kommst du dir nicht wie ein Krippenspiel-Satanist vor?

So hat Vater Boniecki, ein ehemaliger Vertrauter von Papst Johannes Paul II., mich einmal genannt. Angesichts dessen, dass er Priester ist, ein sehr netter Mann. Vielleicht wollte die Kirche ihn mundtot machen, weil er mich verteidigt hat.

Ist seine Meinung über dich zutreffend?

Die Popkultur versucht, jeden Rebell zu zähmen und seinen Arsch festzunageln. Hat sie es bei mir geschafft? Nun, ich denke nicht, dass ich schon einen Maulkorb angelegt bekommen habe. Die Leute neigen jedoch immer noch dazu, mir ein bestimmtes Etikett zu verpassen oder mich in eine Schublade zu stecken. Manche vergleichen mich mit al-Qaida, andere versuchen, einen Clown aus mir zu machen. Das stört mich alles nicht. Es interessiert mich nicht, was sie sagen. Was zählt, ist, dass sie mich beim Namen nennen.

Ich habe das Buch „Bóg kasa i Rock 'n' Roll"[3] von Marcin Prokop und Szymon Holownia gelesen. Sie schreiben lang und breit über mich, gleichwohl habe ich den Eindruck, als wüssten beide Herren nicht genau, wie sie mich darstellen sollten. Als Teufel persönlich? Als einfachen Atheisten? Als Clown? Es liegt an ihnen, das herauszuarbeiten.

Aber du setzt dich schon dafür ein, dass die Popkultur ein paar Streicheleinheiten bekommt.

[3] „Gott, Geld und Rock 'n' Roll"

Ich scheue mich nicht davor, etwas zu liebkosen. Ich lächle, ich mache Scherze, aber meine Botschaft an die Welt hat sich nicht verändert. Meine Aufzeichnungen und meine Texte sind immer noch radikal. Ich bin freundlich, aber ich gehe keine Kompromisse ein.

Aber du knurrst den Mainstream auch nicht an. Ist das ein Weg, um deine Anziehungskraft auszuweiten?

Ich will mich selbst nicht auf eine bestimmte Nische beschränken. Ich bin umfassender Natur. Warum sollte ich das ändern? Ich spreche oft mit Menschen, die keine Metalfans, sondern ganz normale Leute sind. Manchmal mit einer älteren Dame im Postamt, manchmal mit einer Verkäuferin in einem Geschäft oder mit einem Taxifahrer. Und die sagen mir oft: „Herr Darski, Sie haben recht: Wir betrachten viele Dinge auf die gleiche Weise."

Vielleicht ist ihnen nicht bewusst, dass du als junger Mann Kirchen abfackeln wolltest.

Dann wissen sie es jetzt. Vielleicht ändert das ihre Meinung, vielleicht auch nicht. Gleichwohl werde ich noch immer nett zu ihnen sein. Ich werde immer noch lächeln.

Wie dem auch sei, ich habe meine Wahl vor langer Zeit getroffen: die Entscheidung, ein Künstler zu werden, und kein Terrorist. Ich wollte die Welt verändern, ja, aber um das zu tun, muss ich sie nicht niederbrennen.

Aber du hast eine Bibel verbrannt?

Meine Fans waren das. Nicht ich.

Richtig. Du hast sie nur zerrissen. Warum?

Beim ersten Mal habe ich es spontan gemacht. Wir waren im Sommer 2007 auf Tour in Amerika. Wir waren Teil des

„Sounds of the Underground"-Festivals, das in etlichen Städten stattfand.

Eine der Shows war in Louisville, Kentucky, wo wir in einem berüchtigten Laden namens Waverly Hills Sanatorium auftraten. Das war eine alte, lang vergessene und geschlossene Nervenheilanstalt. Anfang des vorigen Jahrhunderts gab es eine Tuberkuloseepidemie, der Tausende der Patienten zum Opfer fielen. Solche Orte ziehen Leute an, sie bringen Mythen hervor. Heute ist die Anstalt eine Touristenattraktion, und manche Leute behaupten, dass es dort spukt. Da habe ich zum ersten Mal die Bibel als Requisite genommen, aber geplant war das nicht.

Hat dich der Teufel gezwungen?

Ich denke, dass es eher Gott war, der mich provoziert hat. Das Festival war ziemlich liberal, da dort Bands mit unterschiedlichen Arten von Musik auftraten und verschiedene Weltanschauungen vertreten waren. An dem Tag, als wir auftraten, spielte die Band Devil Wears Prada vor uns. Die Typen waren irgendwie religiöse Fanatiker. Deren Musik könnte man als christlichen Metalcore bezeichnen, nehme ich an.

Ich habe die Show selbst nicht gesehen, aber ich hörte, dass der Sänger Krämpfe bekam. Irgendwann holte er eine Bibel hervor, krabbelte auf der Bühne herum und las Verse daraus vor. Dann kam Chris, unser Tourmanager zu uns. Er gab mir eine Bibel – die gleiche Ausgabe, die bei Devil Wears Prada auf der Bühne war – und sagte: „Hier, ich glaube, die ist für dich."

Also haben dir die Christenrocker eine Bibel spendiert?

Ich weiß es nicht. Ich habe nicht nachgefragt, aber ich habe es so verstanden. Wollten die versuchen, mich zu bekehren? Ok, dann werde ich meine Meinung äußern. Wenn sie die Bibel benutzen können, kann ich das auch.

Ich nahm die Bibel mit auf die Bühne. Es war eine vollkommen natürliche Reaktion.

Aber für die war sie heilig.

Und für mich ist sie ein Element der Popkultur. Ob es einem gefällt oder nicht: Religiöse Symbole, die Heiligen, der Inhalt der Bibel... sie sind alle ein Teil davon. Genau wie Micky Maus. Manche mögen sie, manche mögen sie nicht. Aber ich riss das Buch entzwei und provozierte einen Shitstorm.

Das Festivalpublikum war sehr gemischt. Einige Leute kamen nur wegen uns und der paar anderen extremen Bands, und einige andere waren Fans von Devil Wears Prada. Die Hälfte des Publikums war in Ekstase, die sind Amok gelaufen. Ein paar haben den Saal verlassen. Einige haben ihre Empörung laut kundgetan. Es gab Krawalle, die haben sich geprügelt.

Bringst du gern das Publikum zum Kämpfen?

Sagen wir: Ich mag Diskussionen. Manche Menschen sind in der Lage, ihre Meinung zu äußern, manche müssen die Fäuste benutzen. Diese bestimmte Provokation war erfolgreich. Ich habe die Kacke zum Dampfen gebracht. Ich habe Menschen zum Nachdenken gebracht. Darum geht es in der Kunst.

Fasziniert es dich, wie Menschen gegen Normen rebellieren?

Es geht darum, dass sie ihre Meinung sagen. Darum, dass sie laut „NEIN“ sagen, wenn die Welt so eine Antwort verdient hat.

Meinst du Anarchie?

Ich habe niemanden ermordet. Ich missbrauche keine Kinder oder Tiere. Ich habe einfach meine Denkweise geäußert. Manche empfinden sie vielleicht als extrem, aber dafür entschuldige ich mich nicht.

Hast du nach dem Konzert wegen der Krawalle Ärger bekommen?

Wir sind von der Bühne runter und haben an unserem Van kaltes Bier getrunken, und wir haben gespürt, wie alle Blicke auf uns gerichtet waren. Dann tauchten ein paar Polizisten auf, die gehörten zur Securitytruppe der Veranstaltung. Die standen etwa 50 Meter weit weg und beobachteten uns.

Ich wusste nicht, ob sie sich für unser Konzert interessierten oder für die Tatsache, dass wir draußen Bier tranken, aber ich war mir sicher, dass wir Probleme bekommen würden.

Und was wollten sie?

„Seid ihr die Band, die gerade eben aufgetreten ist?"

Ich nickte. Einer von denen lächelte, schüttelte meine Hand und sagte: „Ich habe keine Ahnung, was du da gebrüllt hast, ich habe kein Wort verstanden. Aber du hast eine tolle Show abgeliefert."

Ich seufzte erlöst und fühlte mich viel leichter, so als ob mir eine Last von 40 Kilo von den Schultern genommen worden wäre. Nach einer Weile kamen noch andere Leute und gratulierten uns.

Dann erschien Brian Slagel von *Metal Blade*, dem Label, das Behemoth in den Staaten vertritt. Er sagte: „Ihr seid die einzige Band, die mir dermaßen das Leben schwer macht – aber ich liebe es, wenn ihr das macht."

All das setzte in meinem Gehirn einen Prozess in Gang. Einen, der sich weiterentwickelte, als vor einem anderen Konzert auf dieser Tour ein paar Streikposten auftauchten.

Wo war das?

Atlanta. Wir spielten an dem Abend mit Lamb Of God. Ich erkundete die Gegend, und eine Gruppe junger Männer stand vor der Halle. Alle hatten kurze Haare, zugeknöpfte Hemden und Krawatten. Die trugen auch alle die gleichen Hosenträger. Die sahen aus wie eine faschistische Miliztruppe, und alle trugen Plakate mit Bibelzitaten drauf. Einer hatte ein Megaphon und brüllte irgendwelchen fanatischen Scheiß.

John Campbell, der Bassist von Lam Of God, versuchte mit ihnen zu sprechen, aber ohne Erfolg. Die wollten nicht reden. Die waren nur gekommen, um ihre Abneigung kundzutun. Dementsprechend habe ich meine während des Konzerts kundgetan. Schon da wusste ich, dass das ein fester Bestandteil unserer Shows in den kommenden Wochen werden würde.

Danach kehrten wir aus den Staaten zurück und tourten durch Europa, um *Apostasy* zu promoten. Alles ergab sich von selbst, denn wir hatten die Bibel auch für das Fotoshooting zu diesem Album benutzt.

Wie hast du sie bekommen?

Ich habe sie auf einer dieser Auktionsseiten gekauft, für ein paar Hundert Zloty. Die Welt ist heutzutage ein kleiner Ort. Nach der Show haben die Leute im Internet ihre Gefühle geäußert. Das haben andere Leute gelesen, die dann zu unseren späteren Shows kamen. Viele brachten sogar ihre eigenen Bibeln mit. Es passierte oft, dass wir ein Konzert begannen und mir ein paar Bibeln vor die Füße flogen, alle möglichen Exemplare. Die Fans warfen sie auf die Bühne.

Wie haben sie auf das reagiert, was du gemacht hast?

Ich erinnere mich an ein bestimmtes Konzert in Marseille. Die Leute sind da Amok gelaufen. Ich habe Seiten aus der Bibel gerissen und zu ihnen geworfen. Und sie haben sie aufgegessen, angezündet und zerfetzt. Das war verrückt. Ich spürte, dass wir einen Nerv getroffen hatten. Wir hatten ihren Zorn gebündelt. Wenn Menschen zu einem Konzert gehen und dann derart wahnsinnig ausrasten, dann geschieht das aus einem bestimmten Grund. Sie empfinden Religion und ihren Einfluss auf die Gesellschaft als eine Form der Unterdrückung, und man kann sagen, dass unser Konzert sie geläutert hat.

Im Publikum fühlte sich niemand beleidigt?

Nein. Es war unser Publikum. Die Leute wussten, was auf sie zukam. Man muss bedenken, dass wir eine ganz besondere Zuhörerschaft haben. Die mögen Blasphemie. Wir hatten mal einen Auftritt im Stodola in Warschau. Nach ein paar Songs gingen die Lichter aus. Als sie wieder angingen, sagte ich scherzhaft, dass in Warschau anscheinend Gott für die Stromversorgung zuständig ist. Und alle im Saal brüllten los, ein tausendfaches „Fuck God! Fuck God!" Ich stand nur da und lächelte.

Mir ist bewusst, dass eine solche Demonstration der Ungläubigkeit für viele Menschen vulgär oder blasphemisch wirkt, aber was kann ich da machen? So ist es nun mal. Ich zwinge niemanden, zu unseren Shows zu kommen. Das ist wie mit Pornos. Man muss sie nicht anschauen, aber man kann, wenn man möchte. Unsere Fans verstehen das. Darum wussten sie während der „Apostasy"-Tour, was kommen würde, noch bevor wir die ersten Noten von „Christgrinding Avenue" oder „Christians To The Lions" überhaupt spielten. Sie *wollten* es.

Wie können wir den zweiten Titel interpretieren? Willst du tatsächlich Christen den Löwen vorwerfen?

Es ist eine Metapher – und auch ein Werbespruch für das Kolosseum. Wenn man lange genug sucht, findet man dessen Urheber unter den römischen Kaisern. So funktioniert Religion. In Rom betrachtete man die Christen als Sekte, und sie wurden zur Unterhaltung des Publikums ermordet. Ein paar hundert Jahre später waren *sie* es, die die Heiden ermordeten, auch für die Unterhaltung des gemeinen Volks.

Demnach forderst du niemanden auf, Gläubige zu töten?

Überhaupt nicht. Ich kämpfe mit Werten, nicht mit Menschen. Wenn ich die Katholiken wirklich auslöschen wollte, müsste ich bei meiner eigenen Familie und vielen meiner Freunde anfangen. Das ist eine absurde Idee.

Wenn jemand einen Song namens „Burn The Atheists" aufnähme, würde man das auch als Metapher ansehen?

Sicher. Worte interessieren mich nicht. Sie können mich nicht verletzen. Falls jemandem danach ist, so einen Song aufzunehmen: bitte, nur zu. Kunst ist nicht Politik, ein Künstler darf mehr sagen. Wenn irgendein Parteivorsitzender brüllt, dass alle Ungläubigen verbrannt oder alle Katholiken vernichtet werden sollten, könnte das gefährlich werden. Aber in einem Lied? In einem Film? Da ist alles erlaubt. Man kann ein Fanatiker sein.

Bist du einer?

Ich glaube nicht.

Vielleicht nicht in deinem Privatleben, aber was ist mit deiner künstlerischen Haltung?

Ich nenne es lieber Ästhetik als Haltung. Es ist wie im Theater. In den Stücken von Shakespeare wird überall Blut vergossen. Nennt man ihn deswegen einen Mörder? Nein.

Wenn es wie im Theater ist, dann ist das Zerreißen der Bibel womöglich nur ein Stunt, um Geld zu machen?

Hätte ich gewusst, dass das alles so abklingt, hätte ich überlegt, es noch mal zu tun, sicherlich in Polen. Oder vielleicht auch nicht. Ich bedaure es eigentlich nicht; das ist nicht meine Art. Auf jeden Fall kamen die wirklichen Probleme viele Monate später. Anfangs hat das keinen interessiert.

Außerdem sollte man uns nicht als die Pioniere des Bibelzerreißens hinstellen. Blasphemie ist seit Jahren Teil der Rockmusik.

Es gibt Undergroundbands, gegen die sehen wir harmlos aus. Zum Beispiel Wendy O. Williams von Plasmatics, oder G. G. Allin, oder Typen aus dem Mainstream wie Marilyn Manson oder sogar Madonna. Im Falle unserer Band findet alles in einer Nische statt, mit einer Handvoll Fans. Wir nahmen an, dass unsere Shows in einem ähnlichen Rahmen aufgenommen werden würden.

Gotteslästerung ist das Eine, aber was ist mit Büchern im Allgemeinen? Respektierst du sie nicht?

Doch. Ich habe eine ansehnliche Büchersammlung, um die ich mich kümmere. Die Sammlung ist ein Luxus, fast wie ein Fetisch. Ich glaube überhaupt, dass man sich um das kümmern sollte, was man besitzt.

Aber du hast eine Bibel zerstört. Siehst du da nicht einen Widerspruch?

Nein.

Du kaufst für ein paar hundert Zloty ein Buch und kritzelst dann mit einem Stift darauf herum. Ist das deine Vorstellung von Respekt?

Wenn etwas mir gehört, kann ich damit machen, was ich will. Wenn man mich fragt, ob ich andere Leute schlage, verneine ich das. Aber wenn man mich fragt, ob ich jemals jemanden geschlagen habe, wird die Antwort anders sein.

Wenn man in einem Film sieht, wie Autos zu Schrott gefahren werden, beschuldigt auch keiner den Regisseur, keinen Respekt vor Autos zu haben. Er zerstört sie vor der Kamera, weil seine kreative Vision das verlangt. Dafür opfert er Objekte. Warum sollte ich also kein Buch opfern, um meine Vision lebendig werden zu lassen?

Weil dieses Buch für jemand anderes ein heiliger Gegenstand ist.

Also soll ich deswegen nicht meine Meinung äußern? Vielleicht sollten wir den Leuten verbieten zu sagen, dass es den Weihnachtsmann nicht gibt, weil die Kinder ihn so lieben...

Der Monotheismus gehört ins Museum. So denke ich, und das sage ich auch offen. Aber werde ich deswegen vom Blitz erschlagen? Allerdings werde ich von einer Gerichtsverhandlung zur nächsten geschleift, weil ich gewagt habe zu sagen, dass der Inhalt dieses Buches – Geschichten über einen Typen, der übers Wasser geht, Stürme beruhigt und Tote wieder zum Leben erweckt – ein Werk literarischer Fiktion sei. Christen überschütten mich mit Anklagen, weil ich etwas getan habe, worauf sie ein Monopol haben: Ich zerstöre goldene Kälber.

Ryszard Nowak von der polnischen Partei „Recht und Gerechtigkeit“ ist anderer Ansicht.

Ich habe die Nase voll davon, über ihn zu sprechen. Man sagt, dass jeder sein eigenes Kreuz zu schleppen habe. Nun, ich schleppe Ryszard Nowak. Wortwörtlich. Der Mann versucht, sich auf meine Kosten zu profilieren. Hätte es diese endlosen Gerichtsverhandlungen nicht gegeben, hätte niemand von ihm oder seinem Komitee je überhaupt gehört.

Es ist aber nicht so, dass ich wegen ihm nicht schlafen könnte. Ich schlafe hervorragend und mache weiter mein Zeug. Womöglich habe ich dank ihm ein paar neue Fans bekommen. Denn seien wir mal ehrlich: Selten promoten uns Leute so effizient wie er. Er schlägt jedoch Profit daraus, und das tut mir weh. Ich hasse Parasiten. Ich sehe ihn nicht als Feind, denn ich respektiere meine Feinde. Wenn ich mir aber vorstelle, auf der anderen Seite der Barrikade stünde zum Beispiel der Journalist Szymon Holownia, hätte ich ein viel größeres Problem. Der ist genauso pflichteifrig wie Nowak, aber gleichzeitig intelligent und gut vorbereitet. Das meine ich natürlich rein theoretisch, denn Leute wie er ziehen nicht wegen eines Internetvideos vor Gericht.

Nowak hatte aber nicht nur Bedenken wegen der Bibel. Er ließ auch anklingen, du seist Mitglied einer Sekte. Gehörst du zu irgendeiner religiösen Bewegung?

Nein.

Vielleicht gehören die Fans von Behemoth zu einer Sekte?

Wir haben alle möglichen Arten von Fans.

Wir haben einen Test für dich. Hier sind einige Tipps, woran man eine Sekte erkennt. Wir haben sie von der Website eines Erzbistums runtergeladen. Auf geht's.

***1. Auch der geringste Kontakt zu der Gruppe verursacht eine Veränderung des Weltbildes.* Versuchst du, deinen Fans den Kopf zu verdrehen?**

Ich sage ihnen, dass sie ihre Herzen für Jesus Christus öffnen sollen, denn nur dann werden sie die Welt wahrhaftig erkennen.

Das hast du sicherlich ironisch gemeint.

Was denn sonst? Natürlich verdrehe ich meinen Fans den Kopf, mit einer einfachen Botschaft: Glaubt keinen offenbarten Wahrheiten, und glaubt auch nicht meinen Worten. Benutzt euren eigenen Verstand.

2. ***Eine Sekte bietet einen einfachen Blick auf die Welt, der alles erklärt.***

Ich habe nie jemandem erzählt, es gäbe nur Gut und Böse, und ich doziere auch nicht, wie die Welt begann und wie sie enden wird. Es gibt so viele Erklärungen für die Welt, wie es Menschen auf diesem Planeten gibt.

3. In der Gruppe wird der Anhänger alles finden, was er sucht.

Ich kann nur eine gute Show bieten: ein bisschen Rock 'n' Roll und Texte, die zum Nachdenken anregen. Wenn jemand eine neue Familie sucht, sollte er sich an den Heiligen Geist wenden, nicht an Behemoth.

4. Eine Sekte behauptet, die Welt strebe der Zerstörung entgegen, und dass nur die Gruppe weiß, wie man sie retten kann.

Vor Kurzem habe ich im Fernsehen einen Protestmarsch gesehen. Die Leute da wollten mit Gebeten die Welt vor der Zerstörung bewahren. Sie hatten ein Spruchband, wo draufstand „Wir sind die Nation. Sie sind Nergals Kumpels."

4. Die Gruppe lehnt die Wissenschaft ab, und nur ihre eigene Wissenschaft ist die Quelle allen Wissens.

Die Welt wurde in sieben Tagen erschaffen, Dinosaurier sind Drachen, und drei Tage, nachdem man gestorben ist, kann man von den Toten auferstehen. Alle meine Fans werden das bestätigen.

Noch mehr Ironie.

6. Eine Sekte lehnt rationales Denken ab.

Wie kann ich da *nicht* ironisch sein? Ich bin es nicht, der seinen Anhängern sagt, dass sie glauben müssen, um zu verstehen.

7. Kritik und Ablehnung von denen, die nicht Teil der Gruppe sind, beweisen, dass die Gruppe im Recht ist.

Dasselbe wie bei den Typen mit den Spruchbändern. Wenn jemand nicht ihrer Meinung ist, ist er entweder jüdisch, Freimaurer oder der Teufel persönlich. Und wenn ein Jude ihnen nicht zustimmt, haben sie offensichtlich recht. Als nächstes fragst du mich, ob ich das Sexleben meiner Fans in irgendeiner Weise einschränke und ob ich Gebote erlassen habe, denen sie besser folgen sollten, wenn sie erlöst werden wollen...

Richtig. Das war die nächste Frage!

Ich fasse das mal zusammen. Ich fände es toll, wenn die Fans das Internet nach einem Tutorial durchsuchen, wie man eine Sekte erkennt, es aufmerksam lesen und dann ihre eigenen Schlüsse ziehen würden. Ich sage aber nicht, welche Art von Rückschlüssen. Ich glaube an die Intelligenz der Menschen, die meine Musik mögen.

Denkst du immer noch, dass die Kirche „die größte und bösartigste Sekte der Weltgeschichte“ sei?

Ich wiederhole: Ich glaube an die Intelligenz meiner Fans.

Genau das hast du während einem der Konzerte in Gdingen gesagt, als du die Bibel zerrissen hast.

Das habe ich.

Wie hast du auf das erste Gerichtsverfahren reagiert, in dem du aufgrund der Bibelschändung wegen Gotteslästerung angeklagt wurdest?

Das hat zunächst keinen großen Eindruck auf mich gemacht. Ich habe nicht begriffen, wie ernst es war. Mir wurde erst später bewusst, dass man für das Äußern seiner Meinung oder für einen künstlerischen Auftritt tatsächlich bestraft werden kann. Ich verstehe das immer noch nicht. Hat das Gericht zum Glück auch nicht. Es gab in dem Verfahren zwei Urteile, beide Male Freispruch. Vielleicht ist Polen ja doch ein Rechtsstaat.

Doda, deine Ex-Freundin, wurde verurteilt, weil sie gesagt hat, dass die Bibel unter dem Einfluss von Drogen geschrieben worden sei.

Das hat mich umgehauen. Es stellte sich heraus, dass das Gericht die Dinge anders sah. Anscheinend ist der Richter auch nur ein Mann. Der eine folgt der allgemeinen Vernunft, der andere hat keine.

Du hast eine Bibel zerrissen, würdest aber nicht sagen, dass sie unter Drogeneinfluss geschrieben wurde?

Ich habe einige wissenschaftliche Abhandlungen gelesen, die sich mit der Rolle von Drogen in der religiösen Entwicklung beschäftigen. Bedeutende Fachleute geben an, dass jeder Glaube an eine übernatürliche Welt das Ergebnis von Drogenkonsum sei. Ich habe von Professor Benny Shanon von einer Jerusalemer Universität gelesen, der die Bibel und ihre Geschichte in vielen

Einzelheiten erforscht hat. Er hat außerdem die Pflanzen analysiert, die in der Wüste wuchsen, durch die die Israeliten gezogen sind. Eine dieser Pflanzen war die Steppenraute, *Peganum harmala*, die starke psychedelische Effekte verursacht. In einem Psalm wird außerdem über die Verwendung von Alraunen, *Mandragora*, als Potenzmittel berichtet...

Hast du Doda davon erzählt?

Nein. Sie hat es selbst irgendwo gelesen und bei der erstbesten Gelegenheit gesagt. Und zwar sehr direkt. So ist sie. Sie sagt den Leuten etwas direkt ins Gesicht und schaut dann, was passiert. Das weiß jeder, also war es der größte Schwachsinn, dass sich alle darüber aufgeregt haben.

Sollte das Gesetz religiöse Überzeugungen in irgendeiner Weise schützen?

Nein.

Nicht einmal deine?

Es ist nicht wichtig, was man glaubt. Der Glaube ist immer individuell. Wenn Leute durch das, was andere sagen, leicht beleidigt sind, was ist dann die Basis ihres Glaubens? Sie muss ziemlich zerbrechlich sein, wenn sie Angst vor bloßen Worten haben.

Im Islam kann man für Gotteslästerung den Kopf verlieren.

Ich kenne die islamische Kultur nicht. Ich wurde in Polen geboren, das ist ein katholisches Land, kein islamisches.

Du hast eine Ausgabe der Bibel zerstört, aber den Koran fasst du nicht an. Es heißt: „Nergal hat keine Eier".

Ich bekämpfe das, was ich kenne. Mit dieser Logik könnte man fordern, ich solle Chinesisch sprechen, weil ich Englisch spreche. Und wenn ich das nicht kann, bin ich ein Feigling?

Und doch ist es einfacher, sich mit einer Religion der Liebe auseinanderzusetzen, als den Islam zu bekämpfen.

Zu behaupten, dies sei eine Religion der Liebe, ist ein übles Klischee. So, als würde man sagen, der Kommunismus sei eine Politik der Gleichberechtigung. Für mich sind beides totalitäre Systeme. Im Christentum geht es um die Seele, im Kommunismus um Besitz. Was bringt es, wenn eine Ideologie gute Absichten hat? Es geht nicht um die Grundlagen, sondern um das *tatsächliche* Ergebnis. Der polnische Katholizismus ist eine Ideologie der Aversion gegen alles, was anders ist, und keine Religion der Liebe.

Gehst du nicht zu weit, indem du diese beiden vergleichst?

Die Ähnlichkeiten zwischen rotem Totalitarismus und dem Christentum sind offensichtlich. Beim einen hat man Städte umbenannt: Aus Petersburg wurde Leningrad, Wolgograd wurde zu Stalingrad. Beim anderen wurden sich Götter angeeignet und in Heilige umgewandelt. Sie haben heidnische Feste übernommen: Weihnachten anstatt der Geburt der Sonne. Ostern? Das Wort stammt von Ischtar, einer heidnischen Göttin.

Man werfe einen Blick in die Geschichte. Wenn das Christentum den Boden einer anderen Kultur betrat, taten sie dasselbe wie später die Bolschewiken im Jahr 1939. Die Konquistadoren waren Eroberer. Es ging nicht um Gott, sondern um Macht. Menschen wurden ausgelöscht und verbrannte Erde hinterlassen.

Aber das ist lange her. Heutzutage hört man recht wenig von katholischen Terroristen.

Momentan spucken sie nur Gift und Flüche, aber für wie lange? Ich habe lange Onlinedrohungen bekommen, und zwar nicht von Moslems, sondern von Katholiken. Ich kann nie sicher sein, ob sie nicht eines Tages ihren Worten Taten folgen lassen.

Vor nicht allzu langer Zeit gab es einen Vorfall bei einem Konzert in Rzeszów. Eine junge Frau schlich seit dem Morgen um unser Hotel. Sie wollte mich unbedingt treffen. Ich war beschäftigt und hatte an dem Tag keine Zeit, um mit Fans zu reden. Ich dachte, sie wolle nur ein Foto mit mir machen und vielleicht ein Autogramm haben.

Als ich nach der Show zu meinem Auto ging, bemerkte ich sie aus dem Augenwinkel. Sie kam näher, sah sehr nervös aus, die Augen weit aufgerissen, als ob sie auf Drogen wäre. Sie packte meine Hände und sagte: „Adam, ich bin so froh, dich zu treffen." Sie hatte Tränen in den Augen. Ich fragte, ob ich ihr irgendwie helfen könne, aber spürte, dass etwas nicht stimmte. Plötzlich holte sie aus ihrer Tasche eine Flasche mit Weihwasser. Ich habe ihr den Scheiß aus der Hand geschlagen.

Aber damit hätte sie dich nicht verletzen können.

Das Problem war nicht das, was *in* der Flasche war, sondern, dass sie mich angegriffen hat. Sie ist in meine Privatsphäre eingedrungen, das hat mich in der Tat geärgert. Heute ist es Weihwasser, aber morgen? Ein Messer? Salzsäure?

Die Frau hörte noch nicht einmal zu. Sie verstand nicht, dass ich einen Scheiß auf ihren Gott gab. Sie stand einfach da und laberte vom Heiligen Geist.

Du provozierst diese Leute aber beispielsweise dadurch, dass du das Christentum mit dem Kommunismus vergleichst. Tatsächlich hat die Kirche die Kommunisten *bekämpft*.

Richtig. Wie zwei Hunde, die um Fressen kämpfen. Natürlich erkenne ich den Einfluss der Kirche auf unsere Geschichte an. Aber das ist Vergangenheit. Heute hat das Christentum seine Autorität verloren und keine Ahnung davon, was die Menschen wirklich brauchen. Ich würde sagen, dass sein Platz im Museum ist. Kirchen verwandeln sich in Museen, und das passiert jetzt, während wir reden.

In London hat man ein paar Gotteshäuser in Clubs umgewandelt. Es gibt keinen Grund, sie abzureißen. Man sollte sie besser für etwas Gutes nutzen. Wir haben mal in so einer Kirche gespielt. Unser Umkleideraum war die ehemalige Sakristei, und wir sind auf einer Bühne aufgetreten, wo früher der Altar stand.

Vor Kurzem hatten wir in Pittsburgh eine Show in einer alten und lang vergessenen Kirche. Welche Perversion: Wir predigten von der Kanzel eines ehemaligen Heiligtums. Was gerade passiert, ist eine diskrete Wachablösung.

Würdest du nicht mehr erreichen, wenn du das alles nicht so direkt sagen würdest?

Ich bin kein Politiker. Ich kann nicht lügen oder den Standpunkt unter dem Mantel süßer Worte verstecken.

Allerdings zerreißt du bei euren Shows inzwischen keine Bibeln mehr.

Und ich spucke auch kein Feuer, obwohl ich es bei jedem Auftritt versuche.

Warum hast du damit aufgehört?

Na, sagen wir mal: nicht wegen der Leute, die mich deswegen beschimpft haben. Diesen Teil hatten wir schon lange vor der medialen Hexenjagd aus den Auftritten gestrichen.

Es ist sinnlos, dieselbe Provokation immer und immer wieder zu wiederholen. Dann hört es auf, provokant zu sein. Man malt auch nicht dasselbe Bild zweimal, oder? Aber alle unsere Shows regen zum Nachdenken an.

Was hast du denn heute anzubieten?

Komm und sieh es dir selbst an. Nach der ersten Show, in der ich die Bibel zerstört habe, meinte unser Tourmanager, es sei „*disturbing*" gewesen. Das ist ein hübsches englisches Wort. Ich kann es nicht richtig ins Polnische übersetzen. Es bedeutet etwas, das Angst macht, aber gleichzeitig antreibend ist. Wenn jemand das über unsere Musik sagt, nehme ich das als großes Kompliment.

Im Kino ist es genauso. Die besten Filme sind *verstörend*, wie zum Beispiel Lars von Triers *Antichrist* oder *Róża* von Wojciech Smarzowski. Man geht abends ins Kino, und wenn man herauskommt, denkt man weiter über den Film nach.

Man wacht am nächsten Morgen auf, und der Sturm im Kopf ist immer noch da. Es wäre großartig, wenn unsere Shows so wahrgenommen würden. Ich hasse es, wenn die Leute sagen, ein Film oder eine Show sei *nett* gewesen.

Demnach gibst du keine „netten" Shows?

Wenn mir jemand erzählt, unser Auftritt sei nett gewesen, würde ich ihm am liebsten ins Gesicht schlagen. Billige Nutten können nett sein, aber nicht Konzerte von Behemoth.

Ich habe einen Freund, der Jazz spielt. Er hat sich eine unserer Shows in Bromberg angeschaut. Er sagte mir, wir hätten nett gespielt. Er hat es schlicht nicht verstanden. Ein Mädel auf der Straße kann nett sein. Der Frühling war dieses Jahr nett. Aber sicherlich nicht Behemoth-Konzerte oder – lass mich noch etwas schwelgen – von Triers Filme.

Verstörende Kunst ist depressiv. Metal wird beschuldigt, Selbstmordgedanken zu provozieren.

Wenn jemand zu Depressionen neigt, kann sogar eine romantische Komödie der Auslöser sein, dass er sich umbringt. Manche sehen das als Feigheit an, andere als Mut. Ich beurteile solche Entscheidungen nicht, jeder bestimmt selbst den Weg seines Lebens. Du wählst den Tod? Nur zu. So hat mein Freund Jon Nödtveidt diese Welt verlassen.

Hast du ihn gut gekannt?

Unser Verhältnis zueinander war kurz und intensiv, aber auch sehr besonnen. Ich traf Jon während der Mitte des letzten Jahrzehnts. Ich kannte seine Musik natürlich vorher schon. Seit den frühen 90ern war ich ein Fan. Ich halte *Storm Of The Light's Bane* immer noch für eines der besten Black-Metal-Alben aller Zeiten.

Ich schätze, es war schwierig, ihn früher zu treffen, da er wegen Beihilfe zum Mord im Gefängnis war.

Wir sind mit ihnen in Dänemark aufgetreten. Das war eins der ersten Konzerte von Dissection, nachdem Jon entlassen worden war. Das war auch das erste Mal, dass ich ihn live gesehen habe. Er war so groß wie ich, vielleicht ein bisschen stämmiger, und man sah ihm nicht an, dass er gerade aus dem Knast kam. Er war sehr freundlich, aber er nötigte einem auch Respekt ab. Diesen Eindruck hatte ich von ihm. Er strahlte Stärke aus, selbst seine Art zu gehen war beeindruckend. Nach der Show erzählte er uns, dass er bei einigen von unseren Konzerten war und das letzte Mal, dass er etwas Vergleichbares gespürt hatte, bei einem Auftritt von Morbid Angel 1991 sei.

Manchmal nehme ich solche Komplimente aus Höflichkeit an, aber das war seine ehrliche Überzeugung. Wir unterhielten uns, und es stellte sich heraus, dass Jon unsere Alben gut kannte. Seine Freundin brachte sie ihm, während er im Gefängnis war. Ich fühlte, dass wir uns gegenseitig verstanden.

Die Stunden vergingen, wir saßen da, im Gespräch versunken, fast so, als hätten wir Koks oder so genommen. Wir hielten danach noch sehr gut Kontakt, meistens per E-Mail oder Telefon. Nach Musikmessen in Deutschland haben wir noch stundenlang miteinander gesprochen. Er suchte nach einem Label, das Dissections neues Album *Reinkaos* veröffentlichen würde. Er hatte mir schon ein paar Demosongs geschickt. Erst einen, dann drei, und schließlich alle. Ich habe ihn unterstützt und wusste sofort, dass das Album großartig war. Ich habe den Eindruck, dass die Leute nicht ganz verstanden haben, wie stark es wirklich war, als es herauskam. Erst jetzt, nach Jons Tod, bekommt es die Aufmerksamkeit, die es verdient.

Wann hast du ihn das letzte Mal gesehen?

Ende 2005, als Jon mich fragte, ob wir mit Dissection einen Neujahrs-Gig im Kolingsborg-Club in Stockholm spielen wollten. Ich habe natürlich zugesagt. Wir spielten am 30. Dezember, und weil ich so viel Zeit wie möglich mit Jon verbringen wollte, habe ich die Tickets für die Heimreise absichtlich für Neujahr gekauft. Ich war mit meiner Freundin Shelley da, einer hübschen Kroatin, die ich bei einem Auftritt in der Schweiz kennengelernt habe. Allerdings war ich kein braver Junge in Schweden, zumindest nicht an diesem Silvester.

Wir saßen mit Jon zusammen und unterhielten uns, und das nächste, an das ich mich erinnere, ist Mitternacht. Um uns herum waren Leute, die Spaß hatten, überall Ausschweifungen. Und wir saßen den ganzen Tag da, redeten über Black Metal, Philosophie und den Tod – schwere Kost. Ich öffnete eine Flasche Champagner und wollte ihm ein Glas einschenken, aber er lehnte ab. Nach einer Weile stimmte er aber zu, und wir brachten einen Toast aus. Er trank einen Schluck, lächelte und sagte, dass er während der letzten 12 Jahre keinen Alkohol getrunken habe.

Nach Mitternacht drehte ich durch, zu Turbonegro habe ich mir den Arsch abgetanzt. Inferno, unser Drummer, war dabei. Wir waren betrunken, halbnackt und herrlich unberechenbar. In der Zwischenzeit schlich Jon sich davon und ging nach Hause. So war Jon.

Hast du ihn jemals gefragt, warum er einen Mann umgebracht hat?

Nein, das hätte ich mich nicht getraut. Das war seine persönliche Angelegenheit. Er wird schon seine Gründe gehabt haben.

Auch, um sich selbst das Leben zu nehmen?

Das weiß ich nicht.

Wie war deine Reaktion?

Das war ein schwerer Schlag. Ich war komplett fassungslos. Ich hatte mit ihm über das nächste Dissection-Album gesprochen, auf das er sich wirklich freute. Nichts deutete darauf hin, dass er sich demnächst in den Kopf schießen und von der Welt verabschieden würde.

Ich rief ein paar gemeinsame Freunde an; Menschen, die in den Tagen vor seinem Tod noch mit ihm gesprochen hatten, als er sein letztes Konzert gab. Niemand hatte Anzeichen einer

Depression bemerkt. Im Gegenteil schien er mit der Welt im Reinen und glücklich zu sein.

Er hat diese Entscheidung gefällt, ich möchte das nicht bewerten. Ich kann nur versuchen, es zu verstehen.

Hast du es verstanden?

Ich kann mir noch nicht einmal eine Situation vorstellen, in der ich mir selbst das Leben nehmen würde. Dafür liebe ich es zu sehr.

III

DER BAUM DES LEBENS

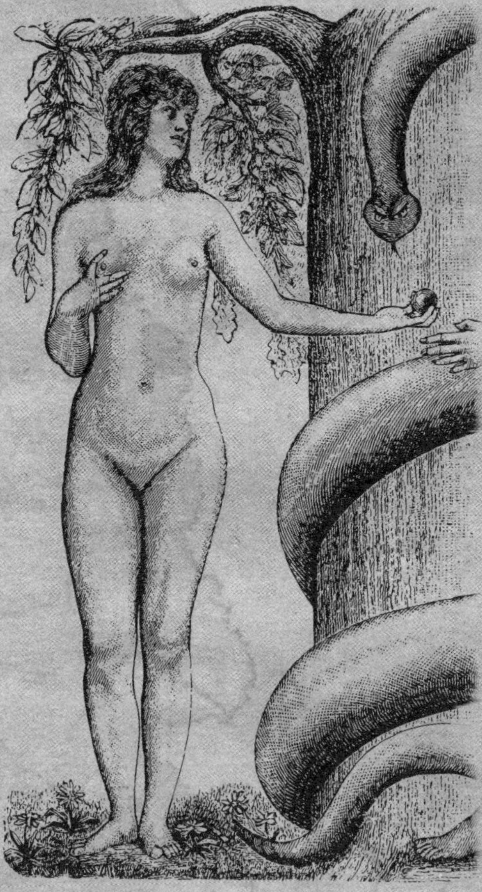

Wann tauchten Frauen und Sex in deinem Leben auf?

Als ich 16 war. Sie war 20 und hatte schon ein Kind. Ich war so benebelt, dass man das, was ich zustande brachte, nur mit gutem Willen eine Erektion nennen konnte. Bewusst habe ich meine Jungfräulichkeit dann bei Celina verloren, meiner ersten wahren Liebe.

Wie hast du sie kennengelernt?

Auf ähnliche Weise wie Baal, ich kannte sie seit meiner Kindheit. Sie wohnte im selben Block. Wir gingen gemeinsam zur Schule und lernten Gitarre spielen. Zunächst war ich nicht an ihr als Frau interessiert. Während der ersten Schuljahre war sie spindeldürr. Als ich aufs Gymnasium ging, haben wir den Kontakt verloren. Ich sah sie gelegentlich, meistens durchs Fenster, wenn sie irgendwohin ging. Freilich bemerkte ich, dass sie sich veränderte. Ihre Figur wurde weiblicher, und sie hatte hübsche Brüste. Sie zog meine Aufmerksamkeit auf sich. Jeder in der Nachbarschaft war in sie verknallt, aber sie war kalt und unerreichbar – diese Art von unbezwingbarer Jungfrau.

Eines Tages traf ich draußen vor dem Wohnblock ihren Bruder. Ich wollte wissen, wie es ihr geht. Er verriet mir, das Celina gerade zu Hause sei und ich sie das selber fragen könnte. Es war ein Impuls. Ich benutzte die Türsprechanlage und betrat die Wohnung. „Hi, Adam Darski hier.“ Wir hatten zu der Zeit wenig Kontakt, aber trotzdem ließ sie mich herein. Wir unterhielten uns... und wurden schnell ein Pärchen. Sie war einfach nicht von dieser Welt, aber das machte nichts.

Wenn man 16 ist, reicht es, mit einem hübschen Mädchen zusammenzusitzen. Man kann sie spüren und sie riechen. Und sie hatte noch mehr zu bieten. Sie sagte offen, was sie meinte. Sie war intelligent, eine gute Schülerin, sprach fließend Englisch... sie beeindruckte mich.

Haben dich nicht Metalheads, die dir ähnlich waren, mehr angemacht?

Nein. Für mich zählten Aussehen und Persönlichkeit. An dem Rest kann man arbeiten.

Wie hast du Celina bearbeitet?

Ich füllte ihre Welt mit Leidenschaft. Ich habe ihr Kassetten gekauft, die sie neugierig anhörte. Mit der Zeit stieg sie da tiefer ein. Sie kaufte ihre eigenen Platten. Ich glaube, sie mochte Metal sogar. Sie erkannte darin dasselbe wie ich. Für viele Menschen ist es nur stumpfes Headbangen, doch was ich sah, war ein Genre, das wie kein anderes die Entwicklung eines Kindes beeinflussen konnte. Es ging nicht nur um den großen Umfang der Klänge, die Themen waren ebenso wichtig: Religion, Liebe, Sex, Politik, Soziales, Geschichte – bekloppte und ernsthafte Themen.

Musik zu hören ist eine Sache, aber hast du auch selbst gespielt?

Celina war ziemlich schnell in die Angelegenheiten der Band eingebunden. Sie nahm an der Fotosession für unser Minialbum *Bewitching the Pomerania* teil. Satyricon, einer der Anführer der norwegischen Szene, brachte zur gleichen Zeit ein Album namens *Nemesis Divina* heraus. Das Video dazu war voller Erotik und hatte eine wunderschöne Bildsprache. Es stellte sich heraus, dass Metalbands recht professionellen Kram zustande brachten. Ein Wald und eine billige Kamera waren nicht mehr genug. Wir bewegten uns in eine neue Richtung.

Sicherlich ein kühnes Unterfangen.

Wir waren 19 Jahre alt und glaubten, eine neue Welt zu entdecken. Heute ist Nacktheit in Metalvideos oder auf Bildern viel verbreiteter, sie ist zur Handelsware geworden. Damals war das anders. Celina zeigte ihre Brüste, und wir dachten, das hätte einen mächtigen Effekt.

Auf *Grom* („Donner“) ist auch ihre Stimme zu hören.

Sie war immer eine gute Sängerin, aber ich weiß nicht, ob sie jemals zu unserer Musik gepasst hat. Es war ein Experiment, und zwar kein besonders erfolgreiches. Wir mischten verschiedene Stilrichtungen. Es ist schwer für mich, diese Fragmente heute zu hören, ohne peinlich berührt zu sein.

Warst du stolz darauf, dass sich deine Freundin so engagiert hat?

Sehr. Ich habe nie eine Frau getroffen, die mir so viel von sich gegeben hat. Celina hat alles gemacht, sie hat mir bei vielem geholfen. Sie hat für mich Briefe zur Post gebracht und hat Interviews übersetzt. Dank ihr hat sich mein Englisch verbessert. Wir lebten zusammen, als wären wir verheiratet. Wenn ich aus der Schule kam, stand das Essen auf dem Tisch. Ihr Geld war unser Geld. Während unserer Reise nach Skandinavien schnorrte ich sie um jede Menge CDs an, weil ich mir die schlicht nicht leisten konnte.

Wolltest du dorthin, um das Mutterland der Musik kennenzulernen, die dich inspiriert hat?

Ich habe zuvor Norwegen und Schweden nur mit Fjorden, Öl und Lachs in Verbindung gebracht. Das hat sich durch Black Metal geändert. Heute wissen sogar die Diplomaten über die Geschichte dieses Genres Bescheid, denn wie sich zeigt, assoziiert die ganze Welt Nordeuropa mit dieser kalten und brutalen Musik. Sie ist ein Exportartikel.

Als ich das erste Mal dort war, war Black Metal noch totaler Underground. Erst später zog er wie auf einem weißen Pferd in die Popkultur ein. Es faszinierte mich, dass derart radikale Musik in einem Land erblühte, in dem 60-jährige Lebensmittelhändler perfekt Englisch sprechen. Es war eine andere Welt. Mir wurde bewusst, wie weit mein Land davon entfernt war, mit diesen Standards mitzuhalten.

Meinst du die Musik oder die allgemeine Entwicklung?

Beides. In Polen war der Kommunismus gerade zusammengebrochen, und es gab wilde Umwälzungen. Wir waren in jeder Beziehung weit hintendran.

Bist du damals viel gereist?

Ins Ausland bin ich zum ersten Mal auf einer Klassenfahrt gewesen. Wir waren in Leningrad. Die Stadt machte einen gewaltigen Eindruck. Nicht umsonst wird sie Venedig des Nordens genannt. Seitdem bin ich viel gereist. Ich habe Leute aus dem Underground getroffen. Als wir unseren Vertrag mit der deutschen Plattenfirma Solistitium abschließen wollten, hielt ich es für eine gute Idee, das bei einem persönlichen Treffen zu tun. Ich habe auch einige Male Jürgen Bartsch von Bethlehem besucht. Wir sind zusammen in die Niederlande gefahren. Wir haben viel Alkohol getrunken, Gras geraucht und uns die ganze Nacht bis zum Sonnenaufgang unterhalten. In Rotterdam traf ich Gorgoroth von Funeral Winds. In der Nähe von Mailand wohnten unsere Freunde vom Label Entropy. Ich habe Celina mitgenommen, wie auch nach Skandinavien. Dort habe ich Robert Mammarela kennengelernt, der Labelmanager von Avantgarde. Ein paar Jahre später haben wir einen Vertrag abgeschlossen.

Tief in mir spürte ich, dass das Reisen zu meiner Entwicklung beitrug. Es geht nicht nur darum, neue Leute zu treffen und neue Länder zu kennenzulernen. Die Reise an sich kann jemanden viel lehren. Es gab keine Computer, wir hatten nur Festnetztelefone und Briefe. Statt eines Flugzeugs nahm man den Bus und, im besten Fall, eine Fähre. Heute klingt das alles ziemlich abgefahren, obwohl es nur ein Dutzend Jahre her ist.

Hast du in Skandinavien Musiker persönlich kennengelernt?

Unter anderem haben wir Mortiis von Emperor besucht.

Hat er dich ordentlich empfangen?

Er war sehr höflich und bescheiden. Die Wände in seiner Wohnung waren mit CDs zugepflastert. So eine Sammlung habe ich noch nie gesehen. Ich habe sogar ein Foto davon gemacht.

Der Gastgeber selbst war ein Typ von einem anderen Planeten. Tagelang hat er nichts gegessen. Zum Frühstück hat er einen Keks verschlungen, und das war's. Seine ebenso bemerkenswerte Freundin kam abends vorbei. Sie stammte aus Transsylvanien. Als Euronymous von Mayhem noch lebte, ist sie mit ihm ausgegangen.

Wir vier redeten stundenlang über den Sturm, der im Underground wütete. Das waren damals gefährliche Zeiten. Mortiis war nach Schweden gezogen, weil er aus Norwegen fliehen musste. Er hatte Angst um sein Leben.

Hatte er Grund dazu?

Nachdem Varg Vikernes von Burzum im Jahr 1993 Euronymous ermordet hatte, was aus der Feindschaft rivalisierender norwegischer Black-Metal-Musiker resultierte, wurde es, sagen wir mal, brenzlig. Die Szene war gespalten. Eine Seite wollte sich an dem „Verräter von Burzum" rächen, die andere Seite hielt den Anführer von Mayhem für den Verräter. Wutgeschrei und Drohungen waren an der Tagesordnung. Jeder konnte abgestochen werden. Und immer noch brannten die Kirchen.

Kein Wunder, dass sich die Polizei einschaltete. Razzien und Durchsuchungen machten das Leben auch nicht einfacher.

Wen hast du für den Verräter gehalten?

Da stand ich drüber. Von der ganzen Geschichte war ich ein bisschen verängstigt, aber auch ein bisschen fasziniert. Mit Black Metal machte man keine Späße, man konnte tatsächlich sein Leben verlieren, aber genau das zog auch Leute an. Ich versuchte, nicht aus der Reihe zu tanzen, sondern stattdessen die ganze Situation zu beobachten.

Die Ereignisse in Norwegen riefen ein ziemliches Echo in Polen hervor. Plötzlich interessierten sich die Behörden für unsere Subkultur. Ich habe es geschafft, dass sie mich in Ruhe ließen, aber Freunde von mir wurden ein paar Mal geschnappt.

Man sprach über Black Metal. Die Leute fingen an, ihn wahrzunehmen. Ich erinnere mich, wie ich mal an der Schreibmaschine saß und Briefe tippte. Mein Vater kam herein und legte kommentarlos eine Broschüre auf den Schreibtisch. Der Titel lautete „Black Metal – die wachsende Gefahr“. Irgendein Trottel verteilte sie auf der Straße.

Machte all das Celina keine Angst?

Sie wurde von mir geführt, und sie akzeptierte meinen Weg.

Da wart ihr schon einige Jahre zusammen.

Das war meine längste Beziehung. Sie hielt, weil Celina liebend, hingebungsvoll und loyal war. Dafür war ich ziemlich ignorant und despotisch. Alles musste nach meiner Nase gehen. Hatte ich einen guten Tag, hatte sie einen guten. Und wenn mein Tag schlecht war... war es ihrer auch.

Hat sie mal rebelliert?

Nie. Sie hat noch nicht mal angedeutet, dass irgendwas nicht stimmte. Andererseits war ich kein Tyrann, überhaupt nicht. Ich hatte einfach nur Regeln aufgestellt, die ich für normal hielt. Ich war von sehr expansivem Charakter, und das akzeptierte sie. Es wirkte zwar eine Art Symbiose, aber ich war eindeutig dominant. In Wahrheit aber war ich ein Wichser. Nach drei Jahren fühlte ich eine gewisse Ermüdung und interessierte mich für andere Frauen. Könnte ich die Zeit zurückdrehen, würde ich mir selber eine scheuern und sagen: „Mann, reiß dich zusammen, verdammt nochmal."

Hast du deine Angehörigen schlecht behandelt?

Ich war nicht allzu freundlich zu Anderen. Das hat mir mein Vater oft vorgehalten. Er sagte, dass ich Menschen nicht gut behandelte. Ich hatte keine Ahnung, wovon er redete. Ich dachte einfach, dass ich derjenige sei, der die Karten verteilte. Da ist nichts Falsches dran, aber man muss wissen, wie man es macht, damit man damit niemanden damit verletzt.

Ich hoffe, dass ich gelernt habe, Menschen zu respektieren. Ich versuche, meine Führungsqualitäten zu nutzen, ohne unhöflich oder arrogant zu sein. Darum bemühe ich mich seit Jahren. Ich habe eine Menge unangenehmer Situationen erlebt, und oft war es meine Schuld.

War es deine Schuld, dass deine Beziehung mit Celina in die Brüche ging?

Ich war auf der Hochschule und lernte neue Leute kennen. Ich wollte mich loslösen und etwas Neues versuchen. Ich habe einfach mit ihr Schluss gemacht. Ohne Warnung, einfach so. Für ein paar Wochen verlor sie die Orientierung, bis sie einen neuen Freund hatte. Als ich das erfuhr, wurde ich wütend. Ich war derjenige, der die Regeln aufstellte – aber sie machte einfach ihr eigenes Ding. Sie wurde unabhängig. Natürlich hat das an meinem kranken Ego gekratzt. Das Blatt hatte sich gewendet. Ich litt, und ich sehnte mich nach ihr, aber es gab kein Zurück. Ich hatte die Kontrolle verloren. Da ging ich zum zweiten Mal nach Skandinavien, diesmal alleine. Ich musste fliehen.

Fünfzehn Jahre sind vergangen. Hast du dich sehr verändert?

In jedem von uns sind ein Idiot und ein Weiser, auch in mir. Ich kann brüsk und rüde sein oder einfach am Telefon auflegen, aber eine Stunde später entzücke ich jemanden mit Komplimenten.

Aber mit dir hat man's immer noch nicht besonders leicht?

Ich arbeite daran. Am Anfang zeige ich das Gesamtpaket, weil ich eine Beziehung aufbauen will, und keine Illusion. Als ich jünger war, habe ich die Mädels bezaubert. Ich habe ihnen gezeigt, wie galant und großartig ich war. Stets gut gepflegt, in meinen besten Klamotten...

Heute jedoch verberge ich nicht mehr, dass ich auch eine andere Seite habe. Wenn ich morgens aufwache, sieht mein Gesicht wie ein Schweinekotelett aus, und ich bin weit von jeglicher Frische entfernt. Diese Seite ist aber interessanter, auch bei Frauen. Mir gefällt es, wenn es in einer Beziehung keine Tabus gibt. Ich habe Freunde, die seit Jahren in ihren Ehen rumdümpeln. Dann frag ich, ob ihre Ehefrauen manchmal einen fahren lassen, wenn sie dabei sind, und sie antworten: „Alter! Auf keinen Fall!"

Diese Typen leben in einer schrecklichen Illusion: Sie verherrlichen ihren Ehepartner. Na komm, willst du mir erzählen, dass Frauen nicht kacken? Das ist bescheuert. Das habe ich erst neulich erlebt, als meine Freundin beim ersten Date gefurzt hat. Sie grinste und drehte so den Spieß einfach um. An ihrem Verhalten war gar nichts Peinliches. Das gefiel mir. Das ist eines der Fundamente, auf dem man eine Beziehung aufbauen sollte. Ich bin überhaupt kein Naturalist, doch mir ist auch nichts Menschliches fremd.

Lockenwickler im Haar, eine Gesichtsmaske, Gurkenscheiben auf den Augen – törnt dich so was nicht ab?

Im Gegenteil. Ich finde das niedlich. Ich erinnere mich an eins meiner ersten Dates mit Dorota. Ich besuchte sie in Warschau, und wir gingen die ganze Nacht feiern. Ich sollte am nächsten Tag in Danzig sein, aber ich versprach ihr, dass ich nach einer erholsamen Nachtruhe vorbeikommen und uns Frühstück machen würde.

Als ich ankam, war es bereits Nachmittag, aber ich habe sie trotzdem aufgeweckt. Sie stand auf und öffnete die Tür. Sie rannte nicht ins Bad, sie schminkte sich nicht, es gab keine Schranken zwischen uns. Und das war geil!

Wenn man jemanden liebt, sollte man versuchen, die Schönheit solcher Situationen zu erkennen. Ich schreibe und rede oft über ernsthafte Themen; darüber, das Extreme zu akzeptieren, über das Wechselspiel von Heiligem und Profanem. Es gibt keinen Unterscheid zwischen einer Heiligen und einer Sünderin – es ist stets dieselbe Frau.

Versuchst du immer noch, anderen deine Sichtweise aufzuzwingen?

Im meinem Leben möchte ich im Zweifel immer auf der inspirierenden Seite sein, aber ich mag auch die Ausgewogenheit in Beziehungen. Ich will inspirieren und inspiriert werden.

Also sind Mädels, die dich anstarren und zu allem nur Ja sagen, nicht dein Typ?

Sie kann mich ruhig anstarren, aber sie muss mich dazu bringen, dass ich auch sie anstarre.

Wie kann dich eine Frau beeindrucken?

Auf viele Arten. Zum Beispiel dadurch, dass sie sich bei Themen auskennt, von denen ich keine Ahnung habe. Wenn ich merke, dass sie Kenntnisse von einer Kunstrichtung hat, von der ich nichts weiß. Oder wenn sich herausstellt, dass sie eine Fremdsprache fließend spricht, die für mich vollkommen fremdartig klingt, dann bewundere ich sie. Sie muss Charakter haben. Nichts ist schlimmer als schlechter Geschmack.

Ich lebe von der und für die Musik, also frag ich die Frauen immer, was sie sich anhören. Es gibt zwei Antworten, die eine sofortige Disqualifikation zur Folge haben: „Radio“ und „alles“. Es geht übrigens nicht nur um Musik, das ist nur ein Beispiel. Manchmal erfreuen mich ganz prosaische Dinge, wenn beispielsweise eine Frau etwas Exotisches kocht.

Das klingt etwas chauvinistisch!

Wenn man Klischees bekämpft, bringt das nur noch mehr Klischees hervor, und manchmal sogar noch schlimmere. Nur, weil eine Frau kochen kann, bedeutet das nicht, dass ihr Platz in der Küche ist. Wir wollen mal nicht paranoid werden. Es gibt eine Reihe von Merkmalen, die einen Mann dahinschmelzen lassen können. Wonach ich suche, ist das, was mir vielleicht meine Mutter geben könnte: viel Aufmerksamkeit zu bekommen und behütet zu werden. Da muss man aber einen Mittelweg finden, damit der Partner nicht verhätschelt und verweichlicht wird. Ich will nicht, dass meine Frau eine Hausfrau ist. Ich will nur, dass sie sich um bestimmte Dinge kümmert. Wenn ich ein „Hast du was gegessen?“ oder „Fahr vorsichtig!“ höre, geht es mir viel besser. Ich brauche Aufmerksamkeit.

Andererseits irritiert mich Überbehütung. Eine Frau sollte kein Kind sein, aber das variiert. Ich habe Respekt vor Frauen, die unabhängig sind, aber genauso mag ich, wenn sie sich wie kleine Mädchen aufführen.

Und dir gefällt es dann, dich wie ein kleiner Junge aufzuführen?

Ich brauche Platz. Es kann sein, dass ich dann wie ein ungezogenes Kind wirke, aber sie sollte darüber lachen, anstatt es als ein Zeichen von Unreife zu deuten. Man kann nicht die ganze Zeit der Vater sein.

Vielleicht solltest du dich an ältere Frauen halten?

Als ich jung war, beeindruckten mich die älteren und erfahreneren Mädchen. Aber das hat sich mit der Zeit geändert. Ich hatte schon mal eine Beziehung mit einer Frau, die elf Jahre jünger als ich war. Sie war 19, aber aufgeweckt und reif. Es gab viel Frische in diesem Verhältnis, aber unbewusst erwartete ich den Verstand einer Dreißigjährigen.

Aber so junge Menschen haben wahrscheinlich keine Lebenserfahrung.

Diese Situation war noch schlimmer, denn das Mädchen war ohne Vater aufgewachsen. Aber ich mag Herausforderungen. Vielleicht ist es meine angeborene Naivität – es kann auch Idealismus sein –, aber ich lerne, auf Umstände aufmerksam zu werden, die ich früher ignoriert habe. Wenn ich jetzt ein Date habe, frage ich die Frau, ob sie jüngere Geschwister hat.

In einer Bar in Zoppot habe ich mal meinen Nachbar getroffen. Ich habe nie viel mit ihm geredet, wir haben nur Höflichkeiten ausgetauscht. Aber da blieb er an mir kleben. Er war sturzbetrunken und fing gleich an zu erzählen, wie beschissen sein Leben sei. Er laberte vor sich hin, aber plötzlich sagte er: „Es ist egal, ob du ein Star bist oder nicht. Denk immer daran, Adam, aus welchem Haus du stammst.“ Das ist ein kluger Grundsatz. Wenn zwischen den Eltern alles in Ordnung ist und das Mädchen jüngere Brüder oder Schwestern hat, bin ich sofort ruhiger. Warum? Weil das Risiko für mich, in eine krankhafte Beziehungskiste mit dem Mädel zu geraten, deutlich geringer ist.

Was ärgert dich bei Frauen am meisten?

Engstirnigkeit.

Warum?

Meine Welt ist recht außergewöhnlich; ich schwebe über dem Boden und flippe aus. Falls meine Frau ein gut organisiertes Leben möchte, nun ja, dann gibt es da einen Konflikt. Auf einmal wird klar, dass das, was für mich normal ist, ein Problem für sie darstellt. Daraus wird nichts.

Womöglich bist du für deine Partnerinnen zu dominant? Vielleicht lässt du ihnen zu wenig Luft?

In jedem von uns stecken Widersprüche. Es gibt keinen einzigen Menschen, dessen Leben perfekt organisiert und stimmig ist. Dasselbe gilt für mein Leben. Ich verstehe durchaus, dass es schwer ist, mit mir eine Beziehung aufzubauen. Ich sage dauernd, dass jeder seine eigene Meinung haben kann. Doch je mehr Zeit ich mit jemandem verbringe, dem ich nahestehe, desto größer wird mein Bedürfnis, ihm meine Meinung zu aufzudrängen. Oft geht es um sehr unkomplizierte Dinge.

Versuchst du immer noch, die Welt deiner Partnerin mit Leidenschaft zu bereichern?

Bei Zuza war das der Fall, bei der, die elf Jahre jünger war. Ich erinnere mich an einen Streit über etwas sehr Triviales. Wir schauten den Film *300*. Ich bin der Meinung, dass das ein verdammt guter Film ist. Natürlich ist alles übertrieben und comicartig, aber er war auch ein Meilenstein, weil ein neuer, digitaler Trend in der Filmproduktion begann. Außerdem ist er optisch wunderschön.

Nach der ersten Sexszene, die ich ganz vorzüglich gefilmt fand, fragte mich Zuza, was dieser Scheiß solle. Wir hatten einen hitzigen Streit. Wir zogen uns zurück, nahmen die Schilde runter, und unsere Beziehung kühlte für einige Tage ab.

Ist es nicht dämlich, sich wegen eines Films oder wegen Musik derart zu streiten?

Ich bin so. Mit meinen Freunden streite ich genauso. Mein guter Freund Rafal Szyjer, ein hervorragender Gitarrist und Lehrer, äußerte mal, dass Zakk Wylde sein Instrument nicht beherrschen würde. Wir sahen uns gerade eine DVD von Black Label Society an. Ich liebe ihre Musik, und Zakk Wylde ist für mich ein absoluter Meister an der Gitarre. Und Rafal fing einfach an, Bullshit zu erzählen: dass der Typ keine Technik habe, schlampig spiele, die Noten nicht treffe... also warf ich ihm einige ziemlich heftige Dinge an den Kopf. Bis zum Ende der Party haben wir nicht mehr miteinander geredet. Ich zwar verdammt angepisst, weil ich es nicht aushielt, dass ein Musiker keine Qualität erkannte, wo eindeutig welche war. Man muss Black Label Society nicht *mögen*, aber man kann nicht abstreiten, dass sie eine professionelle Band sind.

Stellst du nie die Qualität von Musik infrage, die du nicht magst?

Ich hasse Myslovitz, eine polnische Indieband. Wenn die im Radio kommen, laufe ich vor Wut rot an und würde am liebsten den Lautsprecher wegballern. Aber ich akzeptiere sie. In gewisser Weise unterstütze ich sie sogar, denn ich weiß, dass sie innerhalb ihrer Nische großartig sind. Ich habe ihre Biographie gelesen, und ihre Interviews schaue ich mir gerne an.

Artur Rojek, dessen Gesang ich so verachtet habe, ist nicht mehr dabei, aber den Kerl respektiere ich tatsächlich. Er macht einen tollen Job; zum Beispiel organisiert er das *Off*-Festival in Kattowitz. Nur sein Gejaule und die Spielweise seiner Kollegen konnte ich nicht leiden. Manchmal erschrecke ich mich selbst, wie sehr ich zwischen meinem Geschmack und rationaler Bewertung unterscheiden kann.

Gibt es beim anderen Geschlecht irgendetwas, das dir Angst einjagt?

Die verborgene Seite bei Frauen. Und das meine ich auf den Charakter bezogen, nicht auf das Äußerliche.

Das Szenario einer „Miss Hyde"?

Genau. Man lernt jemanden kennen und ist zunächst verzaubert, aber wenn es dann zu einer außergewöhnlichen Situation kommt, entdeckt man, was für ein Miststück sie sein kann. Nichts deutet darauf hin. Sie ist eine wahre Oase des Friedens, sie liebt Kinder und Tiere, sie ist empathisch... und plötzlich explodiert sie. Sie wird fies und rachsüchtig.

Ich habe das einige Male erlebt. Mich bedrückt die Tatsache, dass man gemeinsam etwas aufbauen will, man denkt sogar an Kinder, gemeinsames Eigentum. Aber wenn man sich in einer schwierigen Situation befindet, stellt sich heraus, dass man nichts über die Person weiß, die man zu kennen glaubt.

Wie gehst du mit solchen Situationen um?

Ich suche bei meinen Freunden nach Unterstützung und Verständnis. Ich vermute, dass das jeder macht. Manchmal erzählen sie mir etwas Schlaues. Vor Jahren, als eine meiner Beziehungen in die Brüche ging, war ich in den Staaten auf Tour. Ich saß mit David Vincent von Morbid Angel in einer Bar. Anstatt mich zu entspannen und es zu genießen, starrte ich nervös auf mein Telefon und ging hinaus, um die Frau anzurufen. Sie hatte persönliche Probleme, und ich versuchte, sie aufzumuntern. Je mehr ich es versuchte, desto mehr griff sie mich an. Das Ganze führte in eine völlig falsche Richtung. Vincent merkte, dass ich angepisst war, sah mich an und sagte: „Du bist echt angespannt. Du musst dich entspannen. Wenn der Grund eine Frau ist, dann zeig Würde, wie es ein Mann tun sollte. Und denk dran: Es gibt Millionen von ihnen." Jahre später begegneten wir uns in Frankfurt. Er sprach mich auf diesen Abend an und fragte, ob ich mich an seine Worte erinnerte. Ich habe nur gelächelt.

Dauern deine Beziehungen normalerweise lang?

Meine erste hielt drei Jahre, die anderen von ein paar Monaten bis zu zwei Jahren. Jede bringt eine große Menge an Erfahrungen. Sie haben mir geholfen, zu reifen. Ich habe kein Problem damit, meine Vergangenheit nüchtern zu betrachten. Ich habe viele Fehler gemacht, aber auch meine Lektionen gelernt.

Mit den meisten Mädels, mit denen ich zusammen war, bin ich bis heute befreundet, sogar gut befreundet. Mit einigen bin ich in Kontakt geblieben, einigen habe ich nach ein paar Jahren eine Nachricht geschickt. Ich habe mich oft entschuldigt, weil manchmal alles wegen mir kaputtgegangen ist. Aber die Schuld liegt normalerweise irgendwo in der Mitte. Nach einiger Zeit sehen beide Seiten ein, dass sie Scheiße gebaut haben. Aber ich war auch mit Frauen zusammen, die wahrscheinlich niemals lernen werden, was Selbstwahrnehmung ist.

Gefällt es dir, dich mit Frauen zu unterhalten?

Ich muss nonstop mit jemandem sprechen, ich bin so. Ich muss stimuliert werden, ich brauche einen „*brain boner*". Wenn ich spüre, dass ich nicht in das Innerste eines Menschen vordringen kann, ist das nicht gut.

Schon, aber bist du denn dazu fähig, dein Innerstes zu offenbaren?

Die Anderen müssen nicht unbedingt meine Welt verstehen, aber sie sollten sie zumindest tolerieren und akzeptieren. Und sie müssen ihre eigene Welt haben. Denn nur dann können sich diese beiden Kreise überlagern und einen gemeinsamen Raum bilden. Jeder hat seine oder ihre Labyrinthe des Lebens. Wir können Menschen dorthin einladen und sie herumführen, aber sie brauchen sich dort nicht wohlzufühlen.

Nehmen wir mal an, ich treffe eine Frau, die Archäologin ist. Ich muss ihre Leidenschaft nicht teilen und mit ihr zu Ausgrabungen gehen. Wichtig ist jedoch der Ausdruck gegenseitigen Interesses, sich gegenseitig zu unterstützen und dem jeweils anderen Raum zu lassen. Meine Eltern verstehen in keiner Weise, was ich so mache, aber sie haben ein Gespür für Intuition, das sie beruhigt. Sie wissen, dass ich kein Banker oder Rechtsanwalt bin, aber sie wissen, dass ich glücklich bin. Mein Vater versteht meine Musik nicht, aber er hat mal gesagt, dass das, was ich tue, sinnvoll sei. Meine Musik widerspricht nicht seiner Art zu leben. Warum sollte das Leben zweier Menschen, die zusammen sein wollen, nicht auch so sein? Es geht immer um Respekt.

Was meinst du mit „*brain boner*"?

Wenn sich hier oben nichts tut, rührt sich da unten auch nichts. Ich kann es nicht ändern. Wenn eine Frau oberflächlich ist und nichts außer ihrem Körper hat, halte ich sie gleich auf Abstand. Ich kann gute Miene zum bösen Spiel machen. Manche Kerle, die eine Frau kriegen wollen, eiern herum und verstecken sich hinter Masken. Es wäre mir peinlich, wenn ich das tun würde, nur damit ich abends meinen Schwanz in ein Loch stecken kann.

Ich weiß das, weil ich es versucht habe. Manchmal fällt es mir sogar auf, während es geschieht. Selbst während der „Action" habe ich nachgedacht. „Warum machst du das, du Idiot?" Es ist dasselbe wie mit Essen. Ein- oder zweimal im Monat esse ich Fastfood. Der erste Bissen ist lecker, aber dann habe ich diesen typischen Papiergeschmack im Mund, und es kommt die ekelhafte Erkenntnis, dass ich mir gerade Scheiße in den Magen stopfe.

Frauen sind genauso. Ich habe einige wundervolle erotische Situationen erlebt, aber mein Hirn schrie nur: „Raus! Hau ab!" Ich wollte so schnell wie möglich nach Hause, oder bei einem Bier mit einem Kumpel quatschen.

Sind polnische Mädels prüde?

Ein Freund von mir wurde unlängst von seiner Freundin abserviert, weil er ihr beim Sex ins Gesicht geschlagen hat. Er ist gar kein Frauenschläger, es wurde bei ihnen einfach heftiger. Es ist doch klar, dass man das im Bett machen kann. Ich saß mal mit einem anderen Kumpel und seiner Freundin in einer Kneipe. Plötzlich sprang sie auf, und er tätschelte sanft ihren Hintern. Da schrie sie ihn an. Sie machte eine Szene, weil sie sich wie eine „Dienerin" vorkam. Bullshit! Das war einfach ein Flirt. Du kannst einer fremden Frau einen Klaps auf den Po geben, aber wehe, du machst das bei deiner Freundin...

Fremde fühlen sich dann nicht belästigt?

Kommt drauf an. Falls ja, gehe ich sofort.

Gibt es irgendwelche Frauen, bei denen du rot wirst?

In Thailand sind wir mal mit ein paar Jungs von Bar zu Bar gezogen. Natürlich überkam mich urplötzlich – es war zwei Uhr morgens – das Bedürfnis nach einer Massage. Ich bin danach süchtig geworden, als ich davor in Thailand war. Es ging überhaupt nicht um ein erotisches Abenteuer, sondern ganz einfach um Entspannung. Auf dem Rückweg zum Hotel entdeckte ich so einen Salon. Sie wollten zwar gerade schließen, aber sie waren einverstanden, sodass ich eine Massage bekam.

Ich ging in einen Raum und zog mich bis auf die Unterwäsche aus. Die Masseurin sah mich an und sagte: „Hose auch." Das überraschte mich, aber sie bestand darauf. Ich bin nicht schüchtern, also zog ich mich brav aus und legte mich hin. Sie fing mit der Massage an. Sie streichelte meinen Penis, wie ganz aus Versehen. Zunächst fand ich da nichts Erotisches dran, es war wie beim Arzt. Einen Augenblick später machte sie es nochmal und kicherte. Ich wusste nicht, was ich sagen sollte. Beim dritten Mal war es eindeutig: Sie nahm meinen Schwanz in die Hand und fragte mit starkem asiatischen Akzent: „Massaaage?"

Es war mir peinlich, aber um des lieben Friedens willen fragte ich nach dem Preis. Ich schloss die Augen, und einen Moment später war es vorbei. Aber ich kam mir vergewaltigt vor.

Manche gehen extra wegen solcher Abenteuer nach Thailand.

Ich nicht. Ich verbringe gerne Zeit dort, weil es ein schönes Land ist, wie aus einem Märchen. Ich war schon zweimal da, aber das war das einzige Mal, dass mir so etwas passiert ist. Vielleicht deshalb, weil ich keine Bordelle besuche.

Dann lassen wir es mit den Thai-Mädchen mal gut sein. Wenn du polnische und amerikanische Frauen in Bezug auf die sexuelle Einstellung vergleichen solltest, gäbe es irgendwelche Unterschiede?

Polnische Mädels sperren sich beim Oralsex viel mehr. Das ändert sich natürlich mit der Zeit, und ich vermute, es liegt am Internet. Wie dem auch sei, auf der anderen Seite des Atlantiks sind ein Blowjob oder eine Frau zu lecken vollkommen normale Handlungen. Von unseren Frauen sehen viele diese „Spielchen" immer noch als etwas Besonderes an, als einen weiteren Schritt zur Einleitung. Aber in den USA ist das wie Händeschütteln.

Hast du jemals eine Freundin betrogen?

Niemand ist perfekt, aber wenn ich jemanden liebe, vögele ich nicht herum. Als ich eine meine Ex-Freundin, Kasia, kennenlernte, hatte ich eine lange Tour vor mir. Die Beziehung war aber so inspirierend und erfüllend, dass ich nicht mal dran gedacht habe, auf Partys mit betrunkenen Groupies zu gehen. Nach den Auftritten habe ich mir ein Bier geschnappt, sie angerufen und erzählt, wie es gelaufen ist, und was wir nach der Tour gemeinsam unternehmen würden. So war es jeden Tag.

Ich bin nicht der Ober-Rock 'n' Roller, der nur daran denkt, wo er seinen Schwanz als nächstes reinstecken kann und dann mit eimerweise Alkohol versucht, alles zu vergessen. Jedenfalls nicht, wenn ich weiß, dass zu Hause jemand auf mich wartet.

Das Haus, eine wartende Gattin... denkst du über Kinder nach? Möchtest du mal Kinder haben?

Ich weiß nicht, ob jetzt dafür der richtige Zeitpunkt ist. Aber irgendwann... ich glaube, schon.

Würdest du sie in der Schule zum Religionsunterricht schicken?

Nein. Sie würden alles, was sie brauchen, von Papa lernen. Vor einiger Zeit hat ein Freund sein fünftes Kind bekommen. Seine Familie ist sehr religiös, allerdings nicht typisch polnisch. Zwar mit weniger Heuchelei, aber ich glaube trotzdem, dass der kleine Kerl bis zu einem gewissen Grad indoktriniert werden wird. Ich schrieb meinem Freund, dass er wenigstens einem seiner Kinder die Wahl lassen sollte.

Meinst du nicht, dass es nie zu spät ist, seine eigene Wahl zu treffen?

Man wird getauft, empfängt die erste Kommunion, dann folgt die Konfirmation. Wie viele Jahre an Indoktrination und Gehirnwäsche sind das?

Du glaubst nicht an den freien Willen erwachsener Menschen?

Nicht, wenn sie seit der Kindheit einen Chip im Gehirn implantiert und dann tonnenweise eigene Software auf ihre Festplatten geladen hätten. Wenn es für jede Frage eine bereitstehende Antwort gibt, ist es viel schwieriger, selbst zu denken. Das ist wie beim Zugfahren. Man steigt ein, aber man denkt nicht darüber nach. Die Leute starren auf den Boden, den Kopf in der Zeitung vergraben, und ignorieren Tausende von Impulsen. Wenn man in diesem Abteil sitzt, ist es schwierig, auszusteigen. Das ist Social Engineering.

Hast du keine Angst, dass die anderen Kinder mit dem Finger auf deine Kinder zeigen werden?

Vergiss nicht, wessen Gene meine Kinder haben werden. Sie werden mit jeder Situation klarkommen! Außerdem hat es in Polen große Veränderungen gegeben. Die Säkularisierung schreitet voran. Noch ein paar Jahre, dann wird es bei uns keinen Religionsunterricht mehr geben.

Einige Leute behaupten, du seist ein Katalysator dieser Veränderungen.

Das ist sehr schmeichelhaft, aber ich würde mich nicht so sehen. Ich bin nicht größenwahnsinnig.

Du übst keinen Einfluss auf Menschen aus?

Ich bin sicher, dass ich einen Einfluss auf unsere Fans habe, aber das sind normalerweise Menschen mit einem gefestigten Weltbild. Aber vielleicht wird diese Gruppe ja tatsächlich größer. Ich habe mal ein tolles Foto mit Sylwia Gruchala gemacht, einer fabelhaften Florettfechterin und Medaillengewinnerin bei den Olympischen Spielen. Sie ist sogar meine Nachbarin, wir sind uns ein paar Mal begegnet, kamen aber nie dazu, uns zu unterhalten. Während der Fotosession hatten wir schließlich einen Moment Zeit. Sie erzählte mir, dass sie gerne meine Interviews läse, weil sie ihr Stärke gäben. Wenn ich auf solche Art und Weise Menschen beeinflusse – warum nicht?

Es ist mir ein großes Bedürfnis, über Angelegenheiten zu reden, die mir wichtig sind, und die Welt zu kommentieren. Ich führe endlose Gespräche mit mir selbst. Das möchte ich mit anderen Menschen teilen.

Darum habe ich zugestimmt, dieses Buch herauszubringen. Ich will auf Papier lesen, was ich in meinem Kopf sehe. Wer weiß? Vielleicht hält das jemand für seiner Zeit würdig, oder ich lasse solche Sachen für den Rest meines Lebens sein.

IV

UND DER HERR WIRD DIE SCHAFE
ZU SEINER
RECHTEN STELLEN
UND DIE BÖCKE
ZU SEINER LINKEN

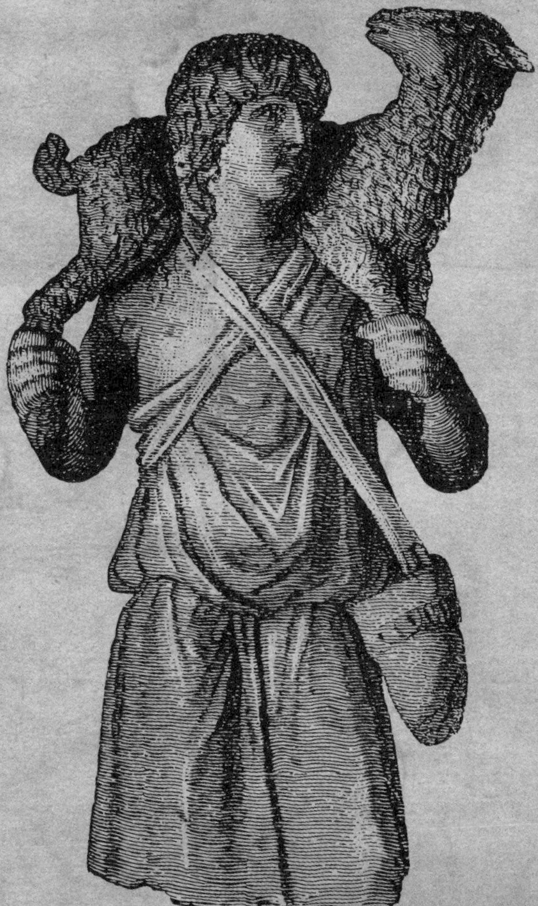

Bist du ein Antisemit?

Absolut nicht.

Dann bist du vielleicht ein Rassist?

Auch nicht.

Hast du Hitler bewundert, als du jung warst?

Warum sollte ich?

Dein erster Künstlername *Holocausto* bringt derartige Assoziationen hervor.

Ich war 15 Jahre alt und wollte Leute schockieren. Ich wusste, was der Holocaust war, aber es war hohles Wissen. Dahinter steckten keine Bilder oder Gefühle. Das hat mich auch gar nicht interessiert, ich war einfach ein Kind. Außerdem habe ich diesen Beinamen ganz unverblümt geklaut. Meine Lieblingsband waren Beherit aus Finnland. Ihre Musik war so dreckig, düster und ungehobelt. Niemand war radikaler, außer vielleicht Blasphemy aus Kanada...

Jedenfalls war der Name des Bandleaders von Beherit sehr lang, aber der Blickfang war „Holocausto“, also habe ich die Kleinigkeiten geändert und ihn benutzt, als wäre es meiner. Er war „Nuclear Holocausto Of Bloody Vengeance”, und ich wurde zu „Holocausto Of The Seven Blasphemous Souls Of Damnation”. Meine ganze Kreativität bestand darin, ein paar Wörter hinzuzufügen. Ich dachte, nebeneinander würden sie blasphemisch und schockierend wirken.

Das ist ganz schön naiv.

Damals wirkte es, als würde es Sinn ergeben. Mein Spitzname sollte anstößig und aggressiv sein. Und das war er. Er war grotesk, und auch lustig, aber das habe ich erst später bemerkt.

Bereust du deine Jugendsünden?

So war ich nun mal. Darum bin ich da, wo ich heute bin. Wenn ich an all den Blödsinn denke, den ich angestellt habe, empfinde ich kein Bedauern. Ich lächele nur. Ich provoziere die Leute immer noch gerne. Nur mache ich das heute auf eine elegantere Art.

Aber du hast den Namen geändert?

Ja, weil er kindisch klang. Mir tat auch leid, dass ich ihn gestohlen hatte, ebenso der Beigeschmack. „Mr. Holocausto" war ich nur ein paar Monate lang.

Und dann tauchte „Nergal" auf?

Den habe ich in einem Buch entdeckt. Wir wollten mit unseren Beinamen etwas ausdrücken, also machten wir uns auf die Suche nach den richtigen Worten. Wir wühlten uns durch Bücher: Religion, Mythologie, Okkultismus... Wir gingen in diese Richtung, aber ich kann dir versichern, dass da keine tiefere Philosophie dahintersteckte. Der Name sollte einfach nur gut *klingen*.

Nergal? Er hörte sich nordisch an, war aber natürlich eine sumerische Gottheit und hatte nichts mit der nordischen Götterwelt zu tun. Er klang, als steckte einige Kraft dahinter; das war es, was zählte.

Was hättest du gedacht, wenn dir damals jemand gesagt hätte, dass man in etwa 15 Jahren den Namen viel häufiger mit dir statt mit irgendeiner Gottheit in Verbindung bringt?

Ich hätte es nicht geglaubt. Es war ein Künstlername, lediglich ein Name für die Bühne. So verlangte es der Brauch. Jahrelang war ich Nergal nur auf den Covern unserer Tapes und dann auf den CDs, aber soweit es meine Freunde und Lehrer betraf, war ich immer noch einfach Adam.

Und heute?

Für meine Eltern bin ich Adam. Aber für meine Freunde bin ich eher Nergal. Die Menschen, die mir am Nächsten stehen, nennen mich schlicht „Ner".

Vor ein paar Jahren hat meine Freundin angefangen, mich so zu nennen. Und da wurde mir bewusst, dass Nergal sowohl Adam als auch Darski dominierte. Aber das ist gut.

Ich wurde zu Adam, als ich getauft wurde. So haben sie mich genannt, ohne nach meiner Meinung zu fragen. Ich wurde zu Nergal, weil ich es wollte. Ich wählte den Namen absichtlich und bewusst. Ich habe sogar meine persönlichen Daten geändert. In meinem Ausweis steht Adam Nergal Darski.

Kristian Vikernes von Burzum hat seinen Namen auch geändert.

Das wusste ich nicht. Aber ich kann nachvollziehen, warum er den vorigen Namen möglicherweise nicht leiden konnte.

Man munkelt, dass er zudem einen zweiten Nachnamen hinzugefügt hat, angeblich den seiner Urgroßmutter: Quisling.

Das ist seine Sache.

Magst du wenigstens seine Band?

Ich liebe ihre Musik.

Es stört dich nicht, dass diese Band mit rechtsextremer Politik in Verbindung gebracht wurde und wird?

Nein. Das ist so wie mit Freunden. Ich habe Freunde, die nach rechts tendieren und Freunde, die nach links tendieren. Normalerweise gibt es da keine Konflikte. Wenn es sie doch gibt, dann deshalb, weil irgendwer ein Idiot ist, nicht wegen ihrer politischen Ansichten.

Hast du Vikernes persönlich getroffen? Was, wenn er gesagt hätte, dass du nur linksextremer Abschaum wärst?

Ich hatte nie die Gelegenheit, ihn zu treffen. Ich denke, dass er inzwischen eine Perspektive hat. Und wenn er keine hat, dann ist das sein Problem. Soll ich deswegen aufhören, mich an seiner Musik zu erfreuen? Nein, das wäre absurd. Man kann Musik nicht aufgrund dessen beurteilen, was jemand sagt. Wenn das der Fall wäre, müsste ich nicht nur mit Burzum aufhören, sondern auch mit Johnny Cash und mit der polnischen Punkband Armia wahrscheinlich auch.

Bist du ein Fan von Armia?

Ich bin ein Fan ihres Sängers, Tomek Budzynski. Ich liebe die Art, wie er singt. Ich glaube, dass er auch großartige Texte schreibt. Vielleicht merkt er es nicht mal selber, aber seine Worte sind ziemlich... *luziferisch.*

Du machst Witze, oder?

So empfinde ich sie, besonders auf den älteren Alben. Hör dir den Song „Niezwyciężony" („Unbesiegt") an!

Trotzdem geht es um Gott...

Kann sein, aber um *welchen* Gott? „Unbesiegt" heißt auf Latein „invictus". Einer der wichtigsten Sonnengötter der Antike ist *Sol invictus.* Budzynski bezieht sich oft auf Sonne und Licht. Ich weiß, dass das Christentum einige Elemente der Sonnenkulte übernommen hat. Im vierten Jahrhundert wurde in Rom verfügt, dass von nun an jeder Sonntag ein Feiertag sei. Dies war eine Ehrerbietung an die unbesiegbare Sonne.

Mit der Zeit wechselten die Götter, aber die Feier blieb. Es ist dasselbe mit Weihnachten. Am 25. Dezember feiern die Menschen die Geburt der Sonne.

Ob es den Leuten gefällt oder nicht: Das Christentum ist tief in heidnischen Kulten verwurzelt. Das Volk des Kreuzes wird wütend, wenn man das sagt. Das verdeutlicht das Dogma des besonderen Zustands ihres Glaubens. Budzynski äußert sich, bewusst oder unbewusst, in seinen Texten ziemlich heidnisch.

Also, wo kommt Luzifer in diesen Texten vor?

Hör dir den Song „Przebłysk" („Schein", „Schimmer") vom – genialen – Album *Legenda* an. „Licht, scheine! Licht, führe mich! du bist der Tag, du bist die Stütze des Tages." Es geht eindeutig um den, der das Feuer brachte. Und wer war das? *Lucis ferre*; der, der das Licht bringt. Luzifer.

Ist dir nicht in den Sinn gekommen, dass Budzynski sich auf Christus beziehen könnte?

Nein, und das macht auch nichts. Für mich ist es eine wunderschöne Hommage an Luzifer.

Hat Rockmusik überhaupt etwas mit dem Christentum zu tun?

Absolut nicht. Christlicher Rock ist Pathologie – ein klassischer Widerspruch in sich selbst. Wenn jemand solche Musik spielen will: nur zu. Tatsache ist aber, dass sich Rockmusik von Anfang an gegen alles gewendet hat, das konservativ ist.

Das sind die Klänge der Rebellion. Die subjektive Natur der Religion und das Rock-Ethos schließen sich gegenseitig aus.

Schließen sich Rockmusik und Politik, insbesondere rechtsextreme Politik, auch aus?

Das hängt von der Politik ab. Es ist dasselbe wie mit dem Christentum. Ich finde Rock-Nazis übrigens lustig, Ihre Musik entstammt dem Blues, der nicht von der Hitlerjugend erfunden wurde, sondern von Schwarzen. Ohne die unsterbliche pentatonische Tonleiter, erfunden von schwarzen Bluesmusikern, würden die nicht einen einzigen ihrer fröhlichen Faschistensongs hinkriegen.

Ein paar Leute beschreiben Behemoth als rechtsextremen Metal. Du hast das nie kommentiert.

Muss ich nicht. Ich war nie mit dem Nazismus verheiratet. Wir haben noch nicht mal geflirtet.

Die Black-Metal-Szene hat das aber. Werfen Leute dir das vor?

Was kann ich da schon machen? Ich gebe allerdings zu, dass es eine Zeit gab, in der der Black Metal sich nach rechts wandte.

Behemoth sind nicht gefolgt?

Das denke ich nicht.

Du hast einmal erwähnt, das Hauptthema rechtsextremer Bands seien schlicht alte, slawische Götter wie Swiatowid oder Perun.

In unserem Fall gehörte kein Nationalismus dazu, sondern vielmehr eine Art lokaler Patriotismus. Es war vollständig von Politik losgelöst. Man kann sich unsere Texte ansehen. Es gibt nicht eine einzige Zeile mit politischem Kontext. Außerdem haben, so bescheuert sich das anhören mag, uns Leute vorgeworfen, *nicht* politisch zu sein.

Wer war das? Vielleicht Rob Darken von Graveland, ein Musiker, den man mit rechtsextremer Politik verbindet?

Diejenigen, die sich nach rechts gerichtet haben. Wir sind damals nicht in Kontakt geblieben. Ich habe nicht verfolgt, was er gemacht hat.

Aber er war Gast auf einer eurer früheren Platten.

Wir haben uns kennengelernt, indem wir uns Briefe schrieben. Noch mal: Das war damals normal. Er hat was veröffentlich, ich habe was veröffentlicht... wir fingen an zu schreiben. Ich war wohl 15 oder vielleicht 16. Ich war zu jung, um in Polen herumzureisen, wenn mir danach war. Roberts Musik basierte auf Keyboards und Synthesizern. Ich brauchte diese Klänge für meine Platten, also bat ich ihn, ein paar Zwischenstücke für uns zu komponieren.

Ist er gekommen, um sie aufzunehmen?

Er hat sie per Post geschickt. Unser Verhältnis ging nie über Stift und Papier hinaus. Ich habe ihn zum ersten Mal 2011 gesehen, als ich in seinem Haus in Breslau auftauchte – unangemeldet.

Hat er davor, als du mit ihm Kontakt *hattest*, irgendeine perverse Begeisterung für die diversen „-ismen" gezeigt?

Er ist immer radikal gewesen. Anfangs war er aber eigentlich nicht so rechtsextrem. Ich erinnere mich, dass er jeden Brief an mich mit dem Ausdruck „Zettele den Krieg an" unterschrieb.

Wir haben laut darüber gelacht, aber es erzeugte auch Zuneigung. Wir haben diesen Ausdruck wie einen Insiderwitz gebraucht. Irgendwer hat es gesagt, und alle haben gelacht.

Erinnerst du dich, wann er sich nach rechts wandte?

Ja, als ein neuer Schlagzeuger namens Capricornus zu Graveland kam. Er war ein Skinhead. Bevor seine Leidenschaft anfing, Robert zu infizieren, besuchte er mich in Danzig. Er kam, weil er ein Fußballspiel sehen wollte. Er klingelte morgens um zehn an meiner Tür, und wir gingen ein Bier trinken.

Wir saßen in einer Gruppe mit Freunden, alles Fußballfans. Sie verstanden von Musik ähnlich viel wie ich von Quantenphysik: null. Capricornus selbst war ein ziemlich schlauer Kerl, aber seine Ansichten waren total befremdlich für mich.

Aber ein „schlauer Kerl" brachte Metalheads und Skinheads näher zusammen?

Die Entwicklung dieser Szene war ein Prozess. Black Metal war nicht die Musik von Nationalisten, im Gegenteil. Zunächst wurde sie von Leuten gemacht, die man heute als „linksgerichtet" bezeichnen würde. Plötzlich, beeinflusst durch die Ereignisse in Norwegen und dem, was bei Graveland vorging, änderten einige von den Typen ihre Ansichten.

Stell dir einen Kerl in einem Venom-Shirt vor, mit einem Pentagramm um den Hals und einem Bier in der Hand. Wenn du ihn ein Jahr später triffst, hat er ein Burzum-Shirt an und eine Holzfigur um den Hals, und statt Bier trinkt er Met. Jetzt erzählt er dir, deine Ansichten seien nicht arisch genug und dass du den Glauben deiner Vorfahren entweihen würdest. Du singst über Perun? Warum ist dann dein Spitzname Nergal und nicht Mirmił oder Masław? Das war die Denkweise dieser Leute. Es war absurd. Heute klingt es vielleicht düster, wenn man sagt, die Black-Metal-Szene habe sich nach rechts gewandt. Genaugenommen war es erheiternd.

Eine unserer ersten Fotosessions machten wir in der Ruine einer alten Mühle. Natürlich fand das nachts statt. Wir tauchten mit kompletter Bemalung auf. Wir machten ein paar Bilder. Wir hatten nicht bemerkt, dass die Ruine mit Graffiti vollgesprüht war, und ohne viel Federlesens schickten wir die Fotos in die Welt hinaus. Eines Tages schrieb uns Samoth von Emperor einen Brief. Ich machte ihn auf, es war ein Schwall an Flüchen. Er drohte uns fast mit dem Tod, weil wir Fotos mit einem Friedenssymbol im Hintergrund gemacht hatten.

Black Metal ist also kein Ponyhof?

Der Brief hat mich auf jeden Fall erschüttert. Schließlich war das Samoth, *die* Autorität auf der Bühne. Heute lache ich mich kaputt, wenn ich an solche Situationen denke.

Man munkelt, dass jemand versucht hat, dich umzubringen, weil du „den Glauben deiner Vorfahren entweiht" hast.

Ihr Jungs wart da doch bei mir zu Hause, also wisst ihr, wie der berühmte Mordanschlag ausgegangen ist. Da war ein gruseliger Typ mit einer in der Tasche versteckten Knarre.

Sei's drum, Klatsch ist am lustigsten, wenn es einfach Klatsch ist. Belassen wir es dabei.

Wie du möchtest. Wie kam der slawische Gott Perun in deine Texte?

Geschichte wurde allmählich zu meiner Leidenschaft. Es war mein Hauptfach im Gymnasium. Also war es nur logisch, dass ich versuchte, kompliziertere Themen auszudrücken, indem ich mich auf die Geschichte berief.

Mit Baal war ich mal in Krakau. Wir besuchten das Vistula-Museum, und da wurde ich erleuchtet. Ich sah, dass das rohe slawische und nordische Erbe ein herrliches Gegengewicht zum Christentum war. Es war nicht feinsinnig, aber es hatte *Kraft*. Es personifizierte die Kräfte der Natur, die moderne Religionen zähmen und kastrieren wollten.

Der Lyriker Tomek Krajewski hat mich auch für sich eingenommen. Er schrieb zwei Verse auf unserer ersten Platte: „Svantevìths Kinder hassen Christus, Svantevìths Kinder hassen den Gott des Kreuzes!“ Alles fügte sich zusammen.

Svetovid, der slawische Gott des Krieges, hat Satan entthront?

Freiheit hat viele Namen. Unterschiedliche Symbole können ähnliche Gedanken ausdrücken. Wenn es darum geht, hinter moralische Schwarz-Weiß-Aufteilungen zu blicken, ist der Polytheismus ein genauso dankbares Thema wie die Bibel. Das bedeutet aber nicht, dass meine jugendliche Faszination für den Paganismus oberflächlich gewesen wäre. Ich denke, dass sie mich dazu gebracht hat, meine Welt auf den Kopf zu stellen und bewusster die Ordnung herauszufordern, die ich verachtete. Und zwar so, dass ich verstand, wer ich war und wonach ich strebte.

Mit dieser Faszination begann ein neuer Abschnitt in meinem Leben, ein reiferer Abschnitt. Meine Ansichten hörten auf, nur ein Haufen Schlagwörter zu sein. Ich untermauerte sie mit authentischem Wissen. Ich verstand, dass es eine Reihe an Symbolen gab, auf die ich zurückgreifen konnte, um eine ausführlichere Denkweise auszudrücken. Und sie vergrößert sich immer noch, und je größer sie wird, desto besser versteht man, dass niemand ein Monopol auf die Wahrheit hat.

Niemand hat das Recht, mit dreckigen Stiefeln in dein Haus hereinzuplatzen. Ich zwinge niemanden, meine Sichtweisen anzunehmen, sagen wir es mal so. Es macht mir nichts aus, wenn Leute mich wegen ihnen beleidigen oder sie verleugnen und anfechten.

Das ist die Essenz der Freiheit. Adalbert, der Nationalheilige von Polen, hat sich dieser Meinung nicht angeschlossen.

Du konntest Adalbert nie wirklich leiden, oder? Du hast sogar einen Song über ihn geschrieben: „Ruhm den Mördern Adalberts“[4].

Der Song war auf unserem dritten Album *Pandemonic Incantations*. Inspiriert hat mich die Danziger Tausendjahrfeier. Ich spazierte durch die Altstadt, und überall hingen Sprüche von ihm. Er war ein perfektes Produkt. Es war ärgerlich, denn ich habe diese Story von seinem Martyrium nie geglaubt.

Ist er nicht für seinen Glauben gestorben?

Es ist wegen seines eigenen Tuns gestorben. Und er war nicht unbedingt der Heilige, als den man ihn heute porträtiert. Er kam ins heutige Preußen, als er aus verschiedenen politischen Gründen vom Hof in Prag vertrieben wurde. Er wollte die Missionierung durch Kyrill und Method tilgen.

Als Tscheche war er weit davon entfernt patriotisch zu sein, und er unterstützte den Kaiser. Vielleicht wegen Geld oder vielleicht für einen Platz in der römischen Hierarchie, die durch die ottomanische Dynastie nach deren Willen gestaltet worden war. Womöglich war er auch einfach ein religiöser Irrer, wie viele andere Heilige.

Zu der damaligen Zeit näherten sich Leute mit dubioser Vergangenheit der Religion an. Sie bot ihnen Asyl und vielfältigere Möglichkeiten. All seine missionarischen Tätigkeiten bestanden darin, in anderer Leute Kulturen und Religionen herumzutrampeln, und zwar allein deswegen, weil sie anders als die seinen waren. Sie warnten ihn, sie verbannten ihn, aber er kam immer wieder zurück, wie ein Eindringling. Also starb er wie ein Eindringling, gleich nachdem er eine

---

[4] Im Original: „Chwała Mordercom Wojciecha (997-1997 Dziesięć Wieków Hańby)“

Messe in einem heiligen Wäldchen gehalten hatte. Folgendes ist übrigens ziemlich witzig: Leute, die sich allein durch die Fernsehpräsenz einer Person mit anderen Ansichten beleidigt fühlen, verehren ihn heute.

Heißt du es gut, jemanden zu töten, um seine eigene Souveränität zu verteidigen?

Ich gehe mit der Geschichte so um, wie es sein sollte. Ich ziehe meine eigenen Schlüsse aus ihr. Nur weil man an irgendeinen anderen Gott glaubt oder andere Werte hat, heißt das nicht, dass man anderen Menschen das Leben versauen und sie nach der „einzig wahren" Interpretation verändern kann.

Du willst demnach keine Katholiken konvertieren?

Ich habe ihnen gegenüber eine nüchterne Einstellung. Ich denke, dass unsere Beziehung symbiotisch ist. Gäbe es nicht Leute wie mich auf der Welt, wäre ihr Laden schon längst zusammengebrochen. Sie brauchen mich, damit sie kleine Kinder mit mir erschrecken können. Es funktioniert in beide Richtungen. Ohne sie hätte ich keinen Gegner. Wir sind permanent im Krieg, und es gibt keine Aussicht auf Waffenruhe, denn um unseren Krieg dreht sich alles.

Bulgakow hat das schön dargestellt. Er schrieb, dass Alles einen Schatten wirft. Es gibt keinen Tag ohne Nacht. Einige sehen in mir nur Dunkelheit, aber in sich selbst nur Licht. Einverstanden. Ich mag alle Farben, aber für solche Menschen scheine ich das leibhaftige Böse zu sein. Das ist meine Rolle.

Betrittst du deren heiligen Haine nicht?

Ich kämpfe mit den gleichen Waffen. Aber ich betrete nicht ihre Häuser. Alles findet in frei zugänglichen Bereichen statt. Ich sehe es als eine Bühne, auf der es Platz für uns beide gibt. Ich habe mir auch meinen eigenen Raum geschaffen. Ich schreibe ihnen nicht vor, wie man in der Kirche zu beten und sich zu verhalten hat, also warum wollen sie kontrollieren, was ich bei meinen Shows mache?

Sie haben dich auch wegen des Adalbert-Songs verklagt.

Einige von denen sind hysterisch, andere sind unterstützend. Nachdem *Pandemonic Incantations* erschienen war, habe ich Professor Józef Włodarski ein Exemplar gegeben. Heute ist er Vizerektor der Danziger Universität, aber er war einer der Dozenten meiner Fakultät. Es zeigte sich, dass sein Sohn ein Fan unserer Musik war, also wollte ich ihm ein Geschenk machen. Als ich den Professor nochmal traf, lud er mich in sein Büro ein. Er überraschte mich, als er sagte: „Herr Darski, ich bin Katholik, aber gegen die Geschichte über Adalbert kann ich nichts einwenden."

Das war ein Schock für mich. Diese Worte kamen von jemandem, den ich als eine Autorität ansah.

Es gab aber mehr Beleidigte als Unterstützer, richtig?

Ja, denn in Polen wurden wir mit Bildern von Heiligen gefüttert, regelrecht bombardiert. Die haben mit der historischen Wirklichkeit allerdings recht wenig zu tun. Es gibt Adalbert, es gibt Maximilian Kolbe... nur zwei Beispiele.

Na sieh mal einer an. Nun kritisiert Mr. Holocausto also Maximilian Kolbe, den polnischen Ordensbruder, der sich in Auschwitz freiwillig meldete, um anstelle eines völlig Fremden zu sterben.

Ich bin Historiker, und ich weiß, dass auch er nicht so war, wie er anmutete. Wir sehen ihn heute im Licht dessen, was er getan hat. Wir idealisieren ihn. Aber er war ein Mann, der an die internationale Judenverschwörung geglaubt hat! Manche verteidigen ihn, indem sie sagen, dass die Themen in Bezug auf Juden in seiner Lehre nur marginal vorkamen. Was für ein Argument ist das denn? Damit könnte man auch Mörder verteidigen, die ein kleines Land beseitigt haben. Denn im Vergleich zu dem, was Hitler gemacht hat, ist das ja nur ein „marginaler" Fall.

Kolbes Verteidiger führen an, dass er tausende von Dokumenten hinterlassen habe, die Bezüge zum Judentum aber nur in wenigen auftauchen. Einer reicht schon, wenn du mich fragst. Kolbes Heiligsprechung hat auf der ganzen Welt Proteste ausgelöst, und das zu Recht. Schau dir mal das Treiben der Ritterschaft der Unbefleckten[5] an, die er gegründet hat. Extremer Klerikalismus, überall auf der Suche nach Freimaurern...

Gefällt es dir, bei den Vorstellungen von Heiligen nach Fehlern zu suchen?

Tatsächlich begleitet mich Kolbe seit dem Gymnasium. Ich habe damals einen Aufsatz über ihn geschrieben, und die Art, wie ich ihn dargestellt habe, war nicht gerade positiv. Meine Lehrerin, die sehr religiös war, hat den Aufsatz noch nicht mal korrigiert. Sie sagte, ich bekäme noch eine Chance, ihn zu überdenken und neu zu schreiben. Selbstverständlich sollte ich Kolbes Geschichte den Gepflogenheiten entsprechend interpretieren.

Zu dieser Zeit wurde ich sehr von Przybyszewski und Micinski inspiriert, zwei Schriftsteller des „Jungen Polen", einer Richtung des Modernismus. Eines Tages bin ich zu der Lehrerin hin und fragte, ob wir über diese Periode noch eingehender reden würden. Sie fragte mich sofort, ob ich ein Satanist sei. Außerdem könne sie mich mit solchen Ansichten nicht aus der Schule lassen. Sie hatte eine Mission.

---

[5] „Militia Immaculatae", in neuerer Zeit „Marianische Initiative – Pater Kolbe" genannt

Die ist sicher aus dem Rahmen gefallen.

Ist sie. Aber paradoxerweise war ich dankbar. Sie erweckte etwas in mir. Ich fing an, mich mehr und mehr zu belesen. Ich entdeckte Dostojewski und Witkacy. Hätte sie einfach meinen Kopf gestreichelt und versucht, meine Reaktionen zu mildern, hätte sie mich bezähmen können. Aber stattdessen verstärkte jeder ihrer Angriffe meine Rebellion.

Hast du deinen Aufsatz korrigiert?

Ich habe einen neuen geschrieben. Er war politisch korrekt. Ich fühlte die Peitsche der Zensur auf meinem Arsch. Was konnte ich tun? Nichts.

Warst du mal in einem Vernichtungslager?

War ich. Ich war elf, als ich zum ersten Mal das Konzentrationslager Stutthof besuchte. Mein junger Verstand absorbierte die Informationen. Ich wusste, wer das Lager eröffnet hatte; ich wusste, dass Menschen dort starben, aber ich konnte es mir nicht bildlich vorstellen. Tiefergehende Gedanken dazu hatte ich nicht. Die kamen erst später, als ich als 17-Jähriger nach Auschwitz ging.

Was hast du empfunden? Mitgefühl? Sympathie? Vielleicht bis zu einem gewissen Grad Faszination?

Das ist schwer zu sagen. Es waren viele Emotionen, und sie kamen gleichzeitig. Es war überwältigend, so viel steht fest. Ich spürte den Tod, buchstäblich seine Anwesenheit. Es kam nicht nur das Wissen, sondern das Bewusstsein, dass an diesem Ort Menschen gestorben waren. Nicht Hunderte oder gar Tausende, sondern viel mehr. Ich bin nicht auf die Knie gefallen und habe das Schicksal der Menschen beweint, aber ich *habe* Anteilnahme empfunden. Allerdings *nur* Anteilnahme.

Der Gedanke, dass ein Mensch so etwas anderen Menschen angetan hat, war entsetzlich. Und es war noch gar nicht lange her, nur einige Jahrzehnte. Das entsprechende Konzept war genauso faszinierend. Es öffnete mir die Augen. Es ließ mich begreifen, dass die Menschen überhaupt nicht so sind, wie sie sich gerne darstellen. Ich sah, dass es in jedem von uns etwas gibt. Etwas sehr Starkes und Gefährliches, das jederzeit ausbrechen kann.

Also waren es nicht nur die Nazis, die böse waren?

Nicht nur sie. Vernichtungslager sind nur das Abbild eines vorhandenen Mechanismus. Von daher repräsentieren sie eine frische Narbe, und sie rühren an unserer Vorstellungskraft. Es gibt immer noch Überlebende der Todeslager. Wie dem auch sei, die Grausamkeit wohnt uns seit den Anfängen inne. Seit hundert, zweihundert, tausend Jahren; und sie wird auch noch die nächsten tausend Jahre da sein. Einzig die Technik des Mordens ändert sich, die Methoden, um Tod und Schmerz zu verursachen. Das ist es, was uns Geschichte über den Menschen sagt – und genau das hat Auschwitz mich gelehrt.

Gibt es in dir auch einen Mörder?

Er ist in jedem von uns. Ich habe da eine Szene aus einer Fernsehsendung im Kopf. Frag mich nicht, welches Programm das war, ich weiß es nicht mehr. Ich übertreibe vielleicht etwas, aber so habe ich es in Erinnerung. Ein älterer Mann, der ein Todeslager überlebt hat, trifft eine Gruppe Politiker. Das war nach dem Krieg. Alle sehen toll aus, jung und schön, mit makelloser Kleidung. Jeder erweist diesem Mann viel Respekt, jeder von ihnen drückt sein Mitgefühl aus. Er schaut sie an und stellt eine Frage: „Wer wärst du in diesem Lager? Wessen Seite würdest *du* wählen?“

Wessen Seite würdest du wählen?

Ich weiß es nicht. Wir reden über eine unvorstellbare Situation. Aber hier ist ein triviales Beispiel aus dem wahren Leben. Als ich im Krankenhaus war, hatte ich das Gefühl, dass Dorota mehr Zeit mit mir verbringen sollte. Nicht nur, um physisch da zu sein, sondern auch, um mich emotional zu unterstützen. Ich sagte ihr dauernd, dass ich meine ganze Zeit bei ihr verbringen würde, wenn sie krank wäre.

„Du hast keine Ahnung, von was du redest", sagte sie.

Ich verstand es nicht. Heute jedoch weiß ich, dass sie recht hatte. Oft vergeuden wir Worte und reden müßig. Auf der anderen Seite sind wir überzeugt, nur auf eine bestimmte Art zu handeln, und nicht auf eine andere. Aber wenn wir uns dann mit einem bestimmten Umstand konfrontiert sehen, ist das alles für den Arsch.

Wenn ich heute ins Krankenhaus gehe, um Freunde zu besuchen – und ich habe Freunde, die nun genau so krank sind, wie ich es war –, kann ich es nicht länger als eine Stunde aushalten. Ich will bei ihnen sein, ich will ihnen helfen, mit ihnen sprechen, ein bisschen von der Welt draußen erzählen. Die Wahrheit ist, dass Krankenhäuser Orte sind, aus denen man so schnell wie möglich abhauen muss. Als ich krank war, sah die Sache natürlich anders aus. Ich wusste nicht, was ich später fühlen würde. Also frag mich nicht, was ich tun würde, wenn ich in einem Todeslager wäre. Es gibt keine Antwort auf diese Frage.

Vielleicht fehlt es dir an moralischem Rückgrat?

Gott weist mir den Weg. Ich liebe meinen Nächsten wie mich selbst. Ich zeige stets meinen Glauben, in jeder Lage...

Es *gibt* allerdings Menschen, die das sagen würden.

Bertrand Russell hat mal über sie geschrieben: „Das ist der ganze Jammer: Die Dummen sind so sicher und die Gescheiten so voller Zweifel." Ich habe Angst vor solchen Menschen. Ich vertraue ihnen nicht. Ich fühle, dass sie in einer extremen Lage als erste scheitern würden. Wenn ihr Selbstvertrauen an die Grenzen stößt, wird alles, was sie von ihrem eigenen Persönlichkeitsbild zu löschen versuchen, sie plötzlich kontrollieren.

Kämpfst du nicht gegen deine Dämonen?

Ich zähme sie. Ich bin mir ihrer Existenz bewusst. Ich spreche mit ihnen. Wenn ich einen Film anschaue – keinen Wegwerf-Schrott, sondern einen ernsthaft psychologischen Film, in dem der Protagonist schwierige Entscheidungen zu treffen hat –, versetze ich mich in die Lage. Manchmal erschrecke ich mich selbst.

Ich habe darüber einen Song geschrieben: „Say Hello To My Demons". Jeder von uns hat eine dunkle Seite. Die Dunkelheit ist sowohl erschreckend als auch faszinierend, und man weiß nie, welches dieser Gefühle vorherrschen wird.

Empfindest du manchmal patriotische Gefühle?

Manchmal. Aber ich fühle mich eher europäisch als alles andere. Irgendwer hat mal bemerkt, dass ich die Band in den USA immer als „Behemoth from Europe" ankündige.

Es gibt eine große polnische Bevölkerungsgruppe in den USA. Fühlen die sich nicht beleidigt?

Kann sein, aber das ergibt nicht viel Sinn.

Warum? Vielleicht sind sie stolz darauf, aus Polen zu stammen...

...das ein Teil von Europa ist! Viele Immigranten haben ein starkes Bedürfnis nach Identifikation, deswegen schließen sie sich in ihren nationalen Ghettos ein. Polen, die im Ausland leben, kaufen in polnischen Geschäften, trinken in polnischen Kneipen und arbeiten mit und für andere Polen. Im Prinzip halten sie Winterschlaf.

Wenn man in Jackowo in Chicago oder Greenpoint, New York City ist, fühlt man sich, als sei die Zeit dort stehengeblieben. Alles sieht haargenau so aus wie vor 50 Jahren. Die Leute pflegen auch die Sitten ihrer Vorfahren. Wenn man in einem fremden Land lebt, muss man für dessen Kultur offen sein und sich assimilieren. Nur auf diese Weise kann man sich entwickeln.

Fühlst du dich nicht stolz, polnisch zu sein?

Doch, manchmal. Aber ich fühle mich öfters beschämt. Ich akzeptiere meine Nationalität. Ich will sie nicht wechseln, aber ich will mich ihr auch nicht zwingend verschreiben.

Du bist ein strenger Richter.

So ist es nicht. Polen hat Potenzial. Ich sehe es. Die Leute sind hungrig nach Erfolg. Sie haben jede Menge Energie, aber sie leiten sie in die falschen Kanäle. Sie blicken zu oft zurück, und sie ergötzen sich am Leid.

Es gibt ruhmreiche Momente in unserer Geschichte, und die idealisieren wir. Wir stellen sie auf Sockel und Altäre, anstatt im Hier und Jetzt voranzugehen. Wir nennen uns selbst das auserwählte Land, obwohl wir näher dran sind, Desperados zu sein.

Ich habe gelegentlich den Eindruck, dass sich die Polen in der Rolle der Weltopfer ganz wohlfühlen. Auf die Art entschuldigen wir alle unsere Fehler. Wenn's nicht die bösen Deutschen sind, dann eben die bösen Russen. Wir waren immer die Opfer, und diese Botschaft tragen wir in die Welt hinaus. Also betrachtet man uns zwangsläufig so und behandelt uns entsprechend. Und wenn wir aus unserem nationalen Ghetto ausbrechen wollen, rennen wir vor die Wand, die wir selbst gebaut haben.

Trotzdem ist Polen im Wandel begriffen, oder nicht?

Auf jeden Fall zum Besseren. Trotzdem spielen wir immer noch eine Aufholjagd mit den meisten anderen Ländern.

Haben wir deswegen „jede Menge Energie"?

Meine Altergenossen in den USA oder Großbritannien haben Veränderungen nicht so radikal erlebt wie die Polen. Ich war der Typ aus der Volksrepublik Polen, ich konnte zweimal pro Jahr Bananen essen. Ich habe den Zusammenprall zweier Zeitalter erlebt. Das ist ein Geschenk. Es lehrte mich Entschlossenheit.

Als Teenager musste ich um eine Gitarre kämpfen, die sowieso nur von lausiger Qualität war. Ein Kerl in Frankreich oder England hingegen ging einfach in einen Laden für gebrauchte Instrumente und kaufte eine für Kleingeld. Wäre ich irgendwo anders geboren, würden wir heute nicht miteinander sprechen. Andererseits ist Polen das Land der verschwendeten Talente.

Wer hat sie verschwendet?

Die Menschen stürzen für gewöhnlich wegen sich selbst. Als Kind sah ich den Niedergang täglich. Ich kam vom Training oder der Probe zurück und sah immer dieselben Typen, oft meine Freunde, vorm Block hocken. Eine Bank, ein Bier, Nasebohren. So schafften sie ihren Raum und definierten, wer sie waren. Sie waren faul, gelangweilt, abgestumpft.

Warst du anders?

Ich habe mich oft zu ihnen auf diese Bank gesetzt und habe ein paar Bier getrunken. Aber ich wusste auch, dass die Welt mehr zu bieten hatte als das. Ich wollte nicht am Wäscheständer vor dem Wohnblock den Sinn des Lebens suchen. Ich spürte, dass ich nirgendwo hinkäme, wenn ich an einem Ort stehenbliebe. Man muss seinen Arsch bewegen, um die Welt zu verändern.

Entschlossenheit und der Wille zu handeln waren immer in mir und sind es immer noch. Und ich versuche, andere damit anzustecken. Das ist mein kleiner Beitrag zur Entwicklung unseres Landes.

Wie steckst du deine Freunde an?

Ich gebe dir ein Beispiel. Krzysztof Sadowski, ein hervorragender Fotograf, der seit Jahren mit Behemoth arbeitet, gründete im Alter von 30 Jahren eine Band. Er meinte: „Wenn der Darski das kann, kann ich das auch." Er jagt seinen Träumen hinterher, obwohl eine funktionierende Band auf die Beine zu stellen keinesfalls ein Kinderspiel ist.

Und was, wenn er keinen Erfolg hat?

Er wird ein reines Gewissen haben. Immerhin hat er es versucht.

Was würdest du tun, wenn Polen eine Invasion bevorstünde?

Ich würde schleunigst nach Argentinien abhauen. Oder in ein anderes warmes Land mit klarem, blauem Meer und hübschen Frauen. Oder ich würde hinter den feindlichen Linien ein Ablenkungsmanöver starten. Ich bin sicher, dass ich alles versuchen würde, um nicht in die Armee zu müssen. So viel steht fest.

Warst du mal in der Armee?

In meiner Akte der Militärkommission steht: „Auffällige Persönlichkeit. Eingeschränkte Anpassungsbereitschaft." Das sollte ich mir als Tattoo stechen lassen. Wenn man drüber nachdenkt, ist die Armee nicht viel anders als die Kirche. Beide stopfen dich in ihr System und zermahlen dich. Ich behaupte nicht, dass die Armee total nutzlos sei, aber ich würde trotzdem nicht eintreten. Das steht meiner Weltanschauung entgegen.

Bist du ein Pazifist?

Meine Liebe zur Freiheit ist einfach zu groß. Ich komme mit keiner Institution zurecht, ganz gleich, welcher Art. Außerdem: Krieg ist Tod. Er ist nicht mehr so romantisch wie früher, heute geht es nur noch ums Geschäft. Krieg ist nur ein Nährstoff für die Medien. Wir lieben es, ihn zu sehen und über ihn zu lesen. Es ist wie das Kolosseum der heutigen Zeit, extra fürs Fernsehen entworfen. Wir laben uns am Tod. Und je weiter weg er ist, desto besser.

Hast du nicht „unsere Jungs" in Afghanistan oder im Irak unterstützt?

Ich verstehe das Prinzip, in Afghanistan gestorbene Soldaten zu betrauern. Aber daraus eine nationale Tragödie zu machen, ist übertrieben. Der Tod gehört zum Soldatenleben dazu. Er zieht in den Kampf, und er weiß, dass er vielleicht nicht zurückkommt.

Wenn überhaupt, berühren mehr mich die toten Zivilisten. Ihr einziger Fehler war, an einem bestimmten Ort geboren worden zu sein. Sie sterben, weil die abstrakten nationalen Angelegenheiten irgendeines Landes der Grund waren, ein paar Soldaten an irgendeinen anderen Punkt auf diesem Planeten zu schicken.

Ich will bei solchen Spielen nicht mitmachen, insbesondere wenn ich weiß, dass jedes menschliche Wesen ein Opfer von Zeit und Raum ist. Wir haben keinen Einfluss darauf, wo oder wann wir geboren werden. Wenn ich einen Globus in die Hand nehme und meinen Finger ein paar Zentimeter weiter zu einem anderen Land schiebe, wird offensichtlich, dass die dort lebenden Menschen komplett anders sind. Sie haben ihre eigene Kultur und ihre eigenen Angewohnheiten. Ein paar Zentimeter entscheiden darüber, ob wir sie für Barbaren halten, selbst wenn wir ihr Land auf die barbarischste Art behandeln. Wer gab uns das Recht, die Probleme der Welt zu lösen? Die Erde ist voller kultureller und sozialer Gegensätze. Warum sollte eine Sichtweise wichtiger oder besser sein als eine andere?

Was ist mit Politikern? Trauerst du um die, die bei dem Flugzeugabsturz in Smolensk umgekommen sind? Darunter befand sich der polnische Präsident Lech Kaczyński.

Flugzeuge stürzen ab und Menschen sterben. Daran ist nichts Außergewöhnliches. So was passiert einfach. Ich habe so die Nase voll davon, dass aus dem Unfall eine nationale Tragödie gemacht wird. Wenn ich Smolensk höre, sehe ich nur schmutzige politische Spielchen. Ich finde das alles abstoßend.

Ist es für einen Polen angebracht, so etwas zu sagen?

Ist es angebracht, Steuern zu zahlen? Ich zahle eine Menge. Ich bin meinem Land nützlich.

Was tust du außerdem für Polen?

Ob ich will oder nicht: Ich mache rund um die Welt Werbung für unser Land.

Ach, tatsächlich? Als „Behemoth aus Europa"?

Das spielt keine Rolle. Das Wort „Polen" taucht in jedem Artikel über uns auf. Und davon gibt es Hunderte.

Manche Leute behaupten, du würdest Schande über dein Land bringen, statt die polnische Kultur voranzubringen.

Jeder hat das Recht, eine Meinung zu haben. Aber niemand kann mir vorwerfen, keine Qualität zu zeigen in dem, was ich mache – innerhalb meiner Nische. Alles andere ist Geschmack. Stimmt, ich laufe nicht wie ein Bergbewohner bekleidet mit einem scheiß Brotlaib und einem Topf Salz herum. Man kann Kultur auf verschiedene Weisen promoten.

Die Lage ist ziemlich paradox und pervers, denn viele Leute in Polen halten mich für den Teufel persönlich und für ein nicht allzu notwendiges Übel. Sie würden mich gerne hinter Gittern sehen, oder irgendwo weit weg. Auf Madagaskar, zum Beispiel. Gleichzeitig haben meine Band und ich aber ziemlich hart für unser Land gearbeitet. Wenn „das nationale Gute" nicht auf Behemoth zutrifft, dann können wir genauso gut „das nationale Böse" sein. Das hört sich auch schön an.

Was sind die Ergebnisse eurer harten Arbeit?

Wenn man auf Tour ist, trifft man Fans. Irgendwer kam vor zehn Jahren zu deiner Show, und heute kommt er immer noch. Die Leute konnten nicht glauben, dass wir nicht aus Schweden stammten. „Polen? Wie kommt das denn?" Dann, zehn Jahre später, laden mich dieselben Leute auf hausgemachtes *bigos* und *żurek*[6] ein!

Das sind triviale Beispiele, aber sie zeigen, wie man mit seiner Tradition und Kultur das Interesse der Leute wecken kann. Ich unterhalte mich mit ihnen. Bevor sie uns kennenlernten, dachten viele von ihnen, Polen wäre ein postkommunistischer Beton-Dschungel. Das höre ich oft. Aber mit einem Mal stellt sich heraus, dass unser Land eine Menge zu bieten hat. Sie geben damit an, dass sie Polen besucht und besser kennengelernt hätten.

[6] Sauerkrauteintopf und saure Mehlsuppe

Was hat Polen Fremden zu bieten?

Wir haben eine großartige Geschichte. Statt sie anzubeten, sollten wir sie den Touristen zeigen. Lasst uns lernen, sie zu *verkaufen*. Trotz der schweren Schäden durch den Zweiten Weltkrieg haben wir immer noch viele schöne Denkmäler. Und die polnische Natur ist wild und wunderschön.

Was ist mit deiner Gegend, Danzig?

Ich kann es nicht ausstehen, dass eine so attraktive Stadt eine dermaßen schlechte Energie hat, die sie an ihrer Entwicklung hindert. Die Altstadt erwacht nur im Sommer für ein paar Wochen zum Leben, wenn dieser lächerliche Dominikanermarkt stattfindet. Danzig wurde von alten Damen übernommen, die ihre Stickereien verkaufen, und die Chinesen versuchen, ihre gefälschten Klamotten irgendwelchen Trotteln anzudrehen. Manchmal denke ich, dass kein Mensch ahnt, welches Potenzial diese Stadt hat. Im Zentrum passiert einfach nichts. Ab sieben Uhr abends sind die Straßen leer, wie bei einer Epidemie oder so.

Im besten Fall sind Horden betrunkener Gören da. Nimm einfach mal die Häfen in den Niederlanden. Wenn Danzig sich in eine ähnliche Richtung entwickelt hätte, wäre es eine der größten Attraktionen in Zentraleuropa.

Was ist mit anderen polnischen Städten?

Ich liebe Krakau. Ich habe tatsächlich den Eindruck, dass sich unser Land beschleunigt hat, besonders auf wirtschaftlichem Gebiet. Aber ich sehe manchmal eine schlimme Diskrepanz zwischen den Menschen und ihrer Umgebung.

Vor einiger Zeit habe ich mal an einer Tankstelle in irgendeinem Kuhkaff angehalten. Einer der Typen, die dort arbeiteten, erkannte mich. Er grinste und fragte: „Also das mit Doda ist wohl nicht so toll für dich gelaufen, hä?" Darin lag überhaupt keine Freundlichkeit. Es klang wie eine Mischung aus Boshaftigkeit und Frustration. Indem er gegen jemand Berühmtes stichelte, konnte der Kerl für einen Augenblick der König der Welt sein und sich besserfühlen.

Ich lächelte nur und sagte: „Nein, ist es nicht." Und dann dachte ich: „Was zur Hölle geht *dich* das an, du Hinterwäldler?" Und mir kam in den Sinn, dass Menschen wie dieser Typ andere Länder genauso behandeln. Sie zeigen ihre Gehässigkeit, damit sie ihre eigenen Komplexe heilen können.

Ich stieg wieder in mein Auto. Am selben Tag fuhr ich über den neu eröffneten Autobahnabschnitt zwischen Danzig und Thorn und fühlte mich wirklich stolz. Mir ist bewusst, dass wir diese Straße schon vor Jahren hätten bauen sollen, aber ich war glücklich wie ein Kind. Ich hoffe nur, dass die Kultur dem Fortschritt der Zivilisation folgen wird.

Hast du mal daran gedacht, wie dein Bruder Polen zu verlassen?

Ich verlasse es regelmäßig, aber in meinem Fall ist das eher eine Ausdehnung. Ich habe meine eigene Festung und ziehe aus, um neue Länder zu erobern. Irgendwie hat mich mein Bruder inspiriert. Er hat mich beeindruckt, aber ich bin nicht sicher, ob ich alle Brücken hinter mir so radikal abreißen könnte, ohne an den ganzen Hindernissen zu zerbrechen.

Was hält dich hier?

Die Band und Musik hatten für mich immer Priorität. Und die Band ist in Polen. Hätte ich mich vor zehn Jahren entschieden, auszuwandern, hätte alles auseinanderfallen können.

Heute ist die Welt natürlich kleiner. Es ist gar kein Problem, zwischen Danzig und New York zu pendeln. Wenn ich wollte,

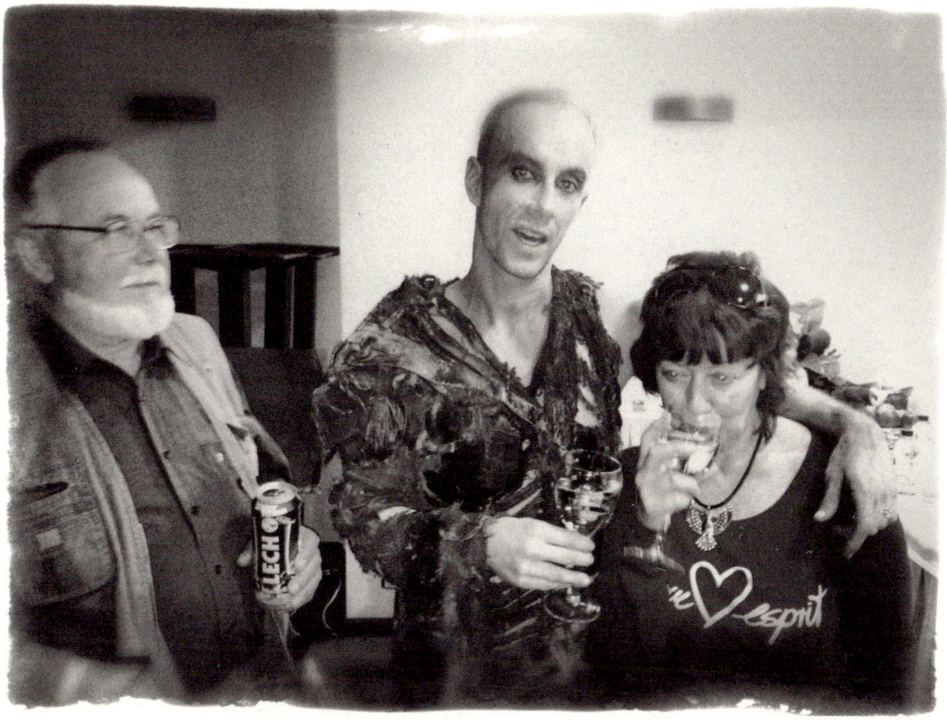

OBEN: Die stolzen Eltern mit Sohn nach einem Behemoth-Konzert in Danzig. **UNTEN:** Die Familie Darski mit Nergals Großvater Klemens – der seinem Enkel zeigte, wie man auf der Gitarre schrammelt – im Vordergrund. **RECHTS:** Nergal war als Kind an allem interessiert.

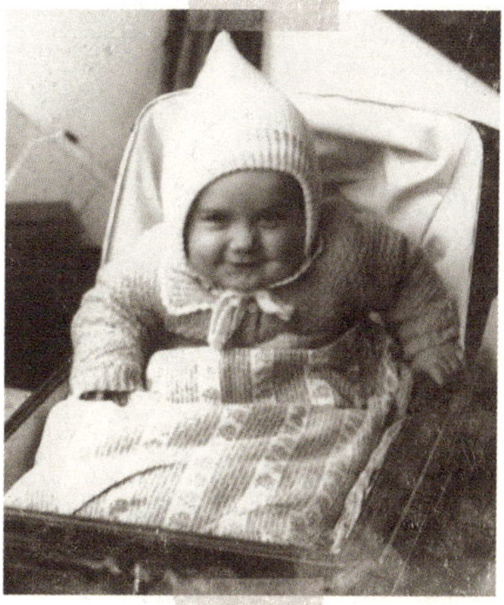

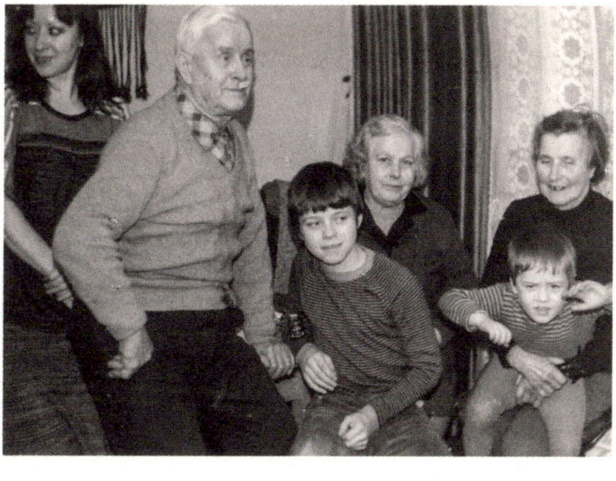

RECHTS: In einem Metallica-T-Shirt und mit einem Venom-Aufkleber auf der Gitarre! **UNTEN:** Ein paar Minuten nachdem diese Aufnahmen entstanden, verwandelte sich Nergal in eine menschliche Fackel. **GEGENÜBER** Backstage mit der Metal-Legende King Diamond im Masquerade in Atlanta, 2005; Celina, Nergal, Mira und der polnische Gitarrist Jacek Kubiak nach einem Konzert von Paradise Lost 1996

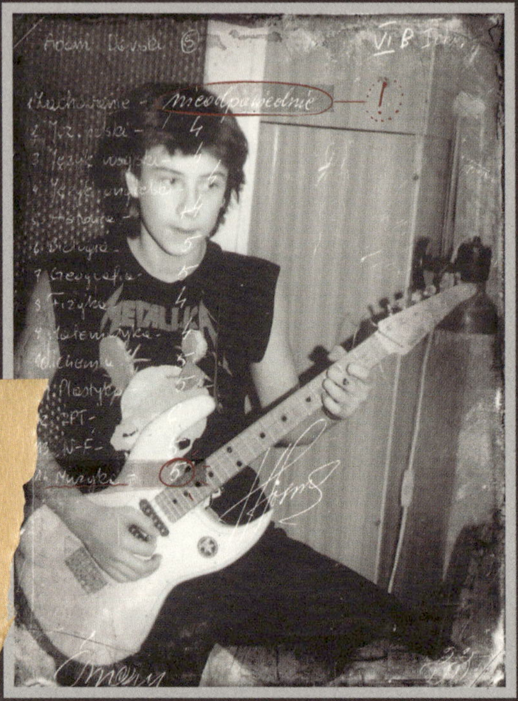

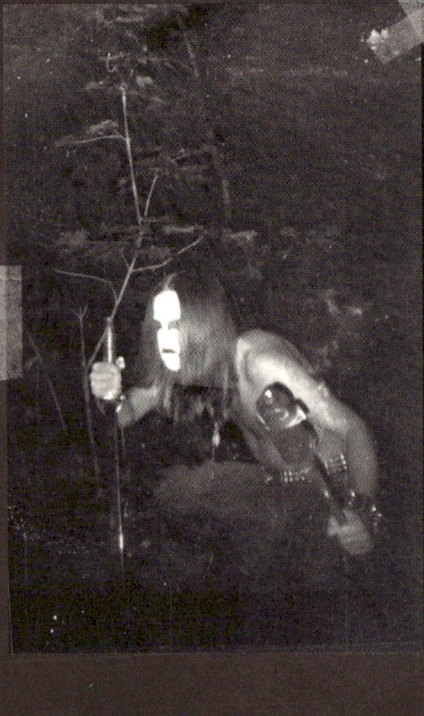

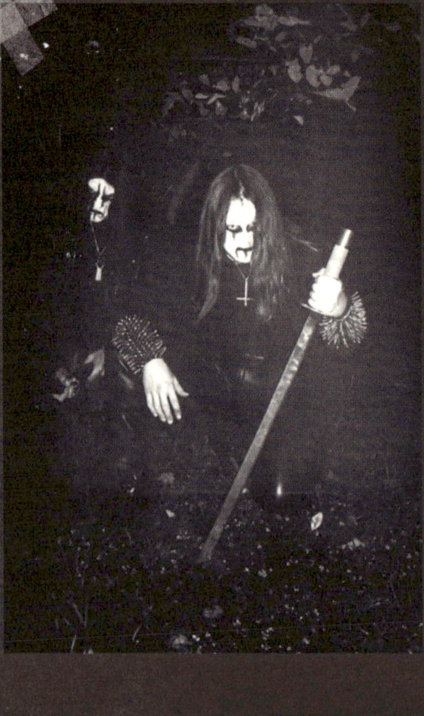

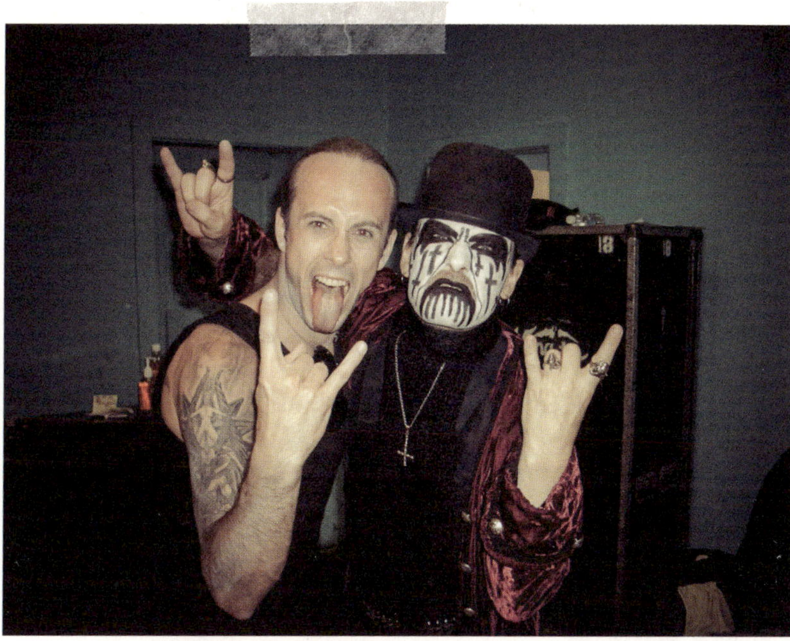

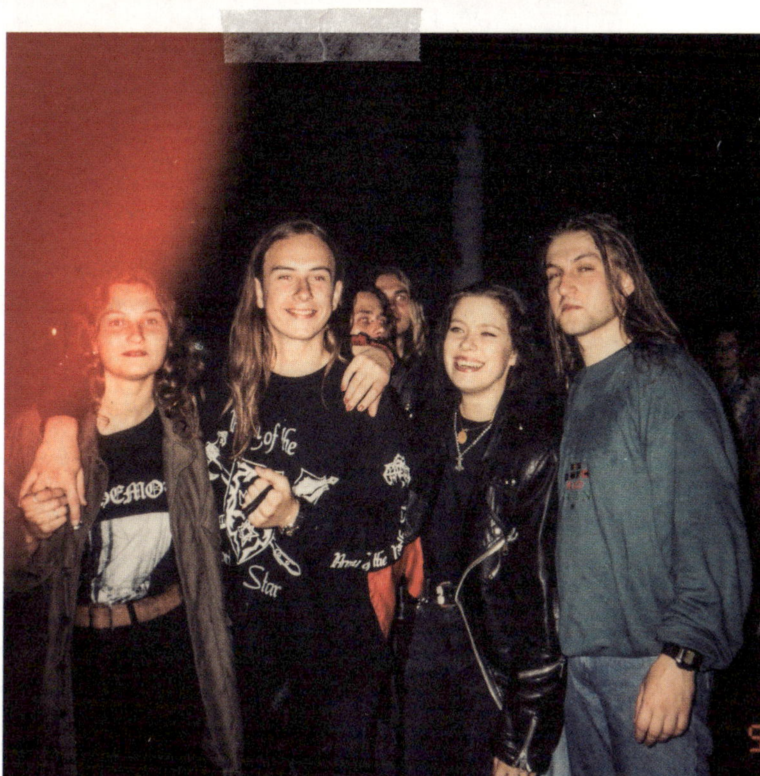

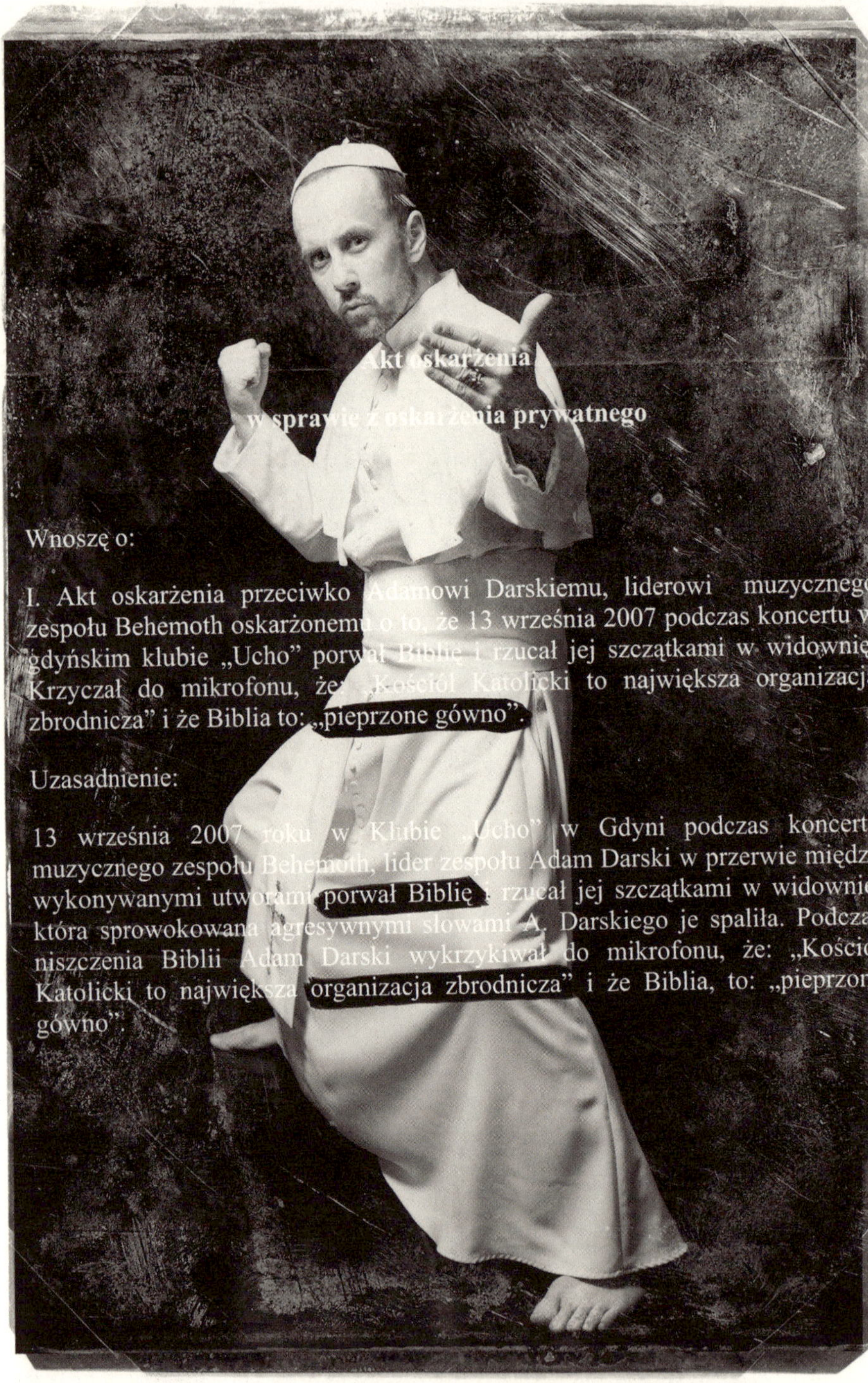
Akt oskarżenia
w sprawie z oskarżenia prywatnego
Wnoszę o:
I. Akt oskarżenia przeciwko Adamowi Darskiemu, liderowi muzycznego zespołu Behemoth oskarżonemu o to, że 13 września 2007 podczas koncertu w gdyńskim klubie „Ucho" porwał Biblię i rzucał jej szczątkami w widownię. Krzyczał do mikrofonu, że: „Kościół Katolicki to największa organizacja zbrodnicza" i że Biblia to: „pieprzone gówno".
Uzasadnienie:
13 września 2007 roku w Klubie „Ucho" w Gdyni podczas koncertu muzycznego zespołu Behemoth, lider zespołu Adam Darski w przerwie między wykonywanymi utworami porwał Biblię i rzucał jej szczątkami w widownię, która sprowokowana agresywnymi słowami A. Darskiego je spaliła. Podczas niszczenia Biblii Adam Darski wykrzykiwał do mikrofonu, że: „Kościół Katolicki to największa organizacja zbrodnicza" i że Biblia, to: „pieprzone gówno".

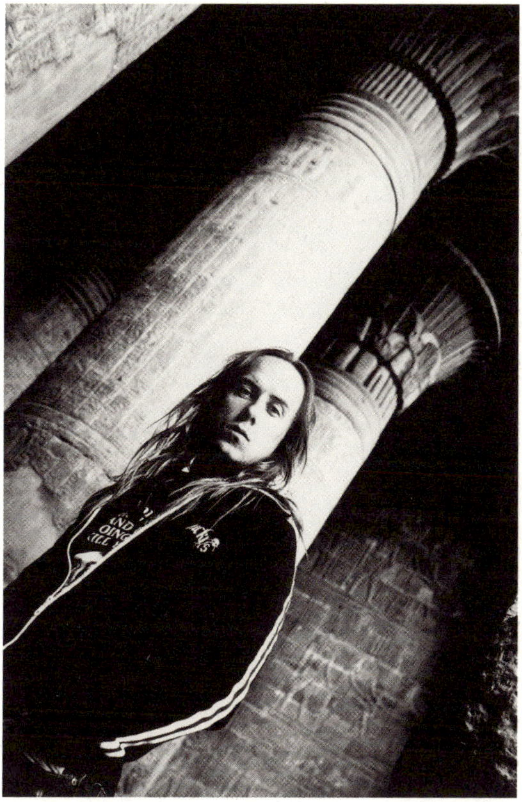

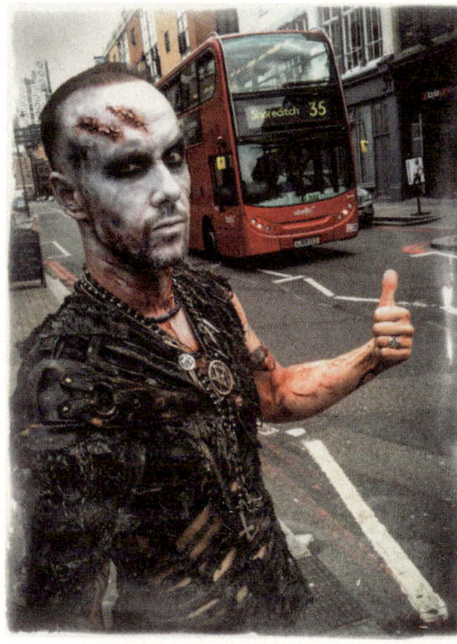

LINKS: Nergal in einem ägyptischen heidnischen Tempel im Jahr 2009. **OBEN:** „Meinst du, die lassen mich in den Bus?" Fotoshooting in London für das Terrorizer-Magazin **UNTEN** Mit einem jungen Behemoth-Fan in Buenos Aires

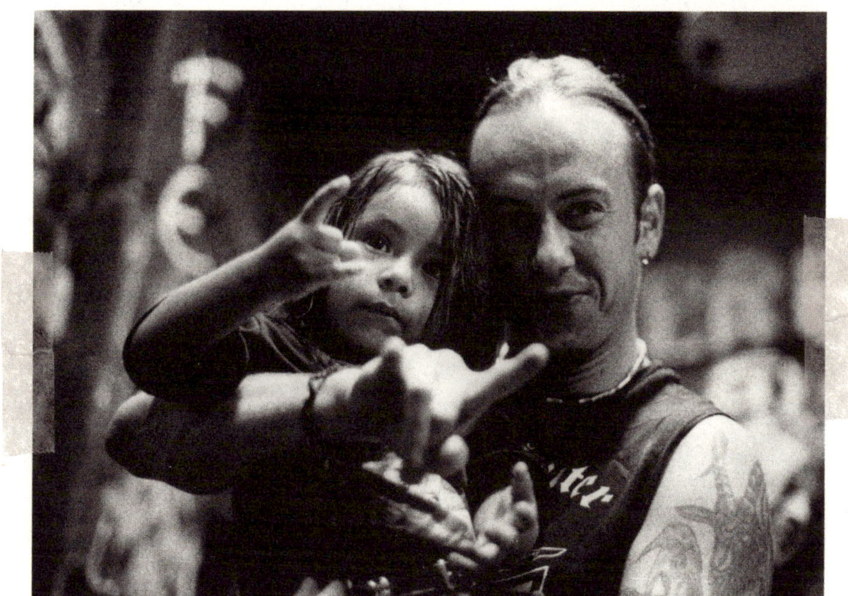

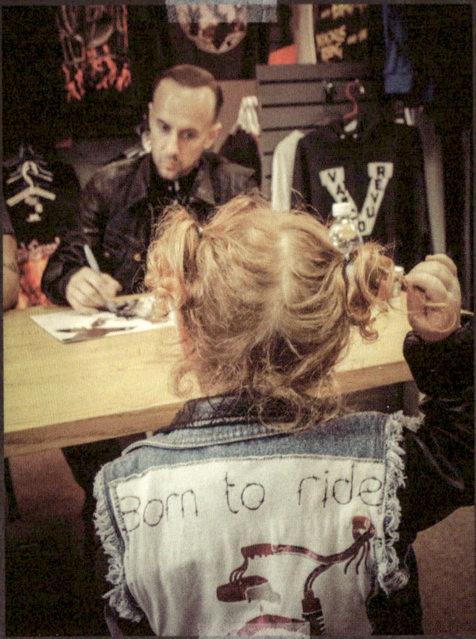

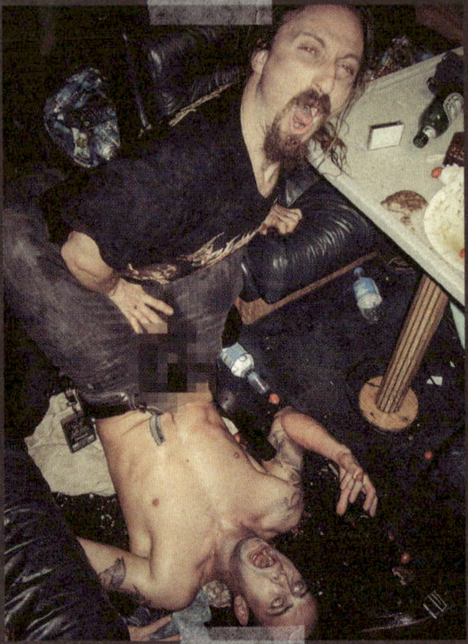

OBEN LINKS: Tolle Kutte! Autogramme für einen jungen Behemoth-Fan. **OBEN RECHTS:** Das Event ist als „chicken party" bekannt. Eingeweihte wissen Bescheid... **RECHTS:** Autogramme für Fans beim Metalfest in Leipzig **GEGENÜBER:** Dreh der letzten Szenen für das „Slaves Shall Serve"-Video.

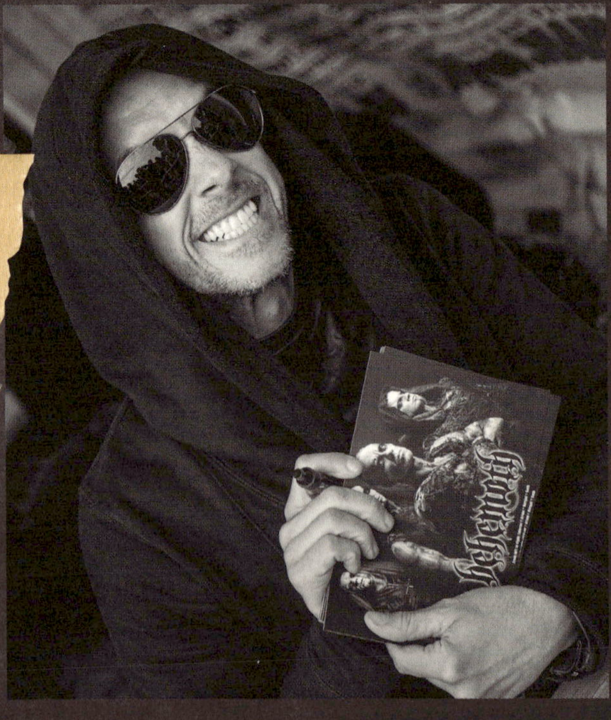

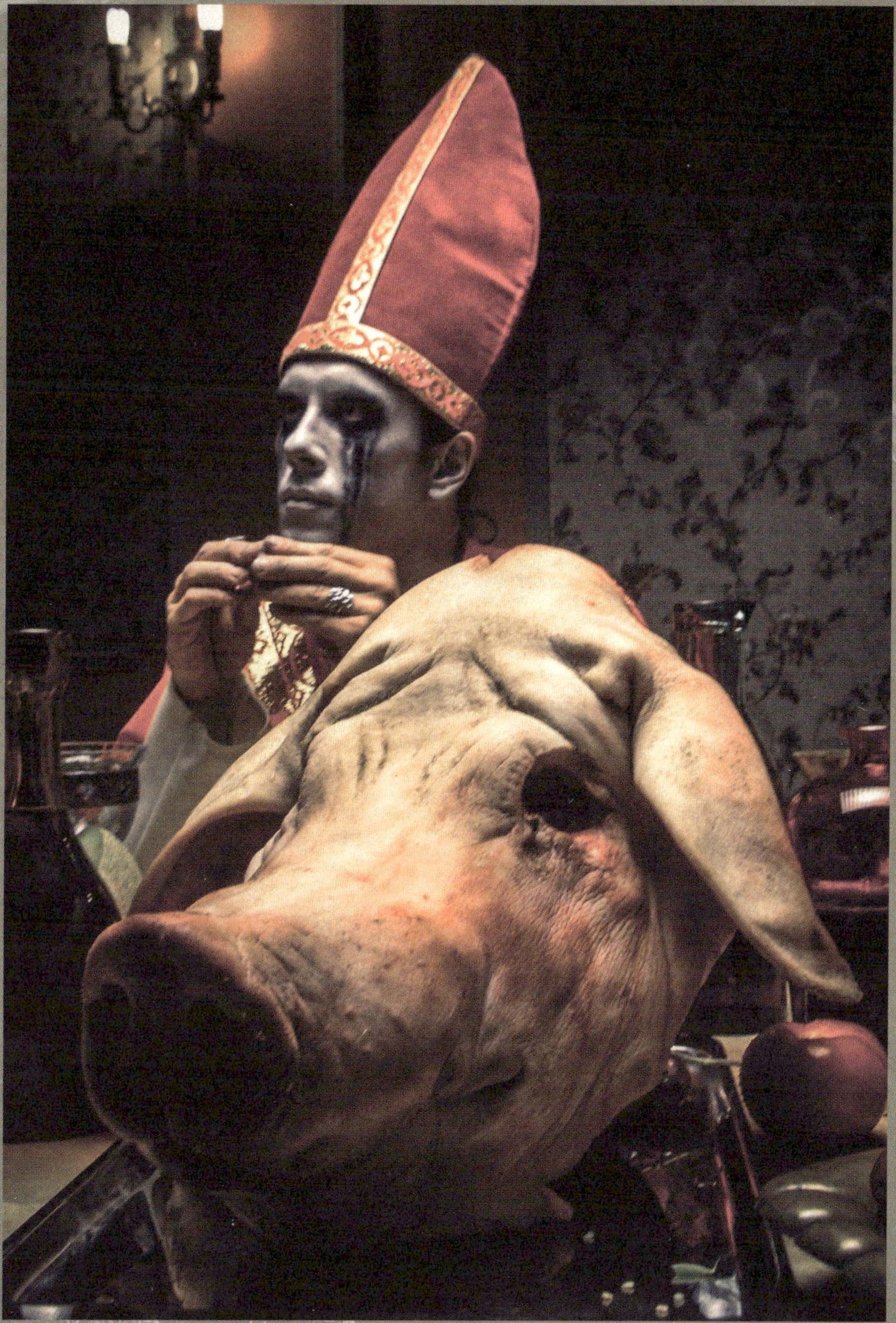

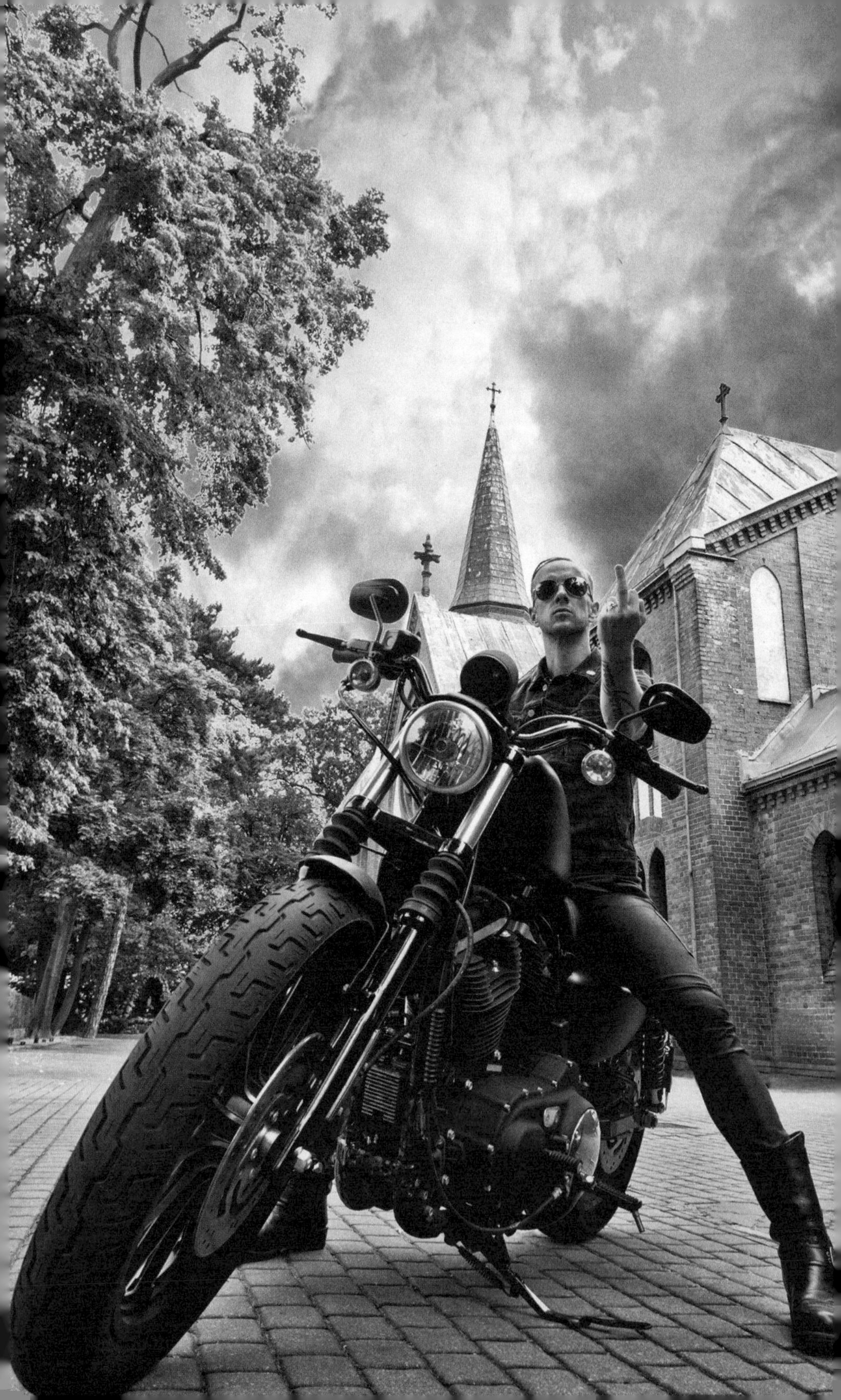

könnte ich weiter in der Band spielen, selbst wenn ich in einem anderen Land lebte. Aber daran denke ich noch nicht mal. Polen ist meine Heimat.

Also wirst du nicht nach Madagaskar gehen?

Nein. Aber es wäre schön, in zwei Ländern zu leben. Ein Appartement an der Costa Blanca ist auch keine schlechte Idee. Aber ich würde immer wieder nach Polen zurückkommen, und sei es nur, um durch die polnischen Wälder zu gehen. Im Winter sind sie besonders schön. Die Härte unseres Klimas stählt die Seele.

V

EIN RENTIER ZWEI EULEN UND EIN TOTER

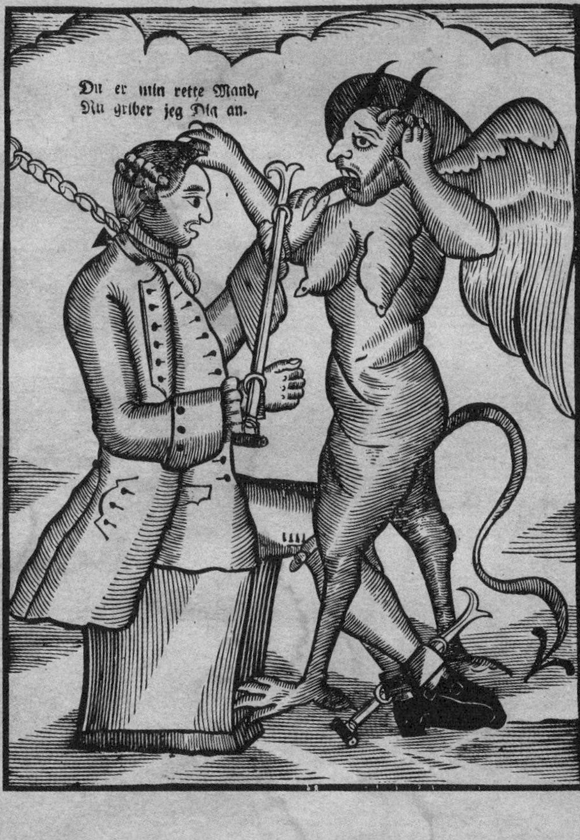

Hast du mal körperlich gearbeitet?

Während der Uni habe ich mal eine Woche lang Teppiche geschleppt. Das war ein totales Missverständnis. Später, bei meinem Bruder in Spanien, habe ich auf einer scheiß Baustelle gearbeitet, weil ich genug Geld verdienen wollte, um mir eine neue Gitarre zu kaufen. Da habe ich gemerkt, dass die einzige körperliche Arbeit, die ich aushalte, Headbangen auf der Bühne ist. Innerhalb von zwei Monaten habe ich fünfmal den Job gewechselt! Ich war 20, und die Götter hatten mir geboten, zu ruhen. Ich beschloss, nie wieder körperliche Arbeit zu verrichten und auch, dass ich niemals einen Chef haben wollte. Das ist 15 Jahre her, und ich halte mich immer noch an meinen Entschluss.

Was ist deine Haupteinnahmequelle?

Konzerte.

Wie viel bekommst du für eins? Viel?

Ich weiß nicht, wie viel „viel" ist, aber als Musiker kann man seine Brötchen nur mit Liveshows verdienen.

Nicht durch Plattenverkäufe?

Wenn man etwas wirklich Wertvolles von hoher Qualität machen will, und das ist immer unser Ansatz, dann sind die Kosten für Aufnahmen, Produktion und Vermarktung dermaßen hoch, dass man vom Plattenverkauf alleine nicht leben kann.

Anfangs haben Behemoth aber nicht wirklich Konzerte gegeben.

Da hatten wir kein Bedürfnis danach. Der Prozess des Erschaffens war so packend und kräftezehrend, dass wir nicht mal dran gedacht haben, aufzutreten. Wir waren Kinder, 16 oder 17 Jahre alt, und gebannt von Burzum und Darkthrone. Die haben Konzerte standardmäßig boykottiert. Ihre Haltung entsprach perfekt unseren Vorstellungen von einer Band. Wir wollten sogar noch radikaler sein.

Ich kann mich noch an ein Gespräch mit Baal erinnern. Wir waren uns einig, dass Behemoth in dem Augenblick aufhören würden zu existieren, in dem wir einen Plattenvertrag unterschreiben. Das sollte eine Demonstration unserer Unnachgiebigkeit sein. Klar, wir waren Frischlinge mit ein paar Tapes von unseren Proben, und ein echtes Album war für uns eine vollkommen abstrakte Idee. Zum Glück hat sich mein Charakter geändert.

Ihr habt dann zwar ein Album aufgenommen, aber immer noch keine Shows gespielt.

Der Appetit kam beim Essen. Wir konnten mit unseren Leistungen im Black Metal auf uns aufmerksam machen, aber wir wollten einen Schritt weitergehen. Das waren ganz andere Zeiten. Es war 1993, als die „Fuck Christ"-Tour stattfand und der Black Metal aus dem Keller gekrochen kam. Wir haben uns die Bühne mit Blasphemy, Immortal und Rotting Christ geteilt. Ich habe mir praktisch in die Hose gemacht, denn sie waren meine Götter! Sie haben ganz Europa in Brand gesteckt, aber ich konnte mir nicht mal leisten, zu einem ihrer Konzerte zu gehen. Alles, was ich hatte, waren Kritiken in Fanzines und Promo-Blättchen. Nur dank VHS-Bootlegs kamen wir so langsam auf den Geschmack, über Live-Auftritte nachzudenken.

Davor habt ihr das Album *Grom* veröffentlicht.

Bevor wir es aufnahmen, bekamen wir einen anderen Impuls. Im Winter 1995 verhandelte ich mit einem Label. Carsten Molitor, der Chef von Solistitium, machte mit mir einen langen Spaziergang durch den Wald. Er stellte mir seine Vorstellung einer gemeinsamen Tour von Behemoth, den Norwegern Helheim und unseren Kumpels von Christ Agony vor. Die Idee hatte ich schon im Kopf. Der Rest war nur eine Frage der Zeit.

War es anfangs schwierig?

Wir starteten die Europa-Tour im September 1996. Davor, kurz vor den Sommerferien, hatten wir es geschafft, drei Shows zu spielen. Die erste war in Bialystok im Kino-Club. Keine Ahnung, ob er immer noch so heißt, aber ich bin da vor ein paar Monaten mal vorbeigefahren. Am Äußeren hat sich nichts verändert. Er ist sicherlich kein architektonisches Schmuckstück. Aber als wir das erste Mal überhaupt auf einer Bühne standen, war es uns egal, dass wir in einem schäbigen Kino aus der Zeit des Kommunismus spielten. Für uns war es das Zentrum des Universums.

Und der Auftritt selbst?

Er war so wie bei allen damals: chaotisch. Es mangelte uns an Können, und von unserem Equipment hatten wir kaum eine Ahnung. Es war alles ziemlich schief, aber was uns an handwerklichem Können fehlte, machten wir mit unserer Leidenschaft und Entschlossenheit wieder wett. Eine andere Show hatten wir in Deutschland, in irgendeinem Wald in Bayern. Mitten in der Nacht, arschkalt, etwa 300 Leute. Wir gingen mit Schweineblut vollgesudelt auf die Bühne. Es war wild.

Du sagtest, du würdest niemals einem Tier etwas zuleide tun...

Das Blut? Das bekamen wir von einem Metzger. Manchmal haben wir es auch bei den Veranstaltern bestellt. Für das erste Konzert in Bialystok hat unser Freund Bart Kryiuk, der Labelchef von Witching Hour, uns welches besorgt. Er hat uns auf einen Markt zu einem Metzger geschleppt, der das Blut für uns in Wodkaflaschen abfüllte. Einen Liter. Natürlich waren Fleischbrocken, Augen und sonstiger ekliger Scheiß drin.

Das haben wir über uns gekippt. Es hatte eine liturgische Bedeutung für uns. Indem wir uns mit dem Blut übergossen und es ausspuckten, stellten wir die Eucharistie in Frage, wir verkehrten sie ins Gegenteil. Mir gefallen solche Symbole.

Das hatte auch eine ästhetische Dimension. Seien wir mal ehrlich: Mit Blut kann man hervorragend schockieren. Heutzutage, nach meiner Krankheit, sehe ich Blut anders. Es ist eine persönliche Beziehung, und um das zu bestätigen, bewahre ich in meinem Kühlschrank eine Ampulle mit meinem neuen Blut auf. Eigentlich will es verwenden, um damit das Cover des nächsten Behemoth-Albums zu malen.

Hast du mal etwas Größeres als einen Käfer umgebracht?

Ich habe mal eine Taube getötet. Ich liebe Tiere, aber Tauben sind keine Tiere. Das sind noch nicht mal Vögel. Das sind Ratten mit Flügeln, oder fliegende Küchenschaben. Sie verbreiten Krankheitserreger, scheißen überall hin und machen einen Krach, der mich ankotzt.

Während des Studiums habe ich in einem dieser Wohnblöcke in Danzig gewohnt. Es war eine kleine Wohnung. Sie hatte nur 19 Quadratmeter, aber sie bot mir Unabhängigkeit. Dummerweise haben diese fliegenden Wichser aus meinem Balkon ihren Unterschlupf gemacht. Es war fünf oder sechs Uhr morgens. Die hörten mit ihrem scheiß Gurren einfach nicht auf, und davon wurde ich wach. Ich ging auf den Balkon und ließ einen Brüller los. Normalerweise haben sie sich dann verpisst, sind aber immer wiedergekommen. Also habe ich mich einmal blutig an ihnen gerächt.

Ich schlief bei offenem Fenster, als plötzlich eine von den Tauben hereinflog und neben meinem Bett landete. Ich wurde wütend. Ich habe mir einen Gitarrengurt geschnappt und blindlings um mich geschlagen. Ich traf den Mistkerl und kickte ihn raus auf den Balkon. Er versuchte zu entkommen, verfing sich aber mit den Krallen im Geländer. Die blieben im Grunde auch auf dem Balkon, nur der restliche Körper flog weiter. Deswegen habe ich aber keine Gewissensbisse.

Wann hast du aufgehört, Blut zu verwenden?

Das weiß ich nicht mehr. Wir haben es ein paar Jahre lang als Requisite benutzt. Zu der Zeit waren wir in den größten Dreckskäffern Europas unterwegs. Da ist man auch für ein Stück Pizza aufgetreten. Wir haben noch nicht mal Gage verlangt. Unsere ersten Touren waren „zum Einkaufen" da. Unser Label hat die Konzertveranstalter bezahlt, so dass wir als Opener für größere Bands auftreten und uns einem größeren Publikum vorstellen konnten. Und so lief es für ein paar Jahre.

Baal hat die Band trotzdem verlassen, bevor ihr richtig groß wurdet?

Früher oder später mussten sich unsere Wege trennen. Er war eine wandelnde Metamorphose. Während der Aufnahmen zu *Grom* war er von Type 0 Negative besessen. Er sah sogar aus wie Peter Steel. Er fing an, Bass zu spielen und dachte darüber nach, seine eigene Musik zu machen. Er deutete auch unmissverständlich an, dass ihm das Schlagzeugspielen nicht mehr so viel Spaß wie früher machte. Er wusste, dass Behemoth sowieso mein Kind war. Ich schrieb die Musik und fast alle Texte, aber er brauchte etwas Eigenes. Also verließ er uns und gründete Hellborn.

In einem Interview sagte er, dass ihm die Richtung nicht gefiel, in die ihr gingt. Es gäbe „zu viel Farbe im Gesicht und zu wenig Musik".

Eine seltsame Einstellung, wenn man bedenkt, dass er nach dem Weggang von Behemoth immer noch viel Wert auf den optischen Aspekt seiner Platten und Shows gelegt hat.

Hat eure Freundschaft gehalten?

Wir waren Freunde, als wir Kinder waren, und heute verstehen wir uns immer noch. Wir haben großen Respekt voreinander, das ist eine vernünftige Regelung. Baal lebt immer noch nach seinen Regeln, aber er geht niemandem auf die Nerven. Er ist kreativ und entwickelt sich weiter. Und er kriegt jedes Jahr mehr Tattoos auf den Körper. Er liebt Hunde und hasst die Kirche – wie kann man den nicht mögen?

Wo hast du Zbyszek Prominski gefunden?

Wir haben uns mit Damnation einen Proberaum geteilt. Sie waren aus der Dreistadt. Ihr Bandleader Les hat mal eine Weile für uns Bass gespielt. Wawrzyn war der Schlagzeuger von Damnation. Er verließ aber die Band, und an seiner Stelle nahmen sie einen jungen und vielversprechenden Drummer. Das war Inferno. Nach den Proben bin ich dageblieben, nur um ihn spielen zu sehen. Er war erstaunlich. Zuerst war ich eifersüchtig. Aber dann war ich der Überzeugung, dass ich den Kerl in meiner Band haben musste.

Als sich die Wege von Baal und mir trennten, mache ich Zbyszek ein Angebot, das er nicht ablehnen konnte. Und ich traf ins Schwarze. Er ist ein außergewöhnlicher Schlagzeuger. Wenn ich das Gehirn der Band bin, ist er der Motor. Den Unterschied spürte ich sofort. Ich wollte komplexere Musik spielen, aber mit Baal war das unmöglich. Nicht, weil er nicht wollte, sondern weil er nicht konnte. Ich habe von ihm oft mehr verlangt, als er geben konnte.

Das war mit Inferno anders. Er hat der Band viel mehr gegeben, als ich verlangt habe.

Heute gilt Inferno als einer der besten Metal-Drummer der Welt.

Vollkommen zu Recht. Manchmal glaube ich, dass er aus einem anderen Universum kommt. Seine Koordination und die Fähigkeit, tausende von Schlägen zusammenzufügen, sind erstaunlich. Zbyszek ist ein Beispiel für jemanden, der seine Berufung sehr früh entdeckt und sie entwickelt hat. Ich glaube, dass in jedem von uns großes Potenzial steckt. Man muss es nur finden, und dann nichts wie ran.

Hast du das so gemacht?

In meiner Kindheit stand ich vor dem Spiegel und habe meine Idole nachgeahmt. Ich habe einen Besen als Gitarre genommen und tat so, als würde ich singen. Ich wollte wie Cronos von Venom sein. Ich konnte keine zwei Akkorde im richtigen Tempo spielen, aber ich wusste, was ich wollte: ein Musiker sein. Mein Verstand sandte Signale an die Umgebung aus. Die fünfjährige Tochter meiner Freunde trägt ziemlich außergewöhnliche Klamotten, zieht zwei verschiedene Stiefel an und setzt ihre Rechte durch. Vielleicht sendet sie ähnliche Signale aus? „Lasst sie es entwickeln“, sage ich ihnen. „Unterstützt sie.“ Womöglich wird sie die nächste große Modedesignerin oder ein Model? So funktioniert das.

Demnach ist Zbyszek der geborene Drummer?

Die heutige Metalszene erinnert an Extremsport, besonders im Bereich Schlagzeug. Natürlich gibt es Drummer, die schneller und präziser als Inferno sind. Aber er hat etwas, das man nicht mal durch Training bekommen kann: ein großartiges Gespür. Wenn er raus auf die Bühne geht und sich hinters Schlagzeug setzt, bin ich voller Zuversicht, weil ich ihn im Rücken habe. Ein Haus braucht ein Fundament, und eine Band braucht einen geeigneten Drummer.

Selbst mit Inferno an Bord brauchten Behemoth ziemlich lange, um in die erste Liga der Konzerte aufzusteigen.

Ich denke, dass sich das meiste unseres Potenzials irgendwo im Umfeld des *Satanica*-Albums entwickelt hat. Damals spielten wir immer mehr Shows. Richtig in Schwung gekommen sind wir aber bei den Aufnahmen zu *Thelema.6*. Ab da spielten wir auf regulären Touren als Hauptact. Es war ein Teufelskreis, denn je besser wir spielten, desto selbstsicherer wurden wir. Je selbstsicherer wir über unseren eigenen Wert dachten, desto besser spielten wir. Wir haben die verdammten Bühnen zerlegt, als gäbe es kein Morgen. Nicht kleckern, klotzen!

Ich denke an die „Thrash ‘em All“-Tour, als wir die Vorband für Vader und Krisiun waren. Die Position von Vader war unbestreitbar. Sie waren Veteranen und eine der wichtigsten Bands in der polnischen Metalgeschichte. Als ich in Bialystok von der Bühne ging, bin ich auf dem Gang ihrem Sänger Piotr Wiwczarek begegnet. Ich sagte ihm: „Piotr, fackel den Laden ab!“ Er lächelte nur und antwortete: „Asche kann man nicht verbrennen.“ Da fühlte ich, dass wir mit etwas Bemerkenswertem begonnen hatten.

Euer Line-up hat sich in dieser Zeit auch geändert?

Das hatte auf unsere Form großen Einfluss. Wir wurden beflügelt, als Havok und Novy zu uns kamen. Wir waren eine großartige Truppe. Jeder hat etwas beigesteuert. Havok war echt jung. Ich musste seine Eltern bitten, ihn mit uns auf Tour zu lassen und ihnen versprechen, dass er seine Hausaufgaben nachholte.

Aber der Kerl hatte Feuer und eine enorme Entschlossenheit. Es dauerte nicht lange, bis er alte und erfahrene Musiker zum Frühstück verputzte.

Auf der anderen Seite brachte Novy viel Erfahrung mit in die Band. Eigentlich war er Sessionmusiker, aber er passte ganz gut in die Band. Er hatte beeindruckende Haare, die sehr schön mit seiner krassen Größe kontrastierten. Sie ließ seine Haare voluminöser aussehen, als sie tatsächlich waren. Er hat buchstäblich die Bühne damit gefegt. Beide brachten Behemoth mehr Rock 'n' Roll.

Mehr Feiern, mehr Ausgelassenheit?

Novy war ein Spezialist für beides. Manchmal wurde er richtig hardcore. Er ist schon ein eigentümlicher Kerl, und ein großer Fan von Darth Vader. Immer, wenn er betrunken war, schien er eine Verbindung zum Todesstern aufzubauen. Weiß der Henker, wer oder was es war.

Ich habe ihn einmal erwischt, als er voll wie eine Haubitze auf dem Boden lag und eine große Pappfigur seines Idols umarmte. Das war harmlos, aber es wurde schlimmer, wenn er richtig loslegte. Es war Winter, arschkalt, und wir feierten nach der Show wie üblich im Hotel. Plötzlich nahm Novy seine Kopfhörer ab und stand auf. Er öffnete das Fenster, kletterte aufs Fensterbrett, ließ ein flottes *Frrr* vernehmen und machte einen Schritt nach vorne.

In welchem Stock war das?

Im dritten. Wir guckten aus dem Fenster, und da lag er im Schnee und stöhnte.

Habt ihr ihn ins Krankenhaus gebracht?

Er hat uns nicht gelassen. Er war nicht versichert, vermutlich hatte er Angst vor den Kosten. Niemand hat ihn untersucht, noch nicht mal geröntgt. Ein paar Tage lang sagte er kein Wort, er saß nur mit Sonnenbrille da und schluchzte. Ich sah, wie ihm Tränen die Wange runterliefen, aber er beklagte sich nicht. Eine Zeitlang mussten wir ihm die Gitarre umhängen, weil er es selbst nicht konnte.

Hat er euch je erzählt, warum er rausgesprungen ist?

Nie. Wahrscheinlich hat er schlechte Musik gehört. Oder der Todesstern hat es ihm befohlen.

Hat er öfters so etwas Extremes gemacht?

Es gab mehrere, sagen wir mal, unterhaltsame Beispiele. Einmal wurde er sogar von der Polizei verprügelt. Er hielt es für an der Zeit, um im Adamskostüm und nur mit einem Patronengürtel bekleidet im „Sperma-Absorber" herumzulaufen.

„Sperma-Absorber"?

Die Jugendherberge. Wir spielten in Warschau im Proxima. Da wir uns keine Hotels leisten konnten, haben wir eine billigere Unterkunft gemietet. Die Gürtel hatten wir dabei, sie gehörten zur Standardausrüstung jeder renommierten Metalband. Die Jungs waren außer den Gürteln nackt und sind so runter an die Rezeption gegangen. Irgendwer rief die Polizei, die direkt mit Schlagstöcken anrückte.

Warst du daran beteiligt?

Wie üblich, nein. Irgendjemand musste ja die Kamera halten. Ich habe viel Selbstbeherrschung, oder ich bin einfach nicht betrunken genug, oder verliebt. Ich lasse es mir gerne gutgehen, aber mit einem gewissen Augenmaß.

Warst du immer so? Während einer eurer ersten Touren haben euch die Norweger Khold supportet. Mit einem Mal haben sie ihre Sachen gepackt und sind geflüchtet. Man munkelt, ihr wärt zu sehr Rock 'n' Roll für sie gewesen.

Wir haben in Spanien gespielt. Unsere Promoterin dort war eine typisch spanische Frau: schwarze Locken und Augen wie Kohle. Sie war nicht übermäßig hübsch, aber sehr nett zu uns. Sie fragte, ob sie zu unserer Show nach Madrid mitkommen könnte. Ich war immer der Meinung, dass eine Frau nicht nur Tee trinken möchte, wenn sie zur Band in den Bus steigt.

Was hast du ihr gegeben?

Wodka natürlich. Sie hat ganz schön viel getrunken. Wie wir alle. Außer den Typen von Khold. Die waren schräg, haben die ganze Zeit Pepsi getrunken und nichts gesagt. Unterhaltsam wie ein Besenstiel. Irgendwann beschloss ich, dass ich genug hatte, und ging in meine Koje. Ich schlief eine Weile und ging dann nach hinten in den Bus zurück. Da saßen aber nur die traurigen Norweger, also bin ich nach unten gegangen... und konnte meinen Augen nicht trauen! Das Mädel lag nackt auf dem Tisch, und die ganzen Kerle um sie herum, alle nackt. Einer hielt die Kamera. Die Übrigen waren hackedicht am Streiten, während sie versuchten, einen Porno zu drehen. Ich werde keine Namen nennen, aber sie stritten darum, wer ihr seinen Schwanz in den Mund schieben sollte: „Oh, komm schon, Mann. Lass mich, du hast schon!"

Sind die Jungs von Khold auch runtergekommen?

Nein, aber am nächsten Tag haben sie unseren Amateurporno gesehen. Sie waren echt spießig und haben auf ganz seltsame Art kombiniert, dass es eine Vergewaltigung gewesen war. Sie wollten zur Polizei. Sie nahmen den Film, packten ihren Kram zusammen und hauten ab. Wir warteten wie auf ein Urteil, weil wir nicht sicher waren, was die Frau aussagen würde.

Kam die Polizei?

Wir haben das Video in einem Müllcontainer auf dem Parkplatz gefunden. Es war ruiniert, aber es drohte Ärger. Unser Tourmanager hat alles erfahren. Wir versuchten ihm zu erklären, dass es keine Vergewaltigung war. Es war nur eine kleine, harmlose Orgie. Trotzdem unterhielt er sich mit der Frau. Er wollte wissen, ob sie sich vergewaltigt fühlte. „Nein, neiiin", antwortete sie schnell, „das war cool!" Ein paar Stunden später traten wir in Madrid auf, diesmal ohne Khold, und sie stand in der ersten Reihe und rockte.

Sie hätte euch trotzdem einigen Ärger machen können, richtig?

Dessen war ich mir bewusst, und ich war sehr erleichtert, als die Lage richtiggestellt wurde. Man hört oft von solchen Situationen. Meine Kumpels von Keep Of Kalessin haben in Kanada mal ein Groupie getroffen. Sie haben sie mit in den Bus genommen. Es gab keinen Sex, nur eine gewöhnliche Party. Am nächsten Tag erzählte sie der Polizei, sie sei vergewaltigt worden. Zwei Musiker wurden verhaftet und für einige Wochen eingesperrt. Sie wurden freigesprochen, aber die Anwaltskosten wurden ihnen nie erstattet. Alles, was sie bekommen haben, war ein Blatt Papier, auf dem stand, dass sie unschuldig waren. Hätten sie in den USA oder Kanada irgendwelche Vorstrafen gehabt, hätten sie Probleme bei der Einreise kriegen können.

Mit so was muss man vorsichtig sein, besonders in den Staaten. Hast du während dieser ersten Shows auf dich aufgepasst?

Zunächst waren die Staaten ziemlich seltsam für uns. Wir wussten überhaupt nichts und kamen uns fremd vor. Während der ersten Tour waren wir praktisch durchgehend betrunken. Wir tranken tagsüber, eine andere Möglichkeit gab es nicht.

Als wir am Golf von Mexiko waren, hielten wir es in unserem betrunkenen Zustand für eine gute Idee, schwimmen zu gehen. Also ließen wir uns von dieser Spinnerei führen und hüpften ins Wasser. Nackt. Zeitgleich war aber ein Schulausflug an dem Strand unterwegs. Der Lehrer sah uns, hielt den Kindern die Augen zu und lief davon. Unser Tourmanager kreischte wie verrückt: „Kommt verdammt nochmal aus dem Wasser raus!" Ich habe noch nie einen dermaßen panischen Amerikaner gesehen. Er drehte durch.

Ich wusste nicht, was er für ein Problem hatte, das erfuhr ich erst später. Hätte jemand die Cops gerufen, wären wir nie wieder in den USA aufgetreten. Haft, Ausweisung aus dem Land, und nicht die geringste Chance auf ein neues Visum...

Es ist ein seltsames Land. Man kann in den Knast kommen, weil man auf der Straße ein Bier trinkt. Aber jeder hat eine Waffe.

Während einer eurer späteren Touren wurde auf euren Bus geschossen. Ziemlich starke Geschichte, oder?

Das war in Texas. Als Band waren wir in Amerika noch ziemlich neu. Wir haben kaum Geld verdient, also haben wir die meisten Nächte in unserem Van verbracht. Wir konnten uns zwei oder vielleicht drei Mal im Monat ein Hotel leisten. Und das war eine dieser Phasen. Kurz vor Sonnenaufgang kamen wir im Motel an. Ich ging zu Bett. Es war eine wahre Wohltat. Ich war erschöpft; es war vollkommen ruhig. Plötzlich hatte ich das Gefühl, dass jemand neben mir sitzt und zwischen meinen Beinen die Matratze eindrückt. Ich sprang auf.

Ein Geist? Glaubst du an so etwas?

Ich bin skeptisch. Ich weiß nicht, ob es mehr als die irdische Realität gibt. Ist mir auch egal. Es ist auch unwichtig, ob es Geist oder eine Halluzination war. Jedenfalls sah ich mich im Zimmer um, entdeckte aber niemanden, also ging ich wieder ins Bett. Durch ein Klopfen an der Tür wurde ich wieder geweckt. Ich öffnete und sah einen schwarzen Polizisten. Er sagte, dass jemand auf unseren Van geschossen habe. Ich ging auf die Veranda, und tatsächlich hatte der Van auf Höhe der Sitze Einschusslöcher.

Hat irgendjemand die Schüsse in der Nacht gehört?

Nein. Ich vermute, sie hatten Schalldämpfer. Ich habe bis heute keine Ahnung, warum jemand so etwas tun würde.

Wie haben die Jungs reagiert?

Das hat uns alle beunruhigt. Im Auto waren ein paar CDs, die ich unterwegs gekauft hatte. Einige waren zertrümmert. Ich habe sie immer noch als Andenken. Aber das war nicht das einzige Mal, dass wir in den Staaten Erfahrungen mit Waffen machten. Bei einer anderen Gelegenheit hielten wir an einer Tankstelle. Sie sah aus wie aus einem Robert-Rodriguez-Film: die Wüste, zwei Zapfsäulen, ein kleiner, stinkender Laden und dazu, um das Maß vollzumachen, ein Cowboy.

Ein alter Mann tauchte bei unserem Van auf und redete mit unserem Tourmanager. Er musste wohl gefragt haben, welche Band wir wären. Bei solchen Fragen geben wir immer spaßeshalber eine Standardantwort für Leute, die Metal nicht verstehen. Wir erzählten ihm, der Bandname sei Antichrist. Der alte Mann ging zu seinem Truck, holte eine Schrotflinte heraus, zielte auf uns und sagte: „Ihr Burschen huldigt also dem Satan, hm?“ Ich habe im Leben noch nie so laut Reifen quietschen gehört.

Aber im Vergleich zu Mexiko sind die USA eine Oase des Friedens, stimmt's?

In Mexiko sind wir buchstäblich mit Leichen zusammengestoßen. Nun ja, mit einer Leiche. Das war in Juàrez, einer sehr ungewöhnlichen und berüchtigten Stadt. Seit 1993 sind dort jede Menge junge Mädchen verschwunden. Man hat mir erzählt, dass bis zum Winter 2005 über 400 Mädchen gekidnappt wurden. Die Leute haben nur gelächelt und gemeint, dass die Zahl nach unbestätigten Meldungen zehnmal höher sein könnte.

Seid ihr dort aufgetreten?

Ja. Die Stadt liegt direkt an der amerikanischen Grenze. Man kann sagen, dass wir auf die mexikanische Seite geschmuggelt wurden. Der Ort wird von vielen Amerikanern besucht, die billige Unterhaltung suchen. Die Grenze ist da praktisch offen. Der Veranstalter sagte uns, dass wir das Gelände unter keinen Umständen verlassen dürften.

Wie vor der Show üblich, musste ich aufs Scheißhaus. Ich muss einfach kurz auf der Toilette sitzen, um mich zu entspannen. Das ist mein Ritual vor jedem Konzert. Die Toilette in dem Club war aber so widerlich, dass selbst ein Hund davongelaufen wäre.

Ich habe festgestellt, dass selbst in den USA die Toiletten meist in erbärmlichem Zustand sind. Manchmal sind die Toiletten nur durch kleine Abtrennungen unterteilt, sodass man sehen kann, was der Nachbar gerade macht. Es ist wirklich erstaunlich, dass es in einem so gut entwickelten Land solche Extreme gibt. Aber in Mexiko ist es noch brutaler.

Ich bat einen Bodyguard aus dem Club, mich zu begleiten. Ein paar Blocks die Straße runter gab es eine Bar. Ich ging rein und auf Toilette. Die Trennwände gingen zwar bis zur Decke, aber es gab keine Tür. Ich saß auf dem Thron und wartete auf ein Wunder. Aber es kam keins. Also gingen wir zu dem Club zurück, und da lag ein Typ vor der Tür. Er war tot. Und das war anscheinend vollkommen normal...

Menschen sterben...

Das wird an vielen Orten der Welt akzeptiert. Die Menschen werden damit fertig. So was Ähnliches habe ich im Himalaya gesehen, wo ich im Urlaub war. Ich war alleine und total unvorbereitet. Ich hatte noch nicht mal richtige Trekkingstiefel, sodass mir nach ein paar Tagen die Füße wehtaten. Auf dem Weg von Kathmandu nach Pokhara wurde mir bewusst, wie anders die Menschen in diesem Teil der Welt waren. Sie haben sich außergewöhnlich gut mit dem Rhythmus von Leben und Tod arrangiert. Wir fuhren auf einer Straße an einem tiefen Abgrund entlang. Allein der Anblick ließ mich frösteln. Man sah aus dem Fenster nur ein paar hundert Meter Leere, und unten Autowracks, eins neben dem anderen.

„Sieh mal, wie hoch das hier ist", sagte ich zu dem Reiseführer. „Kommen hier manchmal Busse von der Straße ab?"

„Ja", sagte er, „jedes Jahr ein paar." Für ihn war diese Möglichkeit absolut in Ordnung. Ihm war klar, dass sein Leben in den Händen des Fahrers lag, und trotzdem genoss er die Reise. Er zuckte nur mit den Achseln, und mir kam ein Satz von Aleister Crowley in den Sinn: „Gott gibt, Gott nimmt. Lobet den Herrn."

Fällt es dir schwer, dein Leben jemand anderem anzuvertrauen?

Wenn ich die Kontrolle über bestimmte Sachen verliere, bricht alles zusammen; das spüre ich. Ich verstehe, dass das irrational ist, denn viele Menschen haben Einfluss darauf, wie mein Leben verläuft. Gleichwohl möchte ich die Verantwortung für alles haben.

Dann möchtest du kein Chaos im Leben?

Kommt drauf an. Manchmal muss ich zwanghaft alles aufräumen, und manchmal lasse ich mich einfach treiben.

Und zu Hause?

Manchmal.

Spülst du nicht gerne das Geschirr ab?

Seit ich einen Geschirrspüler habe, bin ich richtig gut im Abwaschen.

Wäschst du deine Wäsche selber?

Ich habe eine Waschmaschine. Aber ich bügele nie. Das wird überbewertet. Wenn man die Klamotten ordentlich aufhängt, muss man nicht bügeln.

Manche Leute bügeln sogar ihre Socken.

Es gibt Leute, die den Verstand verloren haben.

In bestimmten Bereichen möchtest du ein Perfektionist sein.

Ein Profi. Das klingt besser.

Deine Freunde meinen, dass du Wochen damit verbringen kannst, einen Song zu mischen. Dass du zu Leuten nach Hause gehst und ihnen fünf Versionen vorspielst, die im Prinzip gleich sind.

Ich denke, das ändert sich. Früher war ich da fanatischer. Ich konnte nachts nicht schlafen, weil mir nicht gefiel, wie sich die Snare anhörte. Heute überlasse ich mehr dem Glück und dem Zufall. Ich lasse die Musik und die Texte ihr eigenes Leben leben. Da ist überall mehr Luft. Vor ein paar Jahren hatte ich die Gelegenheit, mit einer wahren Metal-Legende zu sprechen, mit Tom Gabriel Fischer von Celtic Frost. Das war direkt nach dem Promokonzert für ihr brillantes Album *Monotheist.* Wir hatten die Ehre, für sie zu eröffnen. Ihre Musik ist nicht allzu kompliziert, wenn man genau hinschaut. Sie ist sogar ziemlich primitiv. Aber sie hat unbestreitbar eine Art von Magie. Man steht einfach mit offenem Mund da und betet in Richtung Bühne.

Ich fragte Tom nach dem Geheimnis seiner Klänge. Er sagte, man müsse die Musik atmen lassen. Man kann sie nicht mit zu vielen Tönen überfrachten. Zu unserer Show meinte er, dass wir pro Song mehr Töne spielen würden als er auf einem ganzen Album.

Hast du dir das zu Herzen genommen?

Ich glaube, das kann man auf *Evangelion* hören. Allmählich hörte ich mehr auf das, was die anderen in der Band zu sagen hatten. Ich zwinge ihnen nicht alles auf, zumindest versuche ich es. Ich ringe mit meinen diktatorischen Neigungen.

Wir haben über die früheren Bandmitglieder von Behemoth gesprochen. Was ist mit der aktuellen Besetzung? Sie scheint stabil zu sein, ihr spielt seit Jahren zusammen. Streitet ihr euch oft?

Eine Band ist wie eine Ehe. Manchmal ist es perfekt. Wenn die Show super läuft, nehmen wir all die ekstatische Energie mit, um ohne Hemmungen bis morgens zu feiern. Und manchmal könnte man die Luft schneiden, weil die Stimmung so angespannt ist. Wir kennen einander sehr gut, vielleicht sogar besser als unsere Ehefrauen, Freundinnen und Liebhaberinnen uns kennen.

Lass mich dir ein Beispiel nennen. Wir waren mal an einer Tankstelle, mitten in der Wüste von Texas. Wir machten eine Weile Rast und wollten auf die Toilette. Es gab zehn Kabinen. Ich suchte mir eine aus und hockte mich auf den Thron. Nach einer Weile hörte ich schlurfende Schritte, als ob ein Bär hereintappt, und auch Grunzen und Husten...

„Und ich sah ein Tier aus dem Meer steigen, das hatte sieben Häupter und zehn Hörner..."

Nee, war nur Zbyszek. Einen Moment später hörte ich weitere Schritte: das Tapsen kleiner, aber pummeliger Füße. Deren Tonlage war viel höher, wie bei einer großen Maus. Ich musste nicht mal nachdenken, wer das war, sondern wusste, dass es unser Tontechniker Malta war.

Und worauf willst du hinaus?

Darauf, dass wir so viel Zeit miteinander verbringen, dass wir uns gegenseitig an der Art zu gehen, zu schnarchen oder sogar zu furzen erkennen. Ich finde, dass eine Band nicht eine Gruppe von Freunden ist, sondern eine Familie. Ich behandele sie alle wie Brüder.

Deinen richtigen Bruder hast du mit Dartpfeilen beworfen.

Und die hier mit Beschimpfungen. Darum geht es bei dem Ganzen. Ein Freund ist jemand, auf den man immer zählen kann, im Guten wie im Schlechten. Man kann unterschiedliche Beziehungen zu seinen Brüdern haben. Manchmal kann man Freunde sein, aber manchmal gehen sie einem auf die Eier. Mit einer Band ist es dasselbe.

Gibt es auch Prügeleien?

Nein, aber es war ein paar Mal kurz davor, in verschiedenen Zusammenstellungen. Die streiten sich auch manchmal untereinander.

Und dann versohlt Nergal ihnen den Hintern, haut ihnen auf den Kopf und bestraft sie?

Manchmal muss man sagen, wer im Recht ist und wer nicht. Ich versuche immer, objektiv zu sein. Und ich sage es offen, wenn es jemand übertreibt. Das heißt aber nicht, dass ich immer der Vater bin. Manchmal lasse ich mich volllaufen und stelle bescheuerten Scheiß an wie ein kleines Kind. Dann muss *mich* wieder jemand in die Spur bringen.

Beispielsweise hatte ich während der Promotour zu *Apostasy* eine giftige Kombination aus exzessiver Arroganz und gefährlicher Ignoranz. Alle Jungs gaben mir Zeichen, dass ich im Kopf nicht ganz da war und anfing, die Verbindung zum Planeten Erde zu verlieren. Es dauerte eine Weile, aber ich hörte letztendlich damit auf, betrachtete mich selbst und sah, dass da in der Tat etwas nicht in Ordnung war. Ich musste Dampf ablassen.

Also besteht deine Bandfamilie nur aus dir und den drei anderen Musikern?

So war es mal. Aber mit der Zeit nahm das alles eine enorme Größe an, und ich verlor langsam die Kontrolle über alles. Es gibt Leute, die mit uns auf Tour gehen. Es gibt Leute, die auf der anderen Seite der Erde unseren Shop und die Website betreiben. Leute, die mir helfen, mich auf Interviews vorzubereiten... Behemoth ist heute ein komplexer Mechanismus. Viele dieser Menschen sind Mitglieder unserer Familie. Maciej Gruszka zum Beispiel, der unser unersetzlicher Webmaster ist und den

Internetshop von Behemoth betreibt. Und auch der Kerl, den ich eben erwähnte, Malta.

Behandelst du ihn wie einen Bruder?

Wir sind mal in Costa Rica aufgetreten, und er hatte Geburtstag. Er konnte nicht schwimmen, also hielten wir es für das offensichtlich beste Geschenk, ihn ins Wasser zu werfen. Wir wussten, dass er seinen Pass in der Tasche hatte, also mussten wir ihn austricksen. Wir starrten auf unsere Pässe, und ich sagte: „Arek, zeig mal deinen Pass. Wie siehst du auf dem Foto aus?"

Er gab mir das Dokument und war im Handumdrehen im Pool. Er ist fast ertrunken. Wir haben ihn wie einen nassen Sack rausgeholt. Um ihn zu besänftigen, boten wir ihm eine Portion Koks an. So was kann man da an jeder Ecke kaufen, wie Äpfel auf dem Markt. Wir hatten eine ganze Tüte voll. Ich hatte es aber heimlich durch Vitamin C in Pulverform ersetzt. Ich erzählte ihm: „Jetzt zeig ich dir mal, wie man das macht." Und ich schnupfte massenhaft von dem Scheiß, den Rest habe ich wortwörtlich von der Fensterbank geleckt. Er sah mich bewundernd an, nickte und sagte: „Genau deswegen mag ich dich." Er rollte einen Dollarschein zusammen und nahm ein Näschen. Irgendwer fragte: „Arek, wie ist das Zeug?", und er sagte: „*Fuuucking awesome!*"

Wahre Bruderliebe, was? Unterstützt ihr euch gegenseitig, wenn ihr auf Tour seid? Braucht ihr oft den Rat des Anderen?

Kommt vor. Gleich nach der Premiere von *Demigod* starteten wir eine große Tour durch Kanada und die Staaten, insgesamt 50 Konzerte. Die letzte Show in Amerika spielten wir mit Danzig. Es war das große Finale, der wichtigste Konzert der ganzen Tour. Los Angeles, Gibson Amphitheatre, über 50.000 Besucher...

Am nächsten Tag sollten wir in Kanada eintreffen. Wir hatten nur ein paar Stunden, bevor die Show losging, also fingen wir mit unseren Vorbereitungen an. Orion, unser Bassist, wechselte plötzlich die Farbe und schwitzte wie ein Schwein. Er war blass, und im nächsten Moment dunkelrot. Wir dachten, er hätte eine Lebensmittelvergiftung, aber die Toilette aufzusuchen brachte nichts. Es wurde jede Minute schlimmer. Er wurde ohnmächtig, und wir riefen einen Krankenwagen, aber stattdessen tauchte ein Feuerwehrauto auf. Die Jungs sahen, in welchem Zustand Orion war und brachten ihn ins Krankenhaus.

Hast du die Show abgesagt?

Wir waren besorgt, weil wir nicht wussten, was ihm fehlte. Zudem war es der wichtigste Auftritt der gesamten Tour. Aber wir beschlossen, auf ihn zu warten. In der Zwischenzeit trafen wir Vorbereitungen, falls wir ohne ihn hätten auftreten müssen. Wir versuchten alle fünf Minuten, ihn anzurufen, aber er ging nicht ran. Wir hatten noch ungefähr eine Stunde Luft. Wir fingen an, unsere Gesichter anzumalen und kauten an den Nägeln. Fünfzehn Minuten vor der Show kam Orion in die Garderobe. Er sagte kein Wort, setzte sich einfach und trug sein Make-up auf. Wir guckten ihn fragend an, aber er fragte nur: „Was ist los? Wann gehen wir auf die Bühne?“

Es stellte sich heraus, dass er Nierensteine hatte. Sie wollten ihn im Krankenhaus behalten, aber er meinte, das wäre ausgeschlossen, er müsse zu seinem Auftritt. Er empfand auch diese große Verantwortung für die Band. Die Ärzte pumpten ihn mit Schmerzmitteln voll. Sie gaben ihm eine Spritze, und ein paar Minuten später stand er wie Lazarus einfach auf und nahm ein Taxi zum Club.

Wir behielten ihn während der Show im Auge, da wir nicht sicher waren, ob er es durchhalten würde. Es war schwer, und ein paar Mal wäre er sogar fast ohnmächtig geworden.

Wir fuhren nach Kanada. Orion schmiss ungefähr zwei Wochen lang Tabletten ein. Er lag praktisch die ganze Zeit flach, und Partys kamen nicht in Frage. Letztendlich hat er die Steine einfach rausgepinkelt, und als wir zurück nach Polen kamen, ging es ihm wieder gut.

Ihr habt in Kanada zwei Wochen lang getourt?

Länger. Während der „Demigod"-Tour haben wir alle Rekorde gebrochen. Wir haben über 150 Shows in Nordamerika gespielt, davon 26 in Kanada. Wer spielt so oft in einem einzigen Land? Im *Dezember*, wohlgemerkt! Aber wir haben es durchgezogen. Die Leute, die gekommen waren, um uns spielen zu sehen, waren sehr überrascht, weil noch nicht mal kanadische Bands solche Touren unternahmen.

Wie lief es?

Alles war durcheinander. Orion litt noch, und wir traten in Orten auf, die man noch nicht mal auf einer Landkarte fand. Gelegentlich mussten wir die Bühne selber aufbauen, weil in dem Laden niemand war. Wir haben sogar eine Show für acht Zuschauer gespielt. Es gab noch ein paar Dutzend andere, meist ortsansässige Zuschauer, die zufällig anwesend waren. Alles, was wir brauchten, waren ein Rentier, eine Eule und einen verkrüppelten Hund. Wir haben in einer Stadt gespielt, die zwei Straßen hatte. Buchstäblich. Die Show fand in einem alten Kino statt. Wir merkten, dass das vor der Bühne keine Behemoth-Fans waren und wir für einen Wanderzirkus gehalten wurden.

War es in den größeren Städten ähnlich?

Es war besser. In Montreal waren über 400 Leute. In Toronto haben wir ziemlich viele Tickets verkauft. Aber man muss bedenken, dass wir auf derselben Tour in den Staaten für ein paar tausend Leute gespielt haben, sodass uns diese Zahlen eher bescheiden vorkamen. Aber es hat sich alles gelohnt.

Bei der nächsten Amerikatour spielten wir als Headliner nur zwei Shows in Kanada. Beide waren ausverkauft. Bei der einen waren 800 Leute, bei der anderen 900. Das sind für Kanada astronomische Zahlen. Das waren auch die ersten Shows in dieser Größenordnung, bei denen wir nicht als Opener für irgendwen auftraten, sondern der Haupt-Act waren. Die Leute kamen, um uns zu sehen. Nur *UNS*. Wer ernteten die Früchte. So nahmen wir unsere Position in der Welt ein.

Wie sieht dein normaler Konzerttag aus?

Wir haben ziemlich viel über das Spaßige gesprochen, aber eine Tour ist vor allem ein wirklich harter Job. Auf der Bühne stehen wir zwischen 45 und 90 Minuten, aber das Konzert selbst, den Transport nicht inbegriffen, dauert für uns ein paar Stunden. Wir gehen so abends um neun auf die Bühne, aber fangen mit den Vorbereitungen schon um sechs an. Ich esse danach nichts mehr, weil eine schwere Mahlzeit überflüssiger Ballast sein kann. Wir versuchen, zu entspannen. Ich mache gerne ein paar Übungen, dehne mich, lese ein Buch. Ich will das Gefühl haben, gut vorbereitet auf die Bühne zu gehen.

Vielleicht ein Bier vor der Show?

Fast nie. Klar, manchmal trinke ich bis morgens. Dann gehe ich schlafen und duschen, und dann spiele ich, aber das kommt fast nie vor. Ich mache das nicht gerne, denn ich halte es für einen Mangel an Respekt vor den Leuten, die bezahlen, um unsere Show zu sehen. Ich will, dass sie ein erstklassiges Produkt bekommen, keine betrunkene Parodie. Anstatt Bier zu trinken, dehne ich mich und wärme die Finger auf. Das ist besonders wichtig, wenn wir draußen auftreten. Je älter ich werde, desto mehr muss ich üben.

Interviews?

Es ist am Schlimmsten, wenn wir direkt nach der Veröffentlichung eines neuen Albums auf Tour gehen. Ich erinnere mich, wie wir in den Staaten auf dem „Mayhem"-Festival spielten. Ich wusste nicht, was los war. Wir sollten mittags CDs signieren und nachmittags um vier spielen. Nach der Show bin ich schnell duschen gegangen und dann zu einer weiteren Autogrammstunde. Dann ging ich zu den Interviews, die praktisch bis nachts dauerten. Ich habe 25 Interviews an einem Tag gegeben. Wenn ich es alleine nicht schaffte, halfen mir Orion und Inferno.

Und du meintest, die Götter hätten dir befohlen, zu entspannen...

Musiker zu sein ist kein Zuckerschlecken. Aber mein Lebensmotto ist: „Finde, was du liebst, und du wirst nie arbeiten müssen." Musik machen ist wie ein Baby zu haben. Die ersten Jahre sind für Eltern harte Arbeit. Man schläft nicht viel, man ist dauernd müde, aber würde dir dein Vater sagen, wie schwer das war? Nein. Jeder Augenblick mit seinem Baby macht ihn glücklich.

Also machst du dein Leben zu deiner Arbeit?

So bin ich immer an mein Leben herangegangen. Jetzt, nach der Krankheit, bin ich noch überzeugter, dass es das ist, worum es in unserer Existenz geht. Als wir eines Tages eine Folge von „The Voice of Poland" drehten, kam einer der Teilnehmer zu mir. Er wollte verstehen, wie mein Zustand nach dem Krankenhausaufenthalt war, wie die Krankheit mich verändert hatte. Ich sagte ihm, dass ich jeden kreativen Moment, in dem ich mich befand, als Erfüllung ansah. Morgen werde ich vielleicht nicht mehr hier sein, aber ich weiß, dass ich etwas hinterlassen werde. Ich säe und beobachte meine Aussaat. Mein Fortgehen wird nichts ändern, denn alles, was ich gesät habe, wird weiterwachsen.

Das hört sich ein wenig hochtrabend an.

Meine Alben werden weiterexistieren, wenn mein Körper stirbt. Ich habe diesen Videodreh vor Augen, mit Malta als Hauptdarsteller. Seth, unser Gitarrist, filmte ihn auf einer der Partys, während ich in einem anderen Zimmer schlief. Aber die Jungs tranken weiter. Malta ist komplett anders, wenn er betrunken ist. Manchmal habe ich sogar etwas Angst vor ihm. In dem Film steht er mitten im Zimmer, er sieht aus wie ein Verrückter und schreit: „*We're creating hiiistooorvyy!*"

Das war tatsächlich etwas hochtrabend, aber da ist zweifelsohne etwas dran. Unser Kreuzzug, diese ewigwährende Reise mit der Band, da geht es nicht nur um mehr Geld in unseren Taschen. Es geht darum, etwas zu erschaffen, das größer ist als wir selbst; etwas, das uns überdauern wird. Wir verändern die Welt ein klein wenig.

VI

EIN TRAUM VON WARSCHAU

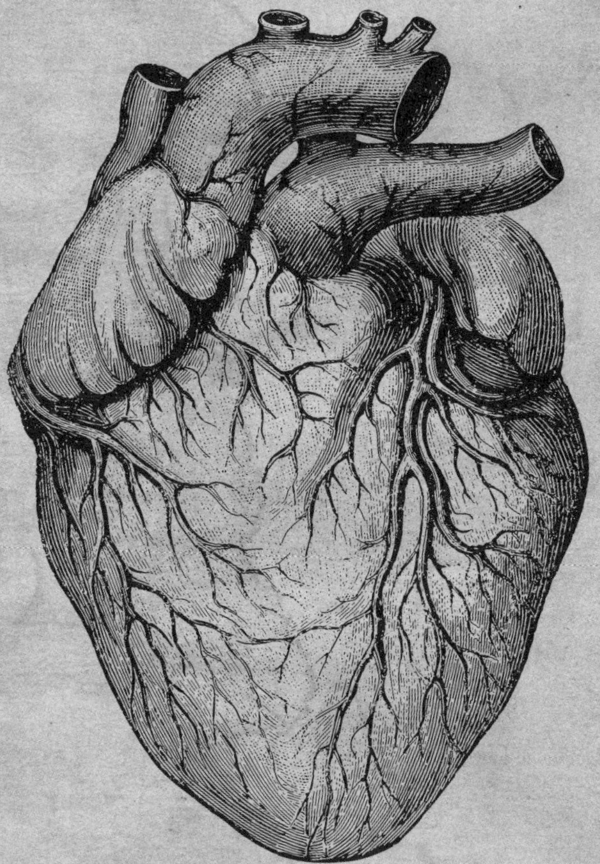

Lass uns über Dorota sprechen.

Das ist ein schwieriges Thema. Und ein kompliziertes.

Wie habt ihr zwei euch kennengelernt? Hast du sie abgeschleppt, oder sie dich?

So einfach ist das nicht. Das polnische Showbusiness ist eine kleine Welt. Jeder kennt jeden. Auf einmal bekam ich mit, dass Doda dauernd fragte, wer dieser Typ Nergal sei.

Woher wusste sie, dass es überhaupt einen Nergal gab?

Sie hat mich in der Talkshow von Kuba Wojewódzki gesehen. Das hat sie mir später verraten. Angeblich war sie von dem, was ich sagte, beeindruckt und hat sich an mich erinnert.

Wusstest du wenigstens, wer sie war?

Für mich war sie nur eins der Mädels aus diesen bunten Zeitschriften, aber nicht im negativen Zusammenhang. Möglicherweise war ich ein bisschen fasziniert von ihr. Ich kann nicht sagen, dass ich ihre Karriere verfolgt hätte, aber ich habe aus der Ferne ihre Entwicklung beobachtet.

Hast du sie nicht ein bisschen ausgelacht?

Vielleicht ein wenig. Aber selbst wenn, war es spaßig gemeint.

„Von Weitem betrachtet, hat Polen das Gesicht von Doda und den Kaczynski-Brüdern."

Das sind meine Worte. Ich habe das in einem Interview gesagt. Vor Jahren.

Ja, als du polnische Musik kritisiert hast.

Das stimmt. Aber vergiss nicht, dass ich mit Journalisten sprach, lange bevor ich Doda überhaupt getroffen habe. Ihr Image auf der Bühne und ihre Songs waren zu der Zeit etwas...

unausgegoren. Sie hat eine große Wandlung durchlaufen, und dessen war sie sich bewusst.

Seien wir mal ehrlich: Wenn ich Bilder von mir von vor ein paar Jahren ansehe, muss ich auch grinsen.

Was hast du gedacht, als du erfahren hast, dass dich dieses Zeitschriften-Girl kontaktieren möchte?

Ich fühlte zwei Dinge: Überraschung und auch Neugierde. Ein paar Tage zuvor hatte ich ein langes Interview mit Doda für das *Pani*-Magazin gelesen. Dieses Interview und auch das dazugehörende schöne und sinnliche Fotoshooting befeuerten meine Neugier. Allerdings war mein Kopf nicht komplett voll davon.

Und später?

Sie ließ einfach nicht locker. Wir waren mit der Band bei der Musikmesse in Frankfurt. Das ist die größte Musikmesse in Europa. Ich war gerade auf irgendeiner fiesen Party, als mich jemand anrief, ein befreundeter Journalist von MTV. Der erzählte mir, er habe Doda getroffen, und sie würde fortwährend nach meiner Nummer fragen. „Wenn dir das so wichtig ist, werde ich dich zuerst anrufen“, dachte ich. So bekam ich ihre Nummer und schrieb ihr eine Nachricht. Sie schrieb zurück, und der Rest ist Geschichte.

Das erste Mal haben wir uns in Danzig getroffen. Behemoth waren zu der Zeit gerade dabei, *Evangelion* fertigzustellen. Dorota war aus einer für mich ganz fremden Welt, aber gerade das machte ein Treffen noch reizvoller für mich. Wir verabredeten uns für abends so gegen zehn, und ich fuhr sie morgens um sechs in ihr Hotel zurück. Wir vereinbarten, uns am nächsten Tag zum Abendessen in der Przystan-Bar in Zoppot zu treffen. Ich habe vielleicht sechs Stunden geschlafen, das Telefonklingeln weckte mich. Ich ging ran und Dorota sagte: „Also, wie sieht's mit dem Fisch aus?" Sie war wirklich entwaffnend.

Also stimmte die Chemie bereits?

Die Chemie stimmte, und es gab mehrere Dates; in London, wo wir unser Album mischten, und in Warschau. Und ich glaube, dass da alles begann. Zum ersten Mal in meinem Leben sah ich diese seltsamen Kreaturen mit den Kameras herumrennen. Paparazzi. Davor lebte ich in einem Kokon. Ich existierte in einer Nische des Metal und war mir solcher Leute überhaupt nicht bewusst. Ich wusste zwar, dass es die Boulevardmedien gab, aber ich habe nie gewagt, einen Blick in diese Welt zu werfen. Zudem hatte ich gar kein Bedürfnis danach. Ich hatte keine Ahnung, dass es diese vollkommen andere Welt des Internetjournalismus aus der Gosse gab.

Es war ein Schock. Ich war bei einem Date mit einer Frau, und jetzt waren da Leute mit Kameras, die heimlich Bilder von uns machten. Ich habe Dorota nie unterstellt, dass sie uns an die Paparazzi verkauft. Aber Zweifel gibt es immer. Jetzt kann ich aus Erfahrung sagen, dass es geht, wenn man es wirklich will. Aber warum sollte ich jetzt spekulieren? Es spielt keine Rolle mehr.

Wie hast du dich als neuer Bewohner dieser Welt des Klatschs gefühlt?

Ich wusste sicherlich nicht, dass das alles in solch einem Sturm enden würde. Mir war klar, dass die Bilder von uns machen und irgendwo veröffentlichen würden. Aber ich habe nie gedacht, dass das ganze Land da so eine riesige Geschichte draus machen würde. Was tatsächlich passiert ist, war viel zu viel für mich. Ich rief ein paar Freunde und die Jungs von der Band an und warnte sie, dass gewisse Geschichten in der Presse und in anderen Medien auftauchen könnten, die sie möglicherweise überraschen würden.

Wussten sie schon von deinen Treffen mit Doda? Wie haben sie reagiert?

Im Allgemeinen habe ich nicht das Bedürfnis, meine Freunde um Erlaubnis zu fragen, wenn ich mit einem Mädel ausgehen will. Die kürzeste Unterhaltung hatte ich mit Pazdzioch, unserem zweiten Gitarristen. Er sagte nur: „Schwachsinn, das glaube ich dir nicht" und legte auf. Ich zuckte mit den Achseln und telefonierte weiter. Orion war einen Augenblick lang sprachlos, dann sagte er nur ein schönes, altes, polnisches Wort: *kurwa*.

Schließlich rief ich Zbysek an. Er hörte mir zu, ohne mich zu unterbrechen. Als ich fertig war, sagte er: „Verdammt geil, Mann, tolle Sache!" Ich habe bei ihnen überhaupt keine negativen Emotionen gespürt. Sie fanden es nicht schockierend, dass von mir Bilder in Hochglanzmagazinen auftauchten; den Umstand, dass ich Dates mit Doda hatte, allerdings schon.

Hattest du den Eindruck, dass dich am nächsten Tag jeder anstarrte?

Nein. Ich war es gewohnt, dass Leute mich auf der Straße erkannten, weil ich ein Live-Künstler bin. Der Kontext war anders, aber die Regeln waren dieselben.

Deine Bilder waren überall.

So ist das Leben.

Wie viele Fotos waren gestellt?

Keins. Ich bin nie so tief gesunken, um Fotos zu stellen. Ich habe gehört, dass das bei diversen Stars und Sternchen durchaus beliebt ist, aber ich finde es abstoßend. Ich suche keinen

Ruhm um jeden Preis. Paparazzi, Stalker, unverschämte Fans, Boulevardblätter… das sind die Steuern, die man bezahlt, weil man berühmt ist. Und ich konnte es mir leisten.

Gab es bei den Partys keine inszenierten Bilder?

Das ist eine andere Geschichte. Selbstvermarktung und fotografieren ist Teil solcher Veranstaltungen. Wenn sie es in dieser Situation unbedingt müssen, lässt man sie knipsen. Bei anderen Situationen rannten wir immer davon. Ich habe den Eindruck, dass sich dieses Milieu entwickelt, und zwar nicht unbedingt zum Guten. Ganz zu Anfang, als ich von all dem noch keine Ahnung hatte, habe ich mich mit einigen Paparazzi getroffen. Das waren ganz normale Typen, und wir haben sogar ein paar Worte gewechselt. Aber in ihrer Gegenwart habe ich mich nie wohlgefühlt. Wenn man sich schließlich für einen Beruf entscheidet, bei dem man andere Leute stalkt, muss etwas Krankhaftes in einem sein. Ein normaler Mensch wird kein Paparazzo, und auch kein Hundefänger.

Oder Black-Metal-Musiker.

Genau.

Wie hat dieser krankhafte Black-Metal-Typ mit den krankhaften Paparazzi interagiert?

Einer von denen wirkte ganz normal. Er sagte Hallo und fragte nach meiner Gesundheit, als ich das Haus verließ, um Toilettenpapier und Gurken zu kaufen. Er war auch nicht unhöflich. Er hat versucht, ein Mindestmaß an Anstand zu wahren.

Eines Tages kam ich mit Doda aus einer Bar, und da wartete er. Wir waren zu Fuß, ohne Auto, und ohne die Chance, wegzulaufen. Er hat Fotos von uns gemacht, war aber so freundlich, uns mitzunehmen. Er fuhr uns bis nach Hause, und es stellte sich heraus, dass er ein alter Metalfan war. Er zeigte auf mich und meinte zu Doda: „Weib, wusstet du, dass der da mit Slayer getourt ist?", und sie fragte: „Was ist Slayer?"

Das war demnach nicht gestellt?

Nein. Das war ein Ausrutscher. Diese Leute haben sich aufs Schlimmste verändert. Je mehr wir versuchten, ihnen auszuweichen, desto mehr versuchten sie, Fotos von uns zu machen. Zunächst war es einfach, zu entkommen, weil die meisten von denen alte Schrottkarren fuhren. Wenn uns einer nicht erwischen konnte, kam ein anderer, zum Beispiel in einem schwarzen BMW. Die sahen aus wie von der Mafia. Sie griffen immer als Gruppe an, nie alleine, immer zu dritt oder zu viert. Einer stieg mit der Kamera aus dem Auto, während der andere in der Nähe wartete. Sie warteten drauf, dass ich als Erster angriff, oder darauf, dass Doda und ich in eine andere Richtung gingen. Zwei weitere warteten in dem Auto für den Fall, dass wir zu fliehen versuchten.

Gehörten die zu irgendwelchen bestimmten Nachrichtenagenturen?

Kann sein. Aber ich habe den Eindruck, dass die meisten von denen unabhängig arbeiten und sich an unterschiedliche Regeln halten. Allerdings haben sie einen gemeinsamen Boss: das Geld. Man macht ein Foto und verkauft es an den, der am meisten bezahlt.

Du hattest ein ruhiges Leben, warst in deiner Nische weltweit respektiert und konntest dir Essen leisten. Wozu hast du dann all das gebraucht?

Ich habe nicht darum gebeten. Ich wollte nur eine Frau daten. Das ist alles. Ich hatte keine Ahnung, dass ich direkt in ein Wespennest stach.

Und hättest du diesen Schritt trotzdem gemacht, wenn du es gewusst *hättest*?

Cronos von Venom, eins der Vorbilder aus meiner Kindheit, wurde mal gefragt, ob er irgendwas in seinem Leben ändern würde. Und er antwortete mit der ihm eigenen Feinsinnigkeit: „No fucking way." Es ist riskant, Ziegelsteine von einem Gebäude zu entfernen, weil mein keine Garantie hat, dass es nicht auseinanderfällt. Und ebenso wenig kann man nie sicher sein, dass eine kleine Veränderung oder eine andere Entscheidung in einer bestimmten Situation nicht dafür sorgt, dass man mit einer alten, fetten Frau und verzogenen Bälgern dahockt, statt ein Interview zu geben.

Natürlich hat Cronos das etwas anders gemeint, aber das war der Kernpunkt. Und ich denke ähnlich. Das ist meine Natur. Ich schätze die fiesen Momente im Leben, in die ich manchmal verwickelt werde. Meine Krankheit, zum Beispiel. Einmal haben einige meiner Freunde und Kollegen gesagt, dass meine Erkrankung das Ergebnis meines Verhaltens in früheren Jahren war. Meine recht stürmische Beziehung, die ganze mediale Hexenjagd, der Umzug nach Warschau, neue Menschen... all dies verursachte eine Menge Stress. Mein Körper konnte damit nicht umgehen, und das wurde durch den Krebs sichtbar.

Ich habe das nicht kommentiert, und das werde ich jetzt auch nicht tun.

Warum bist du nach Warschau gezogen?

Ich wollte der Person nahe sein, die ich liebte.

Eine deiner früheren Freundinnen, Zuza, lebte auch in Warschau, nicht wahr?

Die Situation und die Umstände waren anders. Da war ich noch nicht für einen solchen Schritt bereit. Außerdem kam

Zuza gerne nach Danzig. Ich sah Warschau eher als den Ort an, von dem aus ich in die Welt reisen und ab und zu Party machen konnte. Ein Tag in Warschau hat mehr zu bieten als ein Monat in Danzig. Aber damals mochte ich den irgendwie provinziellen Charakter von Danzig. Er erlaubte mir, mich auszuruhen und zu regenerieren. Wohnen am Strand, tägliche Übungen an der Meeresküste – es war schwer, dem Lebewohl zu sagen.

Anderthalb Jahre vergehen, du lernst eine neue Frau kennen, und dann haust du geradewegs aus dieser Idylle ab. Warum?

Dorota tauchte in dem Moment meines Lebens auf, als die Routine und Disziplin anfingen mich aufzureiben. Ich fühlte mich in Danzig ein bisschen wie ein Roboter. Ich bin von Natur aus eine ruhelose Seele. Ich kann mir nicht eine Straße aussuchen und auf der dann mein Leben lang fahren. Mein Leben braucht seine eigene Dynamik. Manchmal brauche ich Stabilität, manchmal muss ich freien Lauf haben. Das ist mein natürlicher Kreislauf. Eine neue Beziehung war ein Impuls zur Veränderung. Ich packte meinen wichtigsten Kram zusammen, Klamotten, ein paar Platten, eine Gitarre. Dann setzte ich mich ins Auto und fuhr nach Warschau. Ich ließ meine Freunde, meine Familie und mein Haus zurück. Praktisch alles.

Hast du Dorota den Umzug vorgeschlagen?

Ich habe ihr meine Gefühle offenbart und gesagt, dass ich gerne mit ihr zusammenleben möchte. Natürlich hatten wir da vorher schon drüber gesprochen, aber ohne einen bestimmten Plan im Sinn zu haben. Ich wartete auf ein deutliches Signal von ihr. Also riskierte ich aus eigenem Antrieb alles. Und sie sagte Ja.

Wie hat die Band reagiert?

Mit seinem typischen Fatalismus hat Inferno eine Apokalypse prophezeit. Ich versuchte, ihn zu beruhigen. Ich sagte ihm, dass das nicht die andere Seite der Erde sei und ich mich jederzeit ins Auto setzen und innerhalb von vier Stunden in Danzig sein könne. Ich erinnerte ihn daran, dass es Bands gab, bei denen der Sänger in den Staaten und der Gitarrist in England lebt und sie es trotzdem hinkriegen. Und ich hatte Recht. Nachdem ich umgezogen war, funktionierte es so wie vorher, vielleicht sogar noch besser.

War es für die Jungs nicht frustrierend, dass dein Name fast über Nacht in Polen allgemein bekannt wurde?

Ich war immer an vorderster Front, und sie waren immer eher im Hintergrund. Weißt du, das ist wie bei AC/DC. Malcolm Young war immer eifersüchtig auf seinen Bruder Angus, weil der Jüngere dauernd im Rampenlicht steht. Ich denke aber nicht, dass zwischen uns so viel Rivalität herrscht. Außerdem weiß jeder von uns, wo sein Platz ist. So sind unsere Charaktere nun mal. Dass Zbyszek sich nach vorne vor die Kameras drängelt, ist das Letzte, was ich mir vorstellen kann.

Und was haben sie von Dorota gehalten?

Ich glaube, sie haben nur eine attraktive Frau gesehen, die ich gedatet habe. Selbst wenn ihnen an ihr etwas nicht gepasst hätte, hätten sie mir das nie gesagt. Aber bis heute komme ich mir wegen einer Sache richtig doof vor. Direkt nachdem ich angefangen hatte, mich mit Dorota zu treffen, gingen Behemoth auf eine achtwöchige US-Tour. Unsere Beziehung war frisch und ich arbeitete noch daran, also verbrachte ich viel Zeit am Telefon. Wir kannten uns noch nicht so gut, also stritten wir uns oft. Da war eine ganze Menge Stress und Frustration dabei. Ich war angespannt und nervös. In so einem Zustand ging ich auf die Bühne und ließ bei den Jungs Dampf ab. Die ganze Band musste sich von mir fernhalten. Das war nicht schön; weder für die Burschen, noch für mich.

Was war mit deinen Fans? Hat es denen nichts ausgemacht, dass ihr Idol mit einem Pop-Sternchen ausging?

Pass auf, was du sagst! Dorota war ein Star, kein Sternchen. Ich lebe nach einer alten Maxime, die ich vor langer Zeit gehört habe: „Wenn du stehlen willst, stiehl Millionen. Wenn du lieben willst, liebe die Königinnen!"

Die Reaktionen meiner Freunde waren unterschiedlich, aber ich habe keine offene Anfeindung erlebt. Nur Witze. Es gab da eine besondere E-Mail von einem Typen, der meinte, er würde all unsere Alben verbrennen, wenn er mich mit Dorota auf einem Magazincover sehen würde.

Die Metalwelt ist ziemlich rigide und in mancherlei Hinsicht konservativ. Aber wenn sie akzeptieren konnten, dass der Metalgott Rob Halford schwul ist, warum sollten sie sich dann um mich Sorgen machen?

Im Internet gab es auch verschiedene Kommentare, korrekt?

Richtig, verschiedene. Einige Leute haben das kritisiert. Andere meinten, sie wären einen Monat lang entzückt gewesen, wenn Motörheads Lemmy Britney Spears genagelt hätte. Mal ernsthaft: Ich werde wegen dieser Art von Kritik keine schlaflosen Nächte haben. Die meisten Behemoth-Fans sind schlaue Leute. Es interessiert sie nicht, mit wem ich ausgehe oder in welchen Zeitschriften meine Fotos abgedruckt werden.

Aber es gibt Leute, die behaupten, das Cover eines Klatschheftchens sei nicht der richtige Platz für einen ernsthaften Musiker.

Ich werde mich von niemandem als Geisel nehmen lassen. Das gilt nicht nur für mein Leben, sondern auch für die Musik. Wenn ich etwas neu erschaffe, frage ich mich nicht, was die

Leute erwarten. Würde ich das tun, käme ich mir wie eine Hure vor, nicht wie ein Musiker. So viel ist sicher.

Du bist nicht der Erste, der die Black-Metal-Höhle verlässt.

Freut mich, dass du's bemerkt hast.

Satyricon eröffnen die Ski-Weltmeisterschaften. Gaahl, der Ex-Frontmann von Gorgoroth, ist Stammgast bei Modenschauen...

Ja, denn Black Metal bedeutet vor allen Dingen Individualismus und fördert zudem die Befreiung von Beschränkungen.

Auch finanzielle Einschränkungen? Das setzt einen hohen sozialen Status sicherlich vor deine grundlegenden Ideale?

Diesen ganzen Bullshit über Ideale spüle ich im Scheißhaus runter. Schau nur mal die menschliche Evolution an. Wir lebten in Höhlen, die verließen wir dann. Wir sind durch den Wald gegangen, um ans Meer zu kommen. Wir wollten erforschen, was jenseits des Wassers lag, also bauten wir Schiffe. Alles war der Ausbreitung untergeordnet, denn die durch Neugier angetriebene Expansion ist tief in unserer Natur verwurzelt. Wir wollten immer weiter und weiter gehen, und mein Leben ist ein Spiegelbild dieser Evolution. Genau wie meine Musik. Sie beruht auf Kreuzung, Überschreitung und konstanter Entwicklung. Warum sollte sich die Eroberung in Prostitution wandeln?

Womöglich ist die *Richtung* der Eroberung falsch?

Behemoth sind eine extreme Band und werden das immer sein. Aber warum können wir keine Aufnahmen mit den besten Fotografen machen? Mit Leuten, die normalerweise mit Mode zu tun haben. Warum können wir uns nicht ein Video von Patric Ullaeu drehen lassen, der Clips für Madonna oder Lady

Gaga macht? Warum sollte dieses Buch nicht in jedem Laden für die breite Masse erhältlich sein?

Wirst du sauer, wenn die Leute deswegen auf dir herumhacken?

Ein bisschen. Aber das treibt mich nur voran. Ich zitiere Russell weiter: „Jede große Idee tritt an als Blasphemie." Wenn es Widerstand gibt, bedeutet das, dass die Richtung stimmt. Ich möchte das teilen, was ich mache, also teile ich. Ich bin neugierig auf die Welt und möchte sie in mir aufnehmen. Ich habe keine Angst vor ihr. Ich betrachte alles wie ein kleiner Junge, mit weit geöffneten Augen. Manchmal bin ich erstaunt, manchmal kratze ich mich am Kopf. Ich gerate aber auch in peinliche Situationen. Manchmal handele ich und denke erst *danach*. Manchmal verbrenne ich mich, und manchmal mache ich eine verblüffende Erfahrung. Wie Lemmy sagt: „Pleasure is to play, it makes no difference what you say." Was zählt, ist allein schon der Prozess der Erfahrung der Welt.

Man kann vielerlei erfahren.

Das ist nicht wichtig, denn das Erfahren ist weder gut noch schlecht. Manchmal bringt es Gelächter, manchmal Tränen, manchmal Krankheit, manchmal Geld.

Richtig, Geld...

Mein Leben dreht sich nicht um die nächste Einzahlung auf meinem Bankkonto, sondern um die alltägliche Menge an Erfahrungen. *Die* machen mich reich. Ich bin 36 Jahre alt, und ich denke, dass ich ziemlich viel erfahren habe. Die Welt bietet aber immer etwas, sie ist endlos.

Natürlich ist alles relativ. Geld ist Energie. Ich mag Geld, und ich habe gerne Geld. Ich weiß, wie man es verdient, aber es ist nie mein einziges Ziel. Im Zusammenhang mit der ganzen medialen Verwirrung um mein Treffen mit Dorota ist das Geldthema nicht auf Fakten gestützt. Damals wie heute war und ist die Band meine Haupteinnahmequelle. Andere Länder, aber ich muss nicht andere Sitten annehmen, und ich muss nicht herumprahlen. Wenn mir solche Sachen wirklich wichtig wären, würde ich keinen Honda fahren.

Hat Dorota dich deswegen nicht spöttisch belächelt?

Hat sie, hat sie! Sie hielt es für peinlich, mit einem Honda zu fahren.

Ein wahrer Streitwagen des Teufels in glänzendem Schwarz!

Ich habe nicht kapiert, was sie wollte. Ein Auto, das über 50.000 Dollar wert war? Ich verstehe, dass jemandem etwas passt oder nicht passt. Aber ich denke nicht, dass das irgendwas mit dem Geldbetrag zu tun hat, den man dafür ausgegeben hat. Von dieser Haltung war ich ziemlich angepisst.

Bist du vor den Paparazzi in dem Honda geflohen?

Wir sind mal bei ziemlich starkem Verkehr durch Zoppot gefahren. Auf einmal bemerkten wir einen sportlichen BMW hinter uns. Das waren wieder diese Burschen aus Warschau, die wie die Mafia aussahen. Die kamen nach Zoppot, um Bilder von uns zu machen. Der Fahrer war ein hässlicher, fetter Kerl mit einem besonders boshaften Gesicht. Im Prinzip war ihr Auto ein Gepard und meins ein Esel. Da fing Dorota an, mich zu verspotten. „Willst du sie mit dieser Schrottkarre abhängen? Guck mal, was die fahren."

Ich blieb cool, aber innerlich kochte ich vor Wut. Würde man diese Szene in einem Comic zeichnen, wäre über meinem Kopf so eine kleine Wolke mit Totenschädeln, Granaten, Bomben und Gewehren. Also vollführte ich ein paar halsbrecherische

Manöver, begleitet von Dorotas Gekreische. „*Kurwa!* Was zur Hölle macht du da?“

Ich schaffte es, ein paar Autos zu überholen und in eine kleine Gasse abzubiegen. Dann fuhr ich über eine rote Ampel und verkehrt herum in eine Einbahnstraße. Das alles dauerte ungefähr eine Minute, aber am wichtigsten war, dass der BMW weg war. Ich merkte, dass man sogar in einem Skoda vor einem Haufen Wichser abhauen konnte. Wenn man Eier hat, kann man eine Weltreise auch auf einem Esel machen.

Und auf diesem Esel bist du nach Warschau?

Es war ein Zoo, eine fremde Welt. Aber mir gefiel dieser Dschungel. Warschau hat viel zu bieten. Man spürt, dass das eine richtige Metropole ist, die ganz ungeniert Berlin, Moskau oder Prag die Hand reichen kann. Ich bin ein Stadtmensch, also hielt sie mich in Bewegung, wenigstens am Anfang.

Hast du nicht die Meeresluft vermisst?

Ich musste vieles ganz von neuem beginnen. Es gab keine fertigen Wege für mich. Ich habe auf dem Mokotów-Feld angefangen zu trainieren. Ich wollte einen Ersatz für die abgeschlossene Welt haben, die ich in Danzig errichtet hatte.

Ich verstand, wie wichtig der Rhythmus des Lebens für mich war. Ich musste ihn wiederaufbauen, vielleicht sogar ganz neu erschaffen.

Hast du deine Freunde vermisst?

Sehr sogar. Anfangs war mein soziales Leben eher beschränkt. Ich lebte auf dem Planeten Doda. Um mich herum war Dodas Entourage, die aus verschiedenen Leuten bestand. Mit den meisten fand ich jedoch zu einer gemeinsamen Sprache. Ich traf eine Menge wertvoller Menschen. Es war frisch, aber...

Sie war immer im Mittelpunkt?

Ja, *alles* drehte sich um sie. Ich habe meine Position in unserer Beziehung nicht abgesteckt. Heute glaube ich, dass das ein Fehler war.

Dorota geht sehr aus sich heraus, genau wie ich. Manchmal kann sie in ihrer Ausdehnung sehr aggressiv und besitzergreifend sein. Sagen wir einfach, dass sie ihre Welt verteidigt. Ich habe anderthalb Jahre bei ihr gewohnt, und nicht ein Mal – ich wiederhole: nicht ein einziges Mal – habe ich in ihrer Gegenwart ein Album aus meiner Sammlung angehört. Ich habe meine Musik im Auto gehört und mit Kopfhörern, wenn ich trainieren war. Dann war ich wieder zurück auf dem Planeten Satan.

Ich schätze, dass ich irgendwo tief in mir gespürt habe, dass Dorota meine Welt niemals verstehen würde. Ich glaube auch nicht, dass sie es allzu sehr versucht hat.

Hatte sie wenigstens Interesse daran?

Sie hat kaum etwas über mein Leben gefragt. Ich war derjenige, der Fragen stellte. Ich wollte ihre Wirklichkeit verstehen.

Und wie ist sie so im Alltag?

Ich denke, dass sie ziemlich pragmatisch ist. Sie mag Späße, über sich und andere. Sie analysiert nicht besonders viel. Aber hör mal, ich möchte nicht in aller Öffentlichkeit ihre Persönlichkeit vivisezieren. Sagen wir einfach, ich hatte gehofft, dass bestimmte Dinge letztendlich verstanden werden.

Die Liebe ist eine Sache, aber die Konsequenzen aus eurer Beziehung waren überall sichtbar. Du wurdest zu einer Berühmtheit.

Diese Welt war mir fremd. Sicher, ich tauchte bei einigen Partys auf, bewahrte aber immer Distanz. Leute von den

Hochglanzmagazinen zogen mich nicht an. Ich war nicht aktiv. Die Kleidung, die ich trug, wechselte ich nicht aus. Ich versuchte nicht, dort hineinzupassen. Ich grinste nicht alle an, und ich hatte kein strahlendes Lächeln im Gesicht fixiert.

Und wie haben andere Berühmtheiten auf dich reagiert?

Ich fühlte mich nicht ausgeschlossen oder irgendwo an den Rand gedrängt, falls du das meinst. Diese Leute stellen sich im Allgemeinen als nett und freundlich heraus. Ich weiß nicht, wie tief das ging, aber sie fanden mich wohl interessant. Aber zweifelsohne war ich wie ein Meteorit, der mitten in ihr kleines Dorf gefallen ist.

Oder wie ein Wilder am königlichen Hof?

Nein, auf mich wurde überhaupt nicht herabgeblickt. Rinke Rooyens, der Chef der Rochstar Produktionsfirma, kam während einer der Partys zu mir. Er stellte sich vor, und wir unterhielten uns. Er war von der Art Mensch, die überhaupt keine Vorurteile haben. Er war sehr empathisch und kommunikativ. Nach ein paar Jahren schafften wir es nicht nur, ein Fernsehprogramm zu machen, sondern wir wurden echte Freunde. Am nächsten Tag kam der TV-Moderator Krzysztof Ibisz zu mir und stellte sich ebenfalls vor. Es gab auch andere. Es war alles sehr positiv.

Und du wolltest ihnen nicht das aufgesetzte Grinsen aus der Visage polieren?

So gehe ich nicht mit Menschen um. Wenn jemand freundlich zu mir ist, versuche ich, ihm auf gleiche Weise zu begegnen. Diese ganze Welt aus Berühmtheiten war für mich wirklich keine große Sache. Wir gaben unser Bestes mit der Band und spielten eine Tour nach der anderen. Da waren meine Leute und meine Umgebung. Ich kam nicht wegen der Partys nach Warschau zurück, sondern für meine Frau.

Fühltest du dich eher wie „Dodas Freund“ oder wie der Kopf der berühmtesten Metalband Polens?

Es ist ein Klischee, dass Metal eine Nische sei und nur die Auserwählten davon hören würden. Diese Leute kannten mich, bevor ich anfing, mich mit Dorota zu treffen. Ich traf Kuba Wojewódzki, Czeslaw Mozil und Maciej Malelczuk lange bevor mein Gesicht in der Klatschpresse auftauchte. Sie kannten mich als Nergal, nicht als Dodas Freund.

Behemoth werden nicht im Radio gespielt, aber die Zahl unserer verkauften Alben war nur schwer zu ignorieren. Immerhin sind Behemoth die erste und einzige polnische Band, die es zweimal in die amerikanischen *Billboard*-Charts schaffte. Wir haben Preise gewonnen, und *Evangelion* war drei Wochen lang an der Spitze der polnischen Charts. Sogar die Danziger Behörden haben mir einen Preis verliehen, den „Young Culture Creator“-Preis.

Kamen Leute wie die bekannte Gesangslehrerin Ela Zapendowska und sagten: „Herr Darski, Ihre letzte Platte ist fantastisch. Aber im vierten Song, so bei Sekunde 14, scheinen Sie sich mit dem hohen Fis etwas schwerzutun.“ Ist es so gelaufen?

Ich weiß nicht, ob diesen Leuten unsere Musik gefiel. Und, um ehrlich zu sein, es war mir auch egal. Ich habe keine Komplexe. Die wussten, wer ich war, und es war schwer für sie, den musikalischen Status meiner Band zu untergraben.

Alle sind nett, freundlich, und lächeln. Versuchst du uns zu erzählen, dass diese Welt so aussah?

Sie hat auch ihre dunklen Seiten. Von außen betrachtet war sie sehr protzig und aufgesetzt.

Was war unter der Fassade?

Nichts. Das ist der springende Punkt. Ich habe mal ein tolles Essay des Soziologen Zygmunt Bauman gelesen. Es ging um die heutigen Formen der Kommunikation, die er „tweeten" nannte und die keinen Platz für echte Beziehungen ließen. Und genauso sah diese Welt aus: Sie war oberflächlich. Ich lebte unter dem Diktum der Medien, die sie beschrieben. Klatsch, Verleumdungen, kleine Gefechte, heimliche Fotos... all das stand im Vordergrund.

Dennoch haben die Medien ihre Vorgaben.

Ja, denn das Tempo unser Leben wird schneller. Farbe und Blitzlicht sind das, was jetzt zählt, und es gibt immer weniger und weniger faktische Inhalte. Auf einem Magazincover muss das Wort „VERRAT" in Großbuchstaben schreien, denn normalerweise nimmt ein Foto die ganze Seite ein. Dann, ganz am Ende, stehen kleingedruckt ein paar Worte. Wir kaufen es, weil solche Tricks unsere Aufmerksamkeit erregen, aber das ist wie Fastfood. Wir verschlingen es, aber es ist nutzlos.

Du hast diesen Glamour nicht genossen?

Ich habe mich in diese Analyse zu einem gewissen Teil selbst mit einbezogen. Manchmal verschlinge ich Neuigkeiten, ohne mit der Wimper zu zucken. Ich werde aufgeregt wie ein Kind, aber kurz darauf merke ich, wie oberflächlich das alles ist. Aber ich lerne mit jedem Tag. Ich erkenne das Konzept des „Tweetens" mit jedem Tag mehr. Dieses erstaunliche Verlangen mancher Menschen, ihre Anwesenheit um ihrer selbst willen zu betonen: „Achtung! Hier bin ich! Schaut! Ich habe meine Beine rasiert! Wow! Mir ist die Brust aus dem BH gefallen! Das ist meine Karre! Mein Hund raucht Marihuana!"

Ganz großes Kino! Das ist alles Schwachsinn. Und damit meine ich nicht, dass das *einzig* Nützliche auf der Welt ist, Filme von Bergman oder Fellini zu schauen oder eine Enzyklopädie zu lesen. Auf diesem Weg würden wir auch verrückt werden. Kleine Dinge sind ebenso wichtig. Wir können der Prosa des Lebens nicht entkommen, sondern es geht immer um Balance.

Du bist nicht sonderlich kreativ, wenn du sagst, dass es in den Boulevardmedien keine Balance gäbe.

Auf der ganzen Welt ist die Balance heutzutage heikel. Wir konzentrieren uns auf triviale Begebenheiten, und die werden zu den Determinanten von Qualität. Es gab Augenblicke, in denen ich dieser Illusion auch erlegen bin.

Versteh mich nicht falsch: Die Zeit, die ich mit Dorota verbracht habe, diese anderthalb Jahre in Warschau, ist eine schöne Erinnerung. Ich hatte Spaß und lernte viel, möglicherweise das Meiste, was ich je im Leben gelernt habe. Ich war eine Berühmtheit, ja, aber ich hatte keine Kontrolle darüber. Ich war in der Linse einer Kamera, die mich einfing. Manchmal war es peinlich, manchmal war es einfach witzig. Wenn sie immer noch wollen, dass ich ein Darsteller in diesem Märchen sein soll, dann ist das für mich auch okay. Aber an einem Punkt habe ich begriffen, dass ich eine tickende Zeitbombe sein könnte. Oder ein Fremdkörper, der die scheinbare Harmonie dieser gigantischen Realityshow verdirbt.

Gleichwohl besuchst du die „Business“-Partys immer noch, und du lächelst in die Kameras.

Wie Roman Kostrzewski von Kat mal sagte: „I'm a funny devil, so I laugh.“

VII

DIES IST MEIN KÖRPER UND DIES IST MEIN KNOCHENMARK

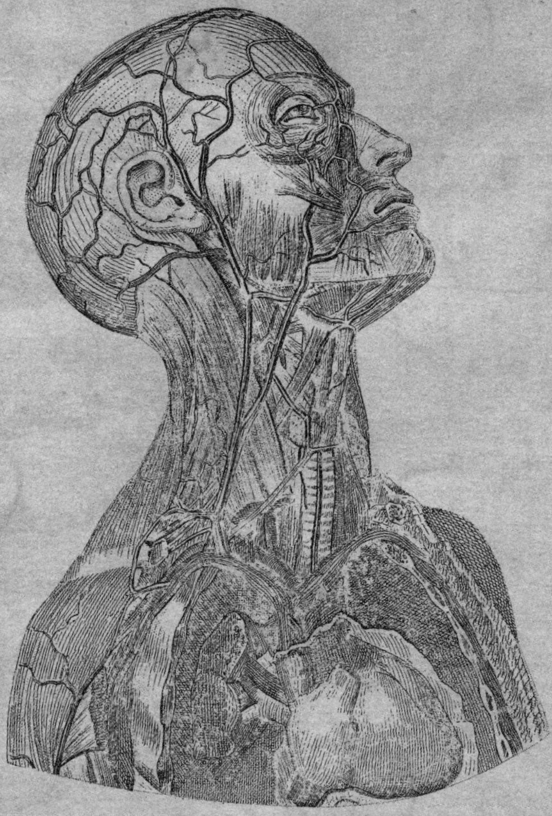

Ist dir dein Körper wichtig?

Sehr wichtig, ja.

Gibst du auf ihn acht?

Das tue ich.

Warum?

Das habe ich instinktiv immer schon getan, aber es ist sicherlich kein Wesenszug meiner Familie.

Aber hat nicht dein Bruder viel trainiert?

Mit achtzehn war er aufgepumpt. So würde ich das nennen. Er nahm irgendeine Chemiescheiße und bekam im Nullkommanichts eine ziemlich beeindruckende Muskulatur. Aber ich glaube weder, dass ich daher die Motivation habe, noch dass es darum gehen sollte.

Also woher hast du deine Vorbilder?

Ich denke, aus Filmen – Bruce Lee. Meine Einstellung zu meinem Körper und meinem Erscheinungsbild ist vielleicht etwas schräg, aber ich bin kein Fanatiker.

Es gibt Menschen, die ihr Leben damit verbringen, dem Ideal eines guten Aussehens und eines perfekten Körpers zu entsprechen: Spezialdiäten, festgelegte Trainingszyklen, Opfer...

So bin nicht ich. Ich weiß, was Mäßigung ist. Das heißt aber nicht, dass ich mich nicht gerne gesund und kräftig fühle und dabei gut aussehe. Ich mag das. Ich mag das sehr. Aber ich überschreite eine bestimmte Linie nicht. Ich kann meine Diät jederzeit abbrechen, wenn mir danach ist. Ich kann mir ein Bier genehmigen und gelegentlich andere alkoholische Getränke, und ich kann feiern gehen.

Wenn du dich gegen deinen Körper versündigst, hast du dann Gewissensbisse?

Das ist viel zu hart ausgedrückt. Es ist eher ein natürlicher Kreislauf. Wenn ich mir ein Training entgehen lasse oder ein bisschen feiere, ziehe ich die Schraube danach wieder an. Dazu muss mich noch nicht mal jemand zwingen. Ich schaue einfach in den Spiegel und sehe, dass ich ein bisschen zugenommen habe. Dann gibt es keine Gnade.

Deine Augen sind so scharf, dass du sogar ein klein wenig überschüssiges Fett erkennst?

Das ist eine Sache des Bewusstseins, nicht des Sehens. Das Fett braucht noch nicht mal da zu sein, aber wenn es in meinem Kopf ist, ist das genug. Ich betrachte die Menschen sowieso holistisch. Man kann den Körper nicht vom Geist trennen. Wenn man sich wie Scheiße fühlt, sieht man wie Scheiße aus. Deswegen beschreibe ich meine Übungen als die goldene Mitte.

Aber gib's zu: Du schaust schon auf dich, oder?

Ich mag mich. Ich bin der Meinung, dass man, wenn man überhaupt lieben möchte, damit zuerst bei sich selbst beginnen muss. Ich treffe oft Menschen, die viel über die Liebe reden und alles, tot oder lebendig, mit ihr überschütten möchten. Und doch können sie ihren Körper und ihre Erscheinung nicht akzeptieren. Da ist etwas falsch, meinst du nicht?

Liebst du deinen Körper bedingungslos?

Ich bin mir seiner Unvollkommenheit bewusst. Obwohl, vielleicht ist „Unvollkommenheit" nicht der richtige Ausdruck. Denn das würde bedeuten, dass es eine Form von Perfektion überhaupt erst mal gibt, und das Konzept existiert nur in unserer Vorstellung. Auf was ich anspiele, sind die Grenzen unserer Körper. Ich kenne sie. Aber ich bin auch entschlossen, sie zu überwinden.

Vielleicht hättest du Sportler werden sollen?

Ich könnte ein Sportler sein. In gewisser Weise bin ich das, aber nicht nur, weil ich laufe und trainiere. Unsere Musik ist nicht nur dem Namen nach extrem. Behemoth-Konzerte sind eine enorme Anstrengung, wie ein Marathon.

Die Leute verbinden Rock 'n' Roll mit was anderem.

Genauso, wie Sport nicht mit Saufen assoziiert werden sollte. Schau dir nur mal den Lebenswandel einiger Fußballer an, um diese Annahme zu widerlegen.

Bei Behemoth zu spielen ist demnach körperlich sehr fordernd?

Ich würde unsere Auftritte mit einem Hürdenlauf vergleichen, aber einem, der über eine Stunde dauert. Und die Gitarre ist auf den Rücken geschnallt. Man kann tatsächlich ein paar Pfund abnehmen. Es ist eine ziemliche Herausforderung, und diese Herausforderung wird mit jedem Mal größer. Und deswegen muss ich auch trainieren. Es gibt bei manchen Menschen die Neigung, dass sie sich umso mehr verhätscheln, je älter sie werden und die Gebrechlichkeit ihres Körpers fühlen. Bei mir ist es das genaue Gegenteil.

Ist die Gesundheit an sich wichtig für dich?

Sehr. Aber wie ich schon sagte, ist der Mensch ein ganzheitliches Konzept. Gesundheit, Psyche und Erscheinung sind alles Teile desselben Puzzles. Ein gesunder Geist gleicht einem gesunden Körper. Das ist vielleicht ein Klischee, aber es ist die Wahrheit.

Warst du als Kind oft beim Arzt?

Ziemlich oft, aber nie wegen etwas Ernstem. Aber ich hatte eine chronische Mandelentzündung und Probleme mit dem Hals, und das verfolgt mich immer noch.

Machst du dir Sorgen, wenn du dich mal nicht wohlfühlst?

Früher habe ich mit weniger Sorgen gemacht. Mit der Zeit ist aber ein kleiner Hypochonder in mir entstanden, und der entwickelt sich andauernd weiter.

Redest du dir selbst ein, dass du krank wärst?

Ich glaube, ich neige dazu, mich auf bestimmte gesundheitliche Probleme zu konzentrieren; selbst, wenn es nichts Gravierendes ist. Eine kleine Infektion, eine Erkältung, irgendeine Allergie, das alles beeinflusst meinen Gemütszustand. Manche Menschen reagieren darauf, indem sie die Schraube noch weiter lockern. Sie gehen einen trinken, lassen sich volllaufen und geben einen Scheiß auf ihre Krankheit. In meinem Fall macht mich jedes gesundheitliche Problem wahnsinnig. Aber vielleicht ist das eine gute Sache. Hätte es diesen kleinen Hypochonder in mir nicht gegeben, würde ich heute vielleicht nicht mit dir hier sitzen und deine Fragen beantworten.

Du glaubst ernsthaft, dass du wegen deiner Fixierung auf die Gesundheit gerettet wurdest?

Manchmal denke ich, dass mich das vor dem Tod gerettet hat. Und manchmal denke ich, dass ich, weil ich mir dessen bewusst war, die ersten Symptome meiner Krankheit übersehen habe. Ich bin mir ebenso sicher, dass mir der Umstand, dass ich mit meiner Gesundheit nicht zu viel Unfug treibe, mir keinerlei Schaden zugefügt hat.

Es gibt Menschen, die mit ihrer Gesundheit gespielt und trotzdem ein ziemlich beeindruckendes Alter erreicht haben.

Jeder hat seine oder ihre Weise. Ich möchte das nicht beurteilen. Es ist offensichtlich, dass es Leute gibt, die selbst noch im Alter auf dem Vulkan tanzen, denen es aber hervorragend geht. Guck dir nur mal Keith Richards von den Rolling Stones an. Wenn man dem glaubt, was er in seiner Autobiographie erzählt, müsste ein normaler Mensch mindestens 20 Leben haben, um das zu überleben, was er mitgemacht hat. Großen Respekt. Er ist ein grandioser Kerl. Aber ich kenne mich, und weiß, dass ich bei seiner Lebensführung schon längst gestorben wäre.

Es ist eine Frage der Achtsamkeit. Ich achte auf meinen Körper und meinen Geist, und ich weiß, wie ich mit ihnen umgehen muss. Meine Bandkollegen haben mich jahrelang verspottet. Dauernd fragten sie: „Wofür zum Teufel brauchst du diesen Joghurt und die Übungen?"

Richtig. Und dann bekamst du Leukämie. „Wofür brauchtest du diesen Joghurt und die Übungen?"

Nun, hier ist ein Beispiel. Als es mich erwischte und ich im Krankenhaus landete, hatten die Ärzte wenigstens ein Stück gesundes und funktionierendes Fleisch, mit dem sie arbeiten konnten, und nicht irgendein abgewracktes Aas. Ich weiß nicht, ob mir das das Leben gerettet hat, aber sicherlich hat es dazu beigetragen.

Könnte ich die Uhr zurückdrehen, würde ich nicht eine Sache ändern. Ich weiß aber, dass Gesundheit ein Glücksspiel ist. Als im Krankenhaus war, lagen da Sportler und Alkoholiker, ein 12-Jähriger und ein 70-Jähriger, so unterschiedlich wie man sich einen Bevölkerungsquerschnitt von Kranken nur denken kann. Wie haben all diese Menschen Blutkrebs bekommen? Keine Ahnung. Die Ärzte konnten nur mit den Achseln zucken. Ich habe nur gehört, dass es eine Art Krankheitswelle bei den 30-Jährigen gibt. Vielleicht sind wir die Tschernobyl-Generation.

Tut dir dieser Mangel an Bewusstsein nicht weh?

Ich erkläre die Dinge immer verstandesmäßig. Ich nehme einfach an, dass mein Leben als Ganzes dazu geführt hat, dass ich ins Krankenhaus kam. Die Luft, die ich atmete, der Stress, der Umzug nach Warschau, die mediale Hexenjagd. Dem gegenüber standen mein Charakter, meine Entschlossenheit und Hartnäckigkeit. All das war wichtig. Es ist wie beim Schmetterlingseffekt. Auf einer tropischen Insel schlägt ein Insekt mit den Flügeln und verursacht auf der anderen Seite des Planeten einen Tornado. Es ist Zeitverschwendung, diesen Kram zu analysieren. Es ist alles einfach passiert.

Und wie hat es angefangen?

Zuerst war es ein Gefühl, eine Art innere Überzeugung, dass etwas nicht stimmte.

Wusstest du von Anfang an, dass es etwas Ernstes war?

Ja und nein. Wenn eine Woche lang mit dir was nicht stimmt – und so war es – und man sich mit jedem Tag schlechter fühlt, gehen im Kopf die Alarmglocken an. Man weiß, dass es keine Erkältung ist, sagen wir mal so. Andererseits versuchte ich, gegen meine Intuition zu kämpfen, wie auch mein Umfeld.

Ich erinnere mich an eine bestimmte Situation. Es war direkt nach einem Konzert in Posen, im Juli oder August 2010. Dorota und ich sind mit unserem Bassisten Orion und seiner Freundin Kasja essen gegangen. Ich erzählte ihnen von meinen Symptomen. Und aus Freundlichkeit, da bin ich sicher, versuchten sie mich zu überzeugen, dass ich überreagierte und mit das nur einbildete.

Kasja versuchte mir zu aufzuzeigen, wie ihre Situation ein paar Jahre zuvor war. Sie war im Krankenhaus und meinte, sie müsse sterben. Die Ärzte untersuchten sie und schickten sie nach Hause. Sie solle aufhören, etwas vorzuspielen, da es Menschen gäbe, die wirklich Hilfe benötigten. Wie sich herausstellte, war das alles stressbezogen. Als sie das hörte, fühlte sie sich gleich besser. Also meinte jeder, mit mir wäre es dasselbe.

Haben sie dich überzeugt?

Ich *wollte* ihnen glauben.

Welche Symptome hattest du? Was passierte mit deinem Körper?

Es fing alles mit einer kleinen Beule an. Heute hört sich das vielleicht blöd an, aber ich bekam ein Horn auf dem Kopf, eine seltsame Schwiele unter der Haut. Ich wusste noch nicht mal, wie das aussah, weil es größtenteils von Haaren bedeckt war. Aber es war hart und stand hervor, als ob jemand einen Knopf oder ein Implantat unter meine Haut gesetzt hätte.

Zuerst dachte ich, es wäre eine Art Zyste oder ein Atherom, irgend so etwas. Ich hoffte, es würde verschwinden. Aber das tat es nicht. Aber noch schlimmer war, dass auf der anderen Seite meines Kopfes noch ein Horn wuchs. Ich dachte immer noch, das wäre lustig, aber dann nahm es an Fahrt auf. Bald hatte ich mehr Schwielen auf der Haut, eine nach der anderen. Sie waren nicht sichtbar, also erzählte ich niemandem davon. Ich hielt es für irgendeine Hautkrankheit. Ich machte mir keine allzu großen Sorgen, denn im Allgemeinen fühlte ich mich noch gut. Also beschloss ich, auf diese Beulen einen Scheiß zu geben und ging auf Europatour. Wir spielten mit Decapitated. Aber dann zeigten sich mehr Symptome: Magenprobleme, andauernder Durchfall... eine dampfende Jauchegrube aus Scheiße in allen Farben des Regenbogens.

Aber so was passiert doch nun mal auf Tour, richtig?

Das ist noch ein Grund, warum ich es ignorierte, jedenfalls am Anfang. Ich hatte noch keinen Zusammenhang hergestellt.

Wann ging der Alarm wirklich los?

Nach drei Wochen wurde ich unruhig. Direkt nach der Tour wollten Dorota und ich nach Griechenland in Urlaub, also war ich in der Verlegenheit, das nicht zu verderben. Wir hatten vorher noch ein Festival in Tschechien zu spielen, das Masters Of Rock. Ich ging zu einem Hautarzt und hoffte, er würde meinen Kopf anschauen, lächeln und mit ein paar Tabletten geben, die mich in einer Woche wieder fit machten. Er gab mit Antibiotika, sagte mir aber auch, dass er so etwas noch nie gesehen hätte.

Hast du die Antibiotika genommen?

Habe ich. Wir fuhren nach Tschechien, und da tauchten neue Symptome auf. Ich stieg in den Bus, mit dem wir fuhren, und fühlte mich sofort schwach. Ich hatte Atemprobleme. Ich dachte wieder, das wäre nur wegen des Stresses und der hohen Temperaturen. So hatte ich mich früher schon gefühlt und war daran gewöhnt. Ich bin sogar mal aus einem Krankenhaus abgehauen, um auf Tour zu gehen.

Das ist einfach schön!

Das war vor ein paar Jahren, ich glaube 2001. Wir hatten es geschafft, zwei große Touren hintereinander zu buchen. Wir waren eine viel kleinere Band als jetzt und hielten das für eine große Herausforderung. Ungefähr eine Woche, bevor der große Spaß anfing, sollten wir zwei zusätzliche Konzerte spielen, in Portugal und Spanien. Es war ein verrückter Trip. Wir waren 35 Stunden im Bus, praktisch ohne anzuhalten. Wir kamen an, spielten eine Show, dann die andere, und fuhren zurück nach Polen. Und da fing alles an.

Du meinst Atemprobleme?

Das auch, aber hauptsächlich Probleme mit meinem Herzen. Es entwickelte ein Eigenleben und schlug unregelmäßig. Ich ignorierte das, aber ein Tag verging, dann noch einer und noch einer.

Ich war schon wieder in Polen und sollte auf eine große Tour gehen, aber die verdammte Sache wurde nicht besser. Am Samstag sollten wir Europa erobern, aber am Freitag brach ich zusammen und landete im Krankenhaus. Sie hängten mich an den Tropf und gaben mir Magnesium...

Also war es Stress?

Schwer zu sagen. Man konnte nur eine vorläufige Diagnose stellen. Die Ärzte sagten, mein Herzschlag wäre unregelmäßig. Es war erdrückend. Aber es ging um mehr als meine Gesundheit, nämlich auch um Verantwortung. In meinem Kopf herrschte Chaos, weil ich wusste, dass ich in der Band unersetzlich war. Die Jungs konnten ohne mich einfach nicht auf Tour gehen.

In der Zwischenzeit wurden sich die Ärzte einig: mindestens drei Tage zur Beobachtung. Dann konnte ich, abhängig von den Ergebnissen, entweder auf Tour gehen oder musste im Krankenhaus bleiben. Naja, ich wurde panisch und sagte die Auftritte ab. Eine Stunde später überlegte ich es mir anders, also rief ich alle noch einmal an. Im Grunde kämpfte ich mit mir selbst.

Und was hat die Band gesagt?

Die meisten machten das, was ich getan hätte. Sie unterstützten mich, erkundigten sich nach meiner Gesundheit und versuchten mir klarzumachen, dass das Absagen der Tour keine große Sache wäre. Sie verstanden und bestärkten mich.

Aber du sagtest „die meisten"...

Unser damaliger Bassist Novy überraschte mich wirklich. Er fragte mich, was ich mir eigentlich dachte, und bezog sich auf eine gewisse Summe an Euro, die er mit der Tour verdienen würde. Das war nicht nett.

Er war noch nicht so lange bei euch.

Nein, aber das war nicht der Grund für meine Entscheidung. Jedenfalls zog ich bestimmte Schlüsse, und ich behielt das im Gedächtnis, was ich behalten musste.

Letztendlich hast du dich aber für seine Variante entschieden. Und du bist, wie du sagtest, aus dem Krankenhaus abgehauen.

Aber es war *meine* Entscheidung. Und die habe ich getroffen, weil der Rest der Band die Situation verstand und nicht drängte. Darum habe ich mich in ihre Lage versetzt, und schließlich siegte meine Dummheit über die Vernunft. Ich erzählte den Ärzten, ich würde zu Hause ein paar Sachen holen und abends wieder da sein. Natürlich bin ich im Krankenhaus nicht mehr aufgetaucht. Ich verschwand und kam nie zurück.

Würdest du dasselbe heute noch mal machen?

Ich weiß es nicht. Später gab es mehr Situationen, in denen ich mich nicht ganz wohlfühlte. Mal war irgendwas mit meiner Wirbelsäule, dann Probleme mit meinem Hals, und dann eine Grippe. Aber ich habe nie einen Auftritt abgesagt. *The show must go on.* Schließlich gibt es in jeder Stadt Ärzte. Ob wir in Krakau oder in Berlin oder auf der anderen Seite des Globus spielten: Ich wusste, dass ich jederzeit zu einem Spezialisten gehen konnte, falls es mir nicht gut ging, ihn bezahlen und er mich wieder aufpäppeln würde.

Musste dich nach deiner Flucht irgendjemand aufpäppeln?

Nein. Ich ließ es zunächst ruhig angehen. Ich trank überhaupt nicht, und nach den Konzerten ging ich zu Bett. Da stimmte immer noch was nicht, aber allmählich ging es mir besser. Mit der Zeit diagnostizierte ich mich selbst und kam zu der Überzeugung, dass es Angst war. Ich gewöhnte mich daran und ignorierte die Symptome. Nach der Hälfte der Tour hatte ich vergessen, dass überhaupt irgendwas nicht in Ordnung war.

Fühltest du, dass im Sommer 2010 etwas Ähnliches passierte?

Ja. Wir fuhren nach Tschechien auf ein Festival. Für eine Weile fühlte ich mich besser. Vermutlich hat das Adrenalin dazu beigetragen. Aber sobald wir mit der Show fertig waren, lag ich mit Fieber flach. Ich glaube, da merkte ich, dass mit mir *wirklich* etwas nicht stimmte. Jetzt zählte ich Eins und Eins zusammen. Fieber, seltsame Beulen, Durchfall und vergrößerte Lymphknoten am Hals. Bei der Show war ein befreundeter Chirurg. Er untersuchte mich und empfahl mir so schnell wie möglich eine morphologische Untersuchung.

Hast du auf seinen Rat gehört?

Dafür war keine Zeit. Nach der Show mussten wir CDs signieren. Als Orion sah, in welchem Zustand ich war, sagte er mir, ich solle es sein lassen. Aber ich widersprach und ging trotzdem zu dem „Meet and Greet" mit den Fans. Es dauerte ungefähr 90 Minuten. Ich war so erschöpft, dass es ich danach nur noch in den Bus schaffte und versuchte zu schlafen.

Konntest du schlafen?

Nicht sofort, weil ich höllisch geschwitzt habe. Am selben Abend machten wir uns auf den Weg nach Polen. An der ersten Tankstelle habe ich Aspirin gekauft. Ich nahm zwei Tabletten, ging schlafen, und wachte in Warschau auf. Für einen Arztbesuch blieb keine Zeit, weil Doda und ich in ein paar Stunden nach Griechenland fliegen wollten.

Seid ihr trotzdem nach Griechenland?

Ja. Es war furchtbar. Die verschriebenen Antibiotika wirkten nicht. Nach ein paar Tagen hörte ich auf, sie zu nehmen. Und ich schwitzte wie ein Schwein.

Und der griechische Sommer ist ohnehin schon warm.

Das habe ich auch gedacht. Außerdem haben wir keine Klimaanlage benutzt, weil Dorota die Dinger hasste. Aber ich war oft genug in den Tropen um zu wissen, dass es nicht nur an den hohen Temperaturen liegt, wenn man schweißgebadet aufwacht. Die Alarmsirenen heulten aus allen Richtungen.

Die ganze Zeit hatte ich Probleme, zu atmen. Ich versuchte, im Pool zu schwimmen. Normalerweise kann ich ein paar Dutzend Bahnen ziehen und immer noch normal atmen, aber da habe ich kaum eine hingekriegt. Nach ein paar schnellen Bewegungen fing ich unkontrolliert zu husten an. Wenn ich ins Bett ging, gab meine Lunge seltsam zischende Geräusche von sich, als ob irgendwas die Luft blockieren würde. Dorota lachte mich aus und machte sich sogar lustig über mich. Ich denke, sie wollte mich aufmuntern, indem sie die Symptome herunterspielte und Witze darüber machte. Zum Teil hatte sie Erfolg, aber ich wurde mit jedem Tag unruhiger.

Ging dir das Wort „Krebs“ durch den Kopf?

Kann schon sein. Ich glaube, ich habe es auch mal laut gesagt. Ich fragte Dorota, was passieren würde, falls ich einen Tumor hätte.

Und?

„Wovon redest du? Werd nicht verrückt", bekam ich zu hören.

Dachtest du nicht darüber nach, zurück nach Polen zu gehen und dich untersuchen zu lassen?

Nein. Ich habe die Symptome nicht komplett ignoriert, aber ziemlich wenig beachtet. Ich habe nur ein paar Ärzte, die ich kannte, öfters angerufen. Ich hatte eine Standleitung zu ihnen.

Hat das irgendwas geändert?

Nun ja, wir waren uns einig, dass wir ohne die Morphologietests nichts tun konnten.

Das ist nicht sehr hilfreich.

Kann sein, aber was hätte ich sonst tun können? Wir waren endlich gemeinsam im Urlaub, und ich habe den Gleichgültigen gemimt. Ich wollte Dorota die Reise nicht verderben, und ich brauchte selbst eine Auszeit.

Soweit ich mich erinnern kann, war ich ab da der Meinung, all die Hautprobleme, das Fieber und der Durchfall seien nichts anderes als irgendeine Art Tropenkrankheit. Es klang nicht nach einem Todesurteil, aber es erklärte meinen allgemeinen Gesundheitszustand. Ich analysierte auch die vorangegangenen Monate. Ich war in Japan, Australien, Thailand – eine Menge Möglichkeiten, sich etwas einzufangen. Und Thailand schien am wahrscheinlichsten.

Ich hatte zudem im Kopf, dass meine Ex-Freundin ein Jahr zuvor krank aus Thailand zurückgekommen war. Sie hatte seltsame Muster auf den Händen. Das war irgendein Parasit, also dachte ich, dass mein Fall ähnlich sein könnte. Und daran hielt ich fest, bis ich zurückkam. Ich hatte einen Plan. Ich wollte mich im Institut für Seemedizin und Tropische Krankheiten in Gdingen untersuchen lassen.

Direkt nach der Landung?

Nein. Ich hatte noch Verpflichtungen. Ich musste zu zwei Auftritten. Der erste war mit Smolik, bei dem ich beim „Meskie Granie"-Festival, das von einer polnischen Brauerei gesponsert wird, eine Show präsentieren sollte. Später spielten wir mit Behemoth bei der Castle Party. Ich hatte aber im Krankenhaus schon ein Bett reserviert, weil ich wusste, dass ich ein paar Tage dort bleiben würde. Mit dem Wissen fühlte ich mich viel leichter.

Waren dir diese Konzerte wichtig?

Sagen wir mal so: Hätte ich gewusst, dass ich Leukämie habe, hätte ich sie abgesagt. Aber das wusste ich nicht, und beide schienen mir damals wichtig genug. Smolik hatten eine echt nette Avantgarde-Version von „Lucifer" vorbereitet. Es war eher eine Theateraufführung als ein Konzert. Außerdem, seien wir mal ehrlich, wenn dir jemand 5.000 Dollar für einen Acht-Minuten-Auftritt geben will, dann sagst du nicht Nein.

Was war mit dem Castle Party?

Da spielten wir am nächsten Tag, Behemoth waren der Headliner. Ich wollte wirklich spielen, weil ich gerne Ärger provoziere, und ein Behemoth-Konzert bei einem Gothic-Festival ist eine Demonstration von Stärke.

Magst du das Gothic-Zeug nicht?

Doch, mir gefallen Bands wie Fields Of The Nephilim oder Sisters Of Mercy, aber das war etwas komplett anderes. Beim Castle Party geht es um Rüschen und Krausen. Ich hasse so was, das ist furchtbar protzig. Wir wollten die Hütte abreißen, und zur Einstimmung sollte Konfetti von der Bühne verschossen werden und Mädels mit Feuer tanzen. Es sollte richtig heavy werden...

War es das?

Ich habe noch nie in einem solchen Zustand eine Show gespielt, und werde ich auch hoffentlich nie wieder. Ich war die ganze Zeit völlig mechanisch. Ich habe Wörter verschluckt, ich habe die Verse nicht zu Ende gebracht. Ich bin vom Mikrofon zurückgetreten und habe nicht alle Zeilen gesungen. Ich hatte Angst. Ich konnte nicht atmen. Ich zählte die Minuten bis zum Ende der Show. Außerdem hat das Publikum überhaupt nicht angebissen. Ich glaube, wir waren zu brutal für die. Es war eine schrecklich surreale Erfahrung.

Warum bist du überhaupt auf die Bühne gegangen?

Ich fühlte mich okay, das stimmt. Aber vor dem Konzert hatte ich irgendein Pseudo-Ephedrin genommen, das mir für eine Weile einen ganz ordentlichen Kick gab. Im Grunde dachte ich, ich könnte es schaffen. Davor hatte ich zudem das halbe Erste-Hilfe-Set unseres Promoters genommen. Er litt an Asthma und hatte eine ganze Sammlung an Medikamenten für die Atmung. Ich habe seine ganzen Inhalatoren verbraucht.

Also konntest du vor der Show wieder zu Atem kommen?

Das Castle Party findet, wie der Name schon sagt, auf einer Burg statt. Um dort zu spielen, muss man klettern. Es ist wirklich keine große Entfernung, aber an dem Tag war das eine echte Herausforderung. Alle paar Minuten war ich aus der Puste. Ich musste unterwegs einige Pausen einlegen. Jedes Mal hielt ich für ein paar Minuten an, um mich zu erholen. Womöglich war es das, was mich getäuscht hat. Denn, wie ich schon sagte, ich hatte schon vorher Atemprobleme, aber das war immer stressbedingt. Ich war die ganze Zeit sicher, dass ich einige der Symptome erfinde. Ich wusste, dass ich krank war; vielleicht wusste ich sogar, dass es ernst war. Aber ich war überzeugt, dass meine Psyche dazu beitrug. Tatsächlich machten wir alle Witze darüber. Es war der Tag nach dem Essen mit Dorota, Orion und seiner Freundin, als alle der Meinung waren, ich sei ein bisschen hysterisch. Sie haben es überhaupt nicht ernstgenommen, obwohl auf dem Weg zum Festival meine Lymphknoten an zwei Tischtennisbälle erinnerten. Dorota hat sogar an ihnen gelutscht, um mich aufzuheitern! Ich denke, dass erst nach der Show jeder wusste, dass nicht nur meine Psyche Notsignale sendete, sondern auch mein Körper.

Was geschah dann?

Nichts Besonderes, aber ich sah wohl echt scheiße aus. Orion und Inferno zerrten mich aus dem Zimmer und informierten mich, dass wir weder weitere Shows spielen, noch sonst irgendwas tun würden, bevor ich nicht gründlich untersucht und behandelt worden wäre. Sie hörten sich sehr bestimmt an, und dieses Mal waren sie wirklich besorgt.

An dem Morgen sollten wir in die Dreistadt, und am nächsten Tag hatte ich einen Termin im Krankenhaus. Dorotas Bruder hat das alles arrangiert. In dieser Nacht habe ich nicht mehr als vier Stunden geschlafen. Ich litt wirklich. Und der Gedanke, quer durch das ganze Land fahren zu müssen, erschreckte mich. Ich weiß immer noch nicht, wie ich das geschafft habe. Ich kann mich heute kaum noch daran erinnern. Eigentlich habe ich nur eine lustige Szene von der Reise im Kopf.

Wir wollten gerade ins Auto steigen, als jemand zu uns kam. Du weißt schon, so ein typisch polnischer Kerl mit einem Schnurrbart. Er war vielleicht 45. Als er uns sah, rief er: „Fräulein Dorotka! Fräulein Dorotka! Könnten Sie mir bitte ein Autogramm geben?"

Er bekam sein Autogramm, dann wurden seine Augen plötzlich größer und er fragte, ob das vielleicht der Herr Nergal sei. Dorota sah mich an und sagte: „Nein, ist der scheiß Krzysztof Ibisz."

Haben Sie dem Mann das Autogramm gegeben, Herr Ibisz?

Es war zu spät. Er ist enttäuscht davongegangen.

Es ist merkwürdig. Wir befragen dich zu diesem Tag, und du erinnerst dich an etwas relativ Triviales.

So bin ich eben. Ich kann mich auf irgendwas ganz Blödes konzentrieren und mir über unbedeutende Sachen Sorgen machen, aber wenn ich wirklich krank bin, sehe ich die angenehmen Seiten des Lebens. Irgendwo in meinem Kopf finde ich immer optimistische Szenarien.

Und es war dieser Optimismus, mit dem du ins Krankenhaus gegangen bist?

Wir sind abends in Danzig angekommen. Ich weiß noch, dass mir mein Bruder eine SMS geschickt hat, weil er für ein paar Tage in Polen war. Er wollte mich sehen, auch wenn es nur für einen Moment gewesen wäre. Ich glaube, er musste genau an dem Tag nach Spanien zurück, als ich ins Krankenhaus kam.

Ich habe das Treffen vermieden, zumindest versuchte ich es. Ich wollte gerade meine Wohnung verlassen, als ich die Türklingel hörte. Pawel gab nie auf und stattete mir einen Überraschungsbesuch ab. Er kam mit seinen Kindern. Ich habe ihn mit ins andere Zimmer genommen, ihm kurz die Situation geschildert und ihn gebeten, unseren Eltern nichts zu sagen.

Sie wussten gar nichts?

Ich wollte sie nicht beunruhigen. Pawel versprach, kein Wort zu sagen. Er meinte, er würde mir die Daumen drücken, und damit verabschiedeten wir uns. Danach bin ich schließlich ins Krankenhaus gegangen.

Was hat der Arzt gesagt, als er dich sah?

„Ausziehen, bitte, wir machen einen Bluttest. Und dann werden wir Ihre Lunge röntgen.“ Standardprozeduren. Aber er bemerkte offensichtlich, dass ich Atemprobleme hatte, denn er bot mir Sauerstoff an.

Hat er dir gesagt, dass du bleiben sollst?

Ja, für drei Tage. Ich hatte verschiedene Tests und Untersuchungen.

Haben die Ärzte durchblicken lassen, was das Problem sein könnte?

Nein. Sie wollten mich nicht beunruhigen, nehme ich an. Aber ich habe von ihrem Verdacht durch Zufall erfahren.

Ich las die Nachricht, die an Dorota geschickt wurde. Darin wurden drei mögliche Optionen genannt. Ich muss zugeben, dass ich von dieser Nachricht eine Gänsehaut bekam, obwohl die erste Option mir nicht so schlimm erschien.

Tuberkulose stand als erstes auf der Liste. Zwei oder drei Monate im Krankenhaus, dann könne ich nach Hause gehen. Ich dachte, das wäre nicht das schlimmstmögliche Szenario. Aber dann wurde es schlimmer, weil die Ärzte meinten, es könnte auch eine Tumorerkrankung der Lymphgefäße sein oder HIV.

Als ich diese drei Buchstaben las, fühlte ich mich schwach. Plötzlich tauchten vor meinem inneren Auge, wie bei einer merkwürdigen Filmrolle, all meine sexuellen Begegnungen der vergangenen Jahre auf. Das waren schon ein paar, aber soweit ich mich erinnern konnte, war ich immer vorsichtig gewesen. Ich denke nicht, dass ich irgendein zufälliges sexuelles Abenteuer ohne Schutz hatte. Wie auch immer, in meinem Kopf war nur dieser eine Gedanke: „Lass es *alles* sein, nur kein HIV."

Wann hast du die endgültige Diagnose bekommen?

Nach drei Tagen wurde ich in ein anderes Krankenhaus verlegt, in die Hämatologie der Medizinischen Akademie Danzig. Sie haben mir nicht direkt gesagt, dass es ein Tumor war, aber es gab genug Anzeichen, sodass ich mir da selbst einen Reim drauf machen konnte. Sie machten noch ein paar Tests, und dann trat ein Arzt an mein Bett.

„Sie haben Leukämie."

Genau das hat er gesagt. Sonst nichts. Er hat mir nur die Ergebnisse gegeben. Ich wartete, bis er weg war, und dann brach ich in Tränen aus. Dorota war bei mir, sie hat auch geweint. Es dauerte eine Weile, vielleicht zwei oder drei Minuten. Ich fühlte nur diese enorme, übermächtige Schwäche.

Wusstest du überhaupt, was Leukämie war?

Ich hatte keine Ahnung. Ich meine, ich wusste vage, dass es das gab und dass es ernst war, möglicherweise auch tödlich, aber das war alles. Also wischte ich die Tränen weg, nahm das Telefon und rief die ganzen Ärzte an, die ich kannte. Die Frage war kurz und prägnant: „Was ist Leukämie, und wie kann ich sie bekämpfen?"

Ich habe schnell kapiert, dass mir ein paar Monate harten Kampfes bevorstanden.

Wie hast du ihn aufgenommen?

Ich bin sicher, dass das seltsam klingt, aber ich habe Dorotas Bruder gebeten, mir einen elektrischen Haarschneider zu bringen. Wenn ich in den Kampf ziehen sollte, brauchte ich auch eine Kampffrisur. Ich rasierte meine Haare ab und ließ nur einen Streifen in der Mitte stehen. Ich war bereit. Ich konnte anfangen, meinen Feind zu studieren.

Was genau hast du herausgefunden?

Dass es *lymphoblastische* Leukämie war. Sehr aggressiv, aber einfacher zu besiegen als *myeloische* Leukämie. Sie griff mich nicht aus einer Deckung heraus an, sondern zeigte sich sofort.

Hat es dich gequält, dass du nicht eher ins Krankenhaus bist?

Das war eine Sache von wenigen Wochen. Außerdem habe ich die Ärzte gefragt, ob es irgendwas geändert hätte, wenn ich früher gekommen wäre. Sie sagten nein, obwohl mein Zustand relativ ernst war. Ich schätze, dass ich ohne sofortige medizinische Behandlung vielleicht noch einen Monat gelebt hätte, vielleicht auch zwei. In meiner Lunge war ein halber Liter Wasser. Das hatte auch die Atemprobleme verursacht.

Wie ist das dahingekommen?

Manchmal sammelt sich Wasser in der Lunge. Normalerweise natürlich nicht in einem solchen Ausmaß, aber es kommt vor. Und von dort wird es herausgefiltert. In meiner Lunge war aber etwas – ein aufgeblähter Tumor, wie sich später zeigte –, das das verhinderte. Also haben sie mir eine Drainage gelegt.

Ich hatte nun seitlich am Körper ein Loch. Wie Jesus. Der Unterschied war, dass sie es nicht mit einem Speer gemacht haben, sondern mit einem speziellen Schlauch. Zwei Tage lang floss eine ekelhafte, rot-gelbe Flüssigkeit aus mir in ein Glasgefäß neben meinem Bett.

Wenn ich heute in den Spiegel schaue, kann ich die Narbe sehen. Und noch zwei andere vom Einführen des Zentralvenenkatheters. Und dann lächele ich. Ich bedanke mich bei diesen Wunden; sie sind meine Stigmata. Die Narbe von dem Abfluss erinnert mich an meine erste siegreiche Schlacht. Als das Wasser aus meiner Lunge abgeflossen war, konnte ich das erste Mal seit vielen Tagen wieder leicht atmen. Ich fühlte mich stärker und konnte weiterkämpfen.

Hast du dann deinen Eltern alles erzählt?

Ich habe zuerst meinen Dad angerufen. Ich habe die ganze Geschichte sehr ausführlich erzählt und ihn gebeten, meine Mutter darauf vorzubereiten. Irena ist ein sehr empfindsamer Mensch. Manchmal denke ich, dass sie die Psyche eines kleinen Mädchens hat.

Wie war ihre Reaktion?

Sie war wunderbar. Als meine Eltern mich besuchten, haben sie mich wirklich überrascht. In ihrem Verhalten war nichts Dramatisches. Nach all dem brauchte ich ihr Weinen nicht, ich brauchte nur ihre Unterstützung. Und genau die haben sie mir gegeben. Ihre Reaktion war sehr erwachsen.

Als wir über die Zeit vor der Diagnose sprachen, warst du sehr angespannt. Jetzt, da wir über den Krankenhausaufenthalt reden, wirkst du entspannt. Das ist überraschend.

Es spiegelt meine Gefühlslage in dieser Zeit wider. Als ich wusste, wer mein Feind war, war ich nicht länger in Panik. Ich beruhigte mich. Die Diagnose war ein Schlag, aber die Benommenheit und Zweifel hielten nicht lange an. Ich wusste, dass ich eine Herausforderung vor mir hatte. Wenn man durch einen dunklen Wald geht und weiß, dass sich etwas im Dunklen versteckt, gerät man in Panik. Aber wenn man den Feind bei Licht sieht, konzentriert man sich auf die Strategie, wie man spielen wird. Ich kämpfe und spiele gerne, also sah ich meine Krankheit als Herausforderung an, wie ein Schachspiel.

Aber letzten Endes hast du mit dem Tod gespielt. Kamen dir nie Zweifel?

Natürlich. Auf meiner Station war ein älterer Kerl, er war vielleicht 65 oder so. Ich nannte ihn Jankowski, weil er mich an einen berühmten Priester aus Danzig erinnerte. Das war der positivste Typ im ganzen Krankenhaus. Er erzählte dauernd Witze und hielt jeden bei Laune. Er hatte Krebs, aber er zeigte nie, dass er krank war.

Eines Tages brachten sie ihn auf die Isolierstation. Ich kam gerade von einem Spaziergang zurück, da klopfte er an die Scheibe und bat mich ans Fenster. Er fragte, wie es mir ging und wie ich mich nach meiner ersten Chemo fühlte. Er wünschte mir alles Gute und... das war das letzte Mal, dass ich ihn gesehen habe. Er starb zwei Tage später.

Das war eins der ersten Male, dass ich dachte, die Dinge könnten auch anders enden. In den folgenden Wochen gab es noch mehr solcher Augenblicke. Ich habe viele Leute kennengelernt, die nicht mehr da sind.

Hat das deinen Optimismus getroffen?

Sie sagten mir, dass die Einstellung einer Krankheit gegenüber lebenswichtig ist. Ich wusste nicht, ob das stimmte, aber ich nahm an, dass es einfach so war. Das behielt ich im Kopf, selbst in Momenten des Zweifelns, und versuchte, alle negativen Gedanken abzuwehren.

Ich wollte nicht sterben. Das war mein Credo. Ich weigerte mich die Tatsache zu akzeptieren, dass mein Leben abgebrochen werden sollte. Ich hatte noch viel zu tun.

Wie hat sich die Behandlung gestaltet?

Ich nenne es zärtlich „das Napalm abwerfen". Es war eine „Totaltherapie", kann man sagen. Aber es vergingen ein paar Tage, bevor entschieden wurde, wie die Behandlung durchgeführt werden sollte. Die wichtigsten Entscheidungen in Bezug auf die Art meiner Behandlung wurden von Prof. Andrzej Hellmann, dem Chef der Klinik, getroffen. Er war es, der mir ganz am Anfang zwei verschiedene Möglichkeiten aufzeigte. Er redete lange mit mir, aber ich hatte keine Ahnung, was er auf der medizinischen Ebene meinte. Ich konnte daraus nur schließen, dass wir es entweder mit einer mäßig starken Chemo versuchen oder es auf die harte Tour machen.

Du musstest dich für eine dieser Möglichkeiten entscheiden?

Wie man sich vorstellen kann, musste ich nicht lange überlegen. Ich mag keine halbfertigen Lösungen, also entschied ich mich für den radikalen Weg.

Die Leukämie hat mich schnell und brutal angegriffen, also schien es notwendig, auf die gleiche Art zurückzuschlagen.

Hattest du keine Angst, es möglicherweise nicht zu schaffen?

Ich glaube nicht. Ich fühlte mich schon besser als vor dem Zeitpunkt meiner Aufnahme im Krankenhaus. Viel besser, um genau zu sein. Die Strategie des totalen Krieges gegen den Krebs kam mir ziemlich aufregend vor. Alles war voll mit militärischer Terminologie und Metaphern. Es war weniger ein Krankenhaus als eine Frontlinie, und ich war schon in den Gräben, von wo es keinen Rückzug gab. Ich handelte nach dem berühmten Zitat aus „Die Kunst des Krieges" von Sun Tzu: „Wenn du den Feind und dich selbst kennst, brauchst du den Ausgang von hundert Schlachten nicht zu fürchten."

Wie viele Chemo-Ladungen hast du bekommen?

Vor der leichten Therapie habe ich zwei komplette Zyklen bekommen. Das entspricht vier Chemo-Behandlungen insgesamt. Als Vorsichtsmaßnahme musste ich dann vor der Transplantation noch eine machen.

Wie hast du dich nach den Chemo-Behandlungen gefühlt?

Am Anfang war es richtig schlimm. Das hat mich wortwörtlich in die Knie gezwungen. Ein paar Tage lang war ich so schwach, dass ich mich noch nicht mal strecken konnte. Ich fühlte mich total kraftlos und lag fast die ganze Zeit im Bett. Das größte Problem war die Kotzerei, oder, genauer gesagt, die zu verhindern.

Ein paar Jahre zuvor wäre ich fast mal an meiner eigenen Kotze erstickt.

Das wäre ein echter Rock 'n' Roll-Tod gewesen.

So ist Bon Scott gestorben. Jimi Hendrix auch. Mein Fall kam da wirklich nahe dran. Es war nach dem letzten Konzert der Promotour zu *Demigod.* Wir spielten in Gdingen im Ucho Club. Nach dem Gig gab es natürlich eine kleine Party. Ich hatte nicht viel getrunken, aber einige Wodka-Red-Bull. So um zwei Uhr früh war ich daheim und ging gleich ins Bett.

Vor fünf Uhr wachte ich auf, mir war schlecht. Damals lebte ich alleine. Ich kroch aufs Scheißhaus und steckte mir zwei Finger in den Hals, wie ich das in solchen Situationen immer gemacht habe. Das Problem war, dass das, was aus meinem Magen kam, es nicht bis in den Mund schaffte, sondern stattdessen meine Speiseröhre blockierte. Dann war plötzlich meine Nase verstopft. Ich konnte nicht Atmen, meine Augen traten aus den Höhlen hervor und ich fiel hin. Ungefähr eine Minute lang habe ich mich von der Welt verabschiedet. Endlich bewegte sich da unten was, und ich kehrte wieder ins Leben zurück und kam langsam wieder zu Atmen. Seitdem habe ich nicht mehr gekotzt. Ich konnte nicht. Das war ein zu großes Trauma.

Also hast du dich noch nicht mal nach der Chemo übergeben?

Nicht ein einziges Mal. Ich habe es geschafft. Natürlich ging das dank der gigantischen Mengen an Medikamenten gegen Übelkeit, um die ich die Ärzte angebettelt habe. Ich hatte wirklich Glück, dass die bei mir angeschlagen haben, denn das tun sie bei vielen Menschen nicht. Die kotzen wie verrückt.

Bist du um all die üblichen Nebenwirkungen herumgekommen?

Das war unterschiedlich. Es gab Nächte, da war ich im Delirium und hatte einige schräge Visionen. Wahrscheinlich wegen der Medikamente, die ich nahm. Es gab auch einige Augenblicke ungewöhnlicher Erleuchtung. Und zwar dermaßen stark, dass ich ein Notizbuch nehmen und alles aufschreiben wollte, was durch diesen Bewusstseinsstrom zu mir kam. Aber ich war zu schwach. Und ich fühlte mich permanent schrecklich.

Die Chemo war das Schlimmste. Die schädigte massiv die Schleimhaut in meiner Mundhöhle. Viele Patienten bekamen blutendes, wundes Zahnfleisch und konnten nicht normal essen. Sie wurden intravenös ernährt. Vor meiner Chemo sprach ich mit Leuten, die sie schon hinter sich hatten. Irgendwer gab mir einen tollen Ratschlag: Eiswürfel lutschen.

Hat es geklappt?

Ich glaube schon, denn ich fand das alles halbwegs erträglich. An meinem Bett hatte ich Thermoskannen mit Eiswürfeln, und ich hatte immer wenigstens einen Eiswürfel im Mund. Wenn er schmolz, spuckte ich aus und nahm den nächsten.

Gab es irgendwelche Tricks, um deine Haare zu behalten?

Oh, nein. Jedes Haar an meinem Körper war fort. Ich fühlte mich seltsam. Alles blass, keine Haare, wie ein Kleinkind. Ich hörte zu, wie sich zwei Schwestern unterhielten. Sie sahen gerade meine Papiere durch, als die eine die andere ansah, auf mein Bett zeigte und fragte: „Der Junge da ist 34 Jahre alt?"

Es hat keinen Zweck, so zu tun, als hättest du nicht wenigstens ein bisschen eigenartig ausgesehen.

Von meiner Erscheinung war ich selber überrascht, aber ich war auch neugierig. An der Metamorphose, die ich durchlebte, war etwas Faszinierendes. Es war mein Körper, aber gleichzeitig war das nicht vollständig ich. Ich versuchte, mich als Teilnehmer an einem sonderbaren Experiment zu sehen, als Meerschweinchen. Ich spürte dennoch keine Abneigung, wenn ich in den Spiegel sah. Immerhin betrachtete ich mich selbst.

Aber dennoch aus der Ferne?

Das könnte man sagen. Eigentlich versuche ich immer, mich aus der Entfernung zu betrachten. Es macht das Leben einfacher. Und auch den Kampf mit der Krankheit machte es viel einfacher.

Die Fotos aus der Zeit haben es nicht in die Klatschmagazine geschafft. Haben dich die Paparazzi ungeschoren davonkommen lassen?

Hyänen werden von einem Kadaver angelockt. Sie haben ein paar Fotos von mir gemacht, aber die wurden nirgendwo veröffentlicht. Ich habe keine Ahnung, warum. Schwer vorstellbar, dass die Chefs von Boulevardblättern ein Gewissen haben sollen.

Wie haben es die Paparazzi geschafft, dich zu fotografieren?

Das ist eine längere Geschichte. Als ich ins Krankenhaus kam, brach der totale Wahnsinn aus. Als die Medien herausbekamen, dass ich krank war, hat eine ganze Reihe zwielichtiger Gestalten mit Kameras vor dem Gebäude gecampt. Für ein paar Tage beschränkten sie sich darauf, Dorota zu verfolgen. Sie machten Bilder von ihr, als sie ins Krankenhaus ging und genauso, wenn sie es wieder verließ. Mit der Zeit war das aber nicht genug, und da fingen sie an, mich zu jagen.

Haben sie versucht, auf die Station zu gelangen, auf der du lagst?

Sie haben sich mit Gewalt reingedrängt. Sie haben die Schwestern beschimpft. Von denen haben sich ein paar in den Weg gestellt, also haben sie sich mit ihnen gestritten. Ich war dermaßen angepisst, dass ich am liebsten aufgestanden und die verdammte Scheiße aus denen herausgeprügelt hätte. Ich bekam eine Steroidtherapie, also waren meine Empfindungen definitiv stärker. An diesem Tag ist irgendwas in mir zerbrochen, also habe ich mit Dorota geredet und wir beschlossen, Bodyguards zu engagieren. Sie meinte sogar, dass das unsere einzig mögliche Option sei. Sie organisierte und bezahlte alles. Davon abgesehen war ich nicht stark genug, und ich hatte nicht genug Geld.

Waren die dann ständig an deiner Seite?

Ja, da waren einige von denen. Sie arbeiteten schichtweise: einer tagsüber, der andere nachts. Wir haben bis heute Kontakt. Sie waren sehr hilfreich und stellten sich als überaus aufrichtige Leute heraus. Sie haben mir nicht nur Eindringlinge von außen vom Leib gehalten, sondern mir auch bei alltäglichen Sachen geholfen.

Haben sie die Paparazzi verscheucht?

Wenn so ein Arschloch Blut wittert, hält ihn nichts auf. An einem Tag verkleideten sich zwei dieser Aasgeier als Ärzte. Sie gingen in die Zimmer, wie bei einer Visite. Zum Glück wurden sie schnell entlarvt.

Bei einer anderen Gelegenheit kam einer der Bodyguards in mein Zimmer gerannt. Er hatte ein großes, grünes Laken dabei und hängte die Fenster zu. Ich hatte keine Ahnung, was los war. Die Station, auf der ich lag, wurde renoviert, und davor war ein Gerüst aufgebaut. Einige der Typen waren so zum Äußersten entschlossen, dass sie auf das Gerüst geklettert sind, um ein Foto von mir zu machen. Wie ich später herausfand, hat es einer geschafft, Nergal halbnackt auf einem Krankenhausbett zu fotografieren. Und ich warte immer noch, dass diese Bilder in irgendeinem Klatschheft abgedruckt werden.

Vielleicht haben diese Redakteure ja doch Hemmungen?

Das bezweifle ich.

Hast du nie eine Behandlung im Ausland erwogen? Du hättest all das vermeiden können, und die Bedingungen wären vermutlich besser gewesen.

Das höre ich oft. „Du hast das Geld. Du kannst los und Dich irgendwo in Ruhe behandeln lassen." Das haben sie mir gesagt. Vom finanziellen Standpunkt her war es nicht so einfach, aber der Gedanke kam mir in den Sinn.

Jedenfalls war das Problem die Zeit. Die Krankheit griff weiter an, und wir mussten umgehend handeln. Nach einem anderen Krankenhaus zu suchen hätte riskant sein können. Zudem würde ich vermutlich jetzt immer noch meine Schulden zurückzahlen. Außerdem ist für die Kreativität des Arztes bei der Behandlung von Leukämie kein Platz. Es ist eine Standardtherapie, die überall auf der Welt gleich ist. Die Medikamente sind auch dieselben.

Natürlich habe ich schnell meine Nachforschungen betrieben. Ich fragte Leute, die sich mit der Problematik auskannten, und fand heraus, dass es nicht einfach war, einen so guten Spezialisten wie Prof. Hellmann zu finden. Aber ich hatte andere Bedenken.

Die Gebäude der Medizinischen Akademie sind nicht unbedingt modern. Sie sind bekanntermaßen trist, dunkel und abschreckend. Ich überlegte, jedenfalls zu Beginn, ob solche Bedingungen meinen Kampf erschweren würden. Am Ende betrafen auch andere Faktoren meine Entscheidung. Der Verbleib in Danzig erlaubte mir, nahe an daheim zu bleiben, bei meiner Familie, meinen Freunden; den Menschen, deren Anwesenheit und Unterstützung mir wichtig waren. Ich habe keine Ahnung, wie ich es ohne ihre Hilfe geschafft hätte. Meine Mutter und mein Vater waren die ganze Zeit bei mir. Das war verdammt wichtig für mich. Ich gestattete mir auch lange Telefongespräche, das war auch wirklich unverzichtbar für mich. Außerdem brauchte ich nur zehn bis fünfzehn Minuten nach Hause, wenn ich eine Pause vom Krankenhaus – also Freigang – hatte.

Haben sie dich oft nach Hause gelassen?

Ich bin ein paar Mal nach Hause gegangen, in den Pausen zwischen den einzelnen Chemo-Zyklen. Aber das waren nur kurze Ausgänge. Die meiste Zeit saß ich im Krankenzimmer.

Wie bist du mit all dem an einem normalen Tag zurechtgekommen?

Ich arbeitete. Oder wenigstens versuchte ich zu arbeiten. Ich hatte mein System. Ich nannte es „die Harpune reinrammen“. Kurzgesagt ging es darum, alles zu tun, was mir möglich war, um mich zu mobilisieren. Ich habe nicht an die Gegenwart gedacht, ich machte Pläne für die Zukunft. Wann immer ich etwas plante, versuchte ich es umzusetzen. Schritt für Schritt, als ob es keinen anderen Weg gäbe. Jeder kleine Ansatzpunkt war von grundlegender Bedeutung. Mit jedem fühlte ich mich besser. Die Arbeit gab allem einen Sinn, und ich kämpfte für die Band genauso wie für mich.

Aber wie kann ein Mann mit Leukämie, gefesselt an ein Krankenhausbett, arbeiten?

Ich hatte tatsächlich viel zu tun. Ich hatte einen Computer, ich hatte ein Telefon, also konnte ich auch arbeiten. Zum Beispiel brauchte ich für unsere *Evangelia-Heretica*-DVD ein paar Wochen. Ich entwarf das Cover und das ganze Layout. Ich habe mich um alle Details gekümmert. Jeden Tag saß ich mit dem Telefon in der Hand da und redete mit dem Grafikdesigner, dem Herausgeber und den Jungs von der Band.

Wenn ich so schwach war, dass ich noch nicht mal mehr meine Hand bewegen konnte, sprang Orion für eine Weile ein und führte die Arbeit fort. Immer, wenn es mit besser ging, war ich wieder im Spiel. Als die DVD schließlich draußen war, saß ich auf dem Bett und signierte 1.000 Kopien für die Fans. Das hat zwei Tage gedauert.

Kam dir überhaupt der Gedanke, dass diese Autogramme vielleicht deine letzten sein könnten?

Das kam mir in den Sinn. Aber gegen solche Gedanken kämpfe ich an. Auf einem niedrigeren Level wollte ich mich wirklich einfach nur gewollt fühlen. Was, wenn ich es nicht schaffe? Was, wenn ich den Kampf mit dieser Krankheit verliere? Selbst wenn der Fall eingetreten wäre, wären wenigsten eintausend Fans glücklich. Ich fand ein Motto, an dem ich bis heute festhalte: Ich behandle alles so, als wäre es das Letzte, was ich im Leben tue. Ich bin mit dem ganzen Herzen dabei. *Das* gibt mir einen Kick.

Was hielt dich sonst noch am Kämpfen?

Erinnerst du dich an die Zeichentrickserie „Es war einmal... das Leben“? In meinem Kopf schaute ich mir einen ähnlichen Film an, jeden Abend, bevor ich einschlief. Ich stellte mir vor, wie eine Armee roter Blutkörperchen in die entscheidende Schlacht marschierte, um die Krankheit zu besiegen. Das war wie ein Ritual. Es half mir, meine Psyche zu programmieren, sie auf Kampf einzustellen. Ich wollte konzentriert und jederzeit bereit sein. Ich versuchte, nicht benommen zu sein und nicht nur scheinbar zur Ruhe zu finden. Ich tat alles, um nicht aufzugeben. *Peace is only for the dead and the dying*, wie es in dem Song von New Model Army heißt. Und ich war immer noch am Leben...

Wie hast du es geschafft, diese Disziplin zu bewahren?

Trotz allem war es nicht so schwierig. Im Krankenhaus zu sein ist ein bisschen wie in der Armee zu sein. Oder wie im Gefängnis. Jeder Tag ist gleich.

Man steht um sechs auf. Die Schwester kommt ins Zimmer. Gewöhnlich stehe ich viel später auf, also war ich normalerweise halb wach, wenn sie auftauchte. Ich gab ihr einfach meine Hand, sie nahm mir Blut ab und stellte den Tropf ein. Wenn sie ging, versuchte ich wieder einzuschlafen. Ich wachte gegen acht Uhr zum Frühstück auf. Dann checkte ich meine Mails und fing an zu arbeiten.

Gab es keine Zeit für Erholung?

Es gab viel Zeit für Alles. Zum Beispiel beschloss ich, das Erscheinungsbild meines Zimmers zu ändern. Ich fing mit dem Kreuz an. Ich nahm es von der Wand und hängte an seiner Stelle einen Rosenkranz mit einer Figur von Mohammed auf. Daneben gab es Portraits von Bruce Lee, Crowley und Nietzsche – Charaktere, die mich in verschiedenen Phasen meines Lebens inspiriert und mir Antrieb gegeben haben.

Später hängte ich eine goldene Medaille daneben, die mir ein Freund gebracht hatte. Es war nämlich so, dass irgendein Mann in Danzig anonym einen Marathon für mich gelaufen war. Er gewann die Medaille und beschloss, sie mir als ein Zeichen seiner Unterstützung zu schenken. Das hat mir wirklich viel bedeutet.

Als mein Isolierzimmer etwas kuschliger aussah, wurde ich süchtig nach Filmserien. Ich verliebte mich in *Spartacus*; den, in dem Andy Whitfield die Hauptrolle spielt. Ich erfuhr durch Zufall, dass während des Drehs bei ihm eine Lymphgeschwulst diagnostiziert wurde. Dann hieß es, er hätte es überwunden und sie würden eine neue Staffel aufnehmen. Meine Geschichte passte wunderbar zum Thema der Serie, und für mich wurde der Held doppelt so heldenhaft. Genau wie er wollte ich zurückkommen, denn nie wieder auf die Bühne zu können, fürchtete ich am meisten. Die Bühne hat mich geformt, mich gehärtet, sie war mein Element. Kannst du dir überhaupt vorstellen, wie viel Kraft sie mir gab?

Am Ende jedoch hat Andy seinen Kampf mit dem Krebs verloren.

Das erfuhr ich ein paar Wochen später. Diese Nachricht schüchterte mich ein wenig ein. Glücklicherweise gab es noch andere Helden, die ihre Kämpfe gewonnen hatten. Ich bin zum Beispiel ein großer Fan von Dexter. Das ist eine meiner

Lieblingsserien. Der Schauspieler, der die Hauptperson spielt, Michael C. Hall, hatte auch eine Form von Lymphknotenkrebs. Zwischen den Staffeln unterzog er sich einer Chemotherapie. Er besiegte den Krebs, kam zurück und drehte noch zwei weitere. Das war ein starker Kick für mich.

Hast du im Krankenhaus gelesen?

Regelmäßig. Ich habe ein paar Jahre aufgeholt.

Was hast du gelesen?

Ich war gebannt von Robert A. Heinleins *Fremder in einer fremden Welt*, und von Cormac McCarthys *Die Abendröte im Westen*.

Letzteres ist wohl nicht die freudigste Lektüre?

Aber sie ist perfekt! Ich las verschiedene Bücher. Ich hatte die Bibel dabei und, als Gegensatz, die Bücher von Richard Dawkins. In einem davon fand ich etwas, das mir wirklich etwas gab. Er beschrieb ein Experiment, das an zwei Gruppen ernsthaft erkrankter Menschen durchgeführt wurde. Für eine Gruppe wurden in einer Kirche Messen abgehalten. Leute beteten für ihre Mitglieder. Die andere Gruppe sollte sich alleine durchschlagen. Selbstverständlich bekamen beide die üblichen Behandlungen. Es kam heraus, dass die Unterschiede im Zustand der Menschen und in ihrem Selbstgefühl zu vernachlässigen waren, und zwar dermaßen, dass die Zahlen ebenso Statistikfehler hätten sein können.

Soweit nichts besonders Offenbarendes.

Das ist aber nicht die ganze Story. Es gibt ein weiteres interessantes Element. Die überraschendsten Rückschlüsse ergaben sich aus der zweiten Phase des Experiments. Da wurde der ersten Gruppe mitgeteilt, dass für sie gebetet worden war und dass sie geistlichen Beistand gehabt hätten.

Haben sie sich erholt?

Im Gegenteil! Die Ergebnisse dieser Patienten wurden schlechter.

Hat Dawkins das auf eine bestimmte Art interpretiert?

Ich glaube, er hat es unkommentiert gelassen. Aber denk einfach mal nach. Du bist krank und du weißt, dass jemand für dich betet. *Wenn sie für mich beten, muss ich in wirklich schlimmer Verfassung sein.* Das ist sicherlich dein erster Gedanke. Wenn du außerdem ein religiöser Mensch bist und weißt, dass jemand für dich betet und du daran glaubst, dass es dir helfen kann, vertraust du dich Gott an und entspannst dich. Du lässt los, weil du denkst, dass nicht du es bist, der den Ausgang der Schlacht beeinflusst.

Für dich haben auch Leute gebetet.

Ich habe sogar von einer der polnischen religiösen Gemeinden in Berlin ein besonderes Zertifikat bekommen. Es war die offizielle Bestätigung, dass die Mitglieder einer bestimmten Gemeinde zusammengekommen sind und für mich gebetet haben. Mein Freund Kikut von Pneuma kam auch ins Krankenhaus. Er ist praktizierender Katholik. Er hat versucht, für mich zu beten. Ich habe ihm dauernd gesagt: „Scheiße, Mann, gönn mir 'ne Pause, oder mach es wenigstens nicht, wenn du hier bist."

Hat er auf dich gehört?

Ich weiß nicht, aber ich kann mir nicht vorstellen, dass er so leicht aufgeben würde.

Aber deine Ergebnisse wurden dadurch nicht schlechter?

Konnten sie nicht, weil ich an den Mist nicht glaube. Ich glaube, es hatte einen umgekehrten Effekt. Kikut hat mich echt aufgeheitert.

Es gab auch Leute, die das Gebot der Liebe auf etwas andere Weise interpretierten. Sie meinten, die Krankheit sei eine Bestrafung für deine Sünden; dass Nergal jetzt eine letzte Chance bekäme, sich zu bekehren.

Das habe ich gelesen. Ich bekam sogar E-Mails, meist voller Hass und Verachtung. Manchmal wollte ich wirklich scharfe Antworten zurückschreiben. Aber ich habe es sein lassen. Was hätte mir das gebracht? Diese Leute erreichten nur, dass ich in meinen Überzeugungen noch gefestigter wurde.

VIII

DER KALTE KRIEG

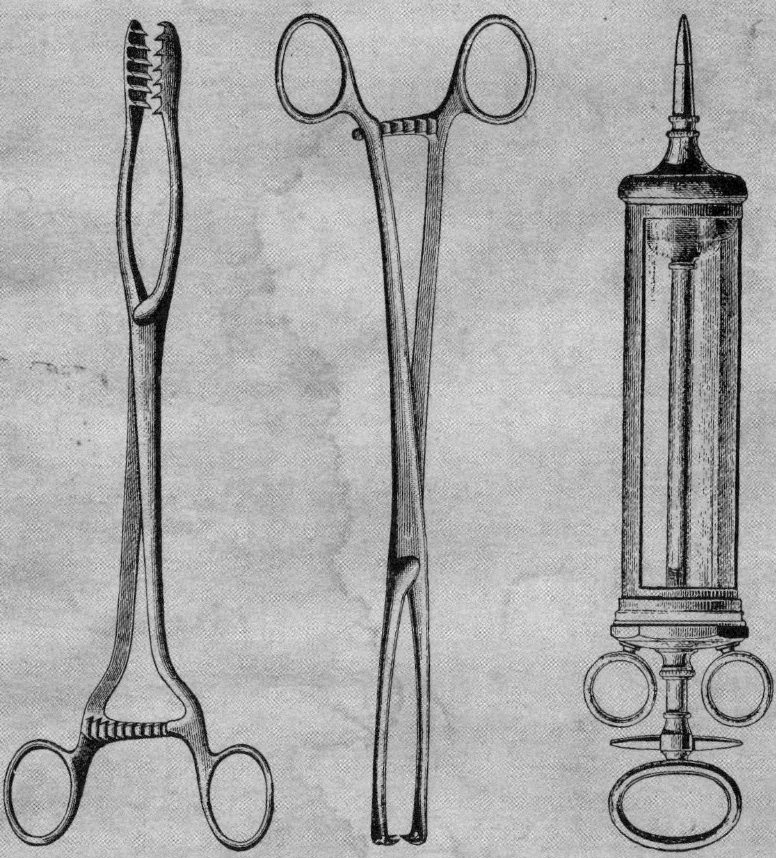

Warum hast du mit Dorota Schluss gemacht?

Was ist das denn für eine Frage?

In den Zeitungen stand, du hättest dich schlecht und gefühllos verhalten.

Und du glaubst diesen Bullshit tatsächlich?

Die Leute bekommen einfache Fakten vorgesetzt: Er hat sie aufgerissen, benutzt und fallengelassen. Das passt zu deinem Image, weil du dauernd sagst, du wärst das Alpha-Männchen.

Aber ich bin nicht rund um die Uhr so. Und das war es, womit Dorota ein Problem hatte. Sie erwartete, dass ich immer so wäre. Egal, ob ich krank oder gesund war, ob es sonnig war oder regnete. Wie eine Comicfigur.

Du konntest deine Schwäche nicht zeigen?

Ich nahm Dorota mit auf ein Date ins Ausland, wir gingen nach Prag. Ich bekam eine Erkältung. Keine große Sache, nur etwas Fieber und eine laufende Nase. Aber es gab keine Gnade. Sie war so scheiße angepisst, dass wir drei Tage frei hatten, ich aber unpässlich war.

Vielleicht hast du zu viel gejammert?

Ich jammere gerne. Jeder jammert gerne, wenn er krank ist. Ich schätze Leute, die einen in so einer Situation nicht unter Druck setzen, sondern sich einfach um einen kümmern. Und auf dieselbe Art revanchiere ich mich.

Vielleicht hatte Dorota Angst, dass sie dir zu viel Raum gegeben hat und dass du nun bei jeder Gelegenheit jammerst?

Normalerweise ist mein Gemüt so, dass ich immer gut drauf bin, und nie schlecht. Vielleicht wusste sie das einfach nicht...

Aber später, als du gegen die Leukämie gekämpft hast, hast du nicht gejammert.

Das war ein Krieg um mein Leben, nicht nur eine Schniefnase. Man handelt anders, wenn man von Mücken gestochen wird, als wenn man einem Löwen gegenübersteht. Na klar hatte ich Augenblicke der Schwäche. Als ich im Krankenhaus war, habe ich auch gejammert. Aber das hat eine Weile gedauert.

Hat deine Krankheit eure Beziehung zerstört?

Sie hat sicherlich den Prozess des Zerfalls beschleunigt. Sie war ein Katalysator für all die Zweifel. Aber ich versuche, bei vielen Dingen ein Auge zuzudrücken. Wenn man verliebt ist, ignoriert man bestimmte Signale oder verdrängt sie ins Unterbewusstsein. Im Krankenhaus krochen mir all diese Gedanken durch den Kopf und ich fragte mich, was mich wirklich mit meiner Partnerin verbindet. Und unglücklicherweise sah ich mehr Dissonanzen als harmonische Töne.

Nach außen hin aber habt ihr euch beide cool gegeben. An die Außenwelt wurde eine einfache Botschaft geschickt: du kämpfst mit dem Krebs, und sie unterstützt jeden deiner Schritte.

Bis zu einem gewissen Grad war das auch wahr. Ich kann kein schlechtes Wort über ihre Anteilnahme sagen. Sie tat, was sie konnte, und sie tat es, weil sie es wollte. Es steckte keine Strategie dahinter oder ein Spiel für die Menge, wie manche vermuten. Wenn da etwas anfing zu verrotten, dann nicht aus schlechten Absichten, sondern eher aus den großen Unterschieden zwischen unseren Charakteren und unseren Prioritäten. Wir kamen aus verschiedenen Welten, und ein kritischer Zustand brachte das ans Licht.

Gab es früher schon Risse?

Viel früher. Ich fühlte mich schrecklich erstickt, obwohl ich eine Menge aufrechter Gefühle für sie hatte. Ich kümmerte mich sehr um sie, vielleicht sogar zu viel. Ich war so eingenommen, dass ich ganz am Anfang zu viel Raum weggegeben habe. In der Tat ist jede Beziehung ein Kompromiss. Jedoch war es in diesem Fall anders. Nie zuvor war ich in einer Beziehung mit einer Frau dermaßen tolerant, nachgiebig und rücksichtsvoll. Aber selbst damit fühlte ich, dass unsere Verträglichkeit brüchig war.

Du meinst die Chemie, die Faszination…

Es war ein Zauber, sicher. Zu Beginn blühte alles ganz wundervoll. Wir wollten trotz all der Hindernisse zusammen sein. Wir ignorierten einfach das, was uns trennte, aber nach einer Weile rutschte mir die rosarote Brille von der Nase. Sogar schon vor meiner Erkrankung hatten wir ein paar ernsthafte Streitereien. Wir lebten sechs Monate wie ein Ehepaar. Während dieser Zeit packte ich zweimal meine Sachen und zog bei ihr aus.

Was hat euch getrennt?

Ich bin wegen Dorota nach Warschau gezogen. Ich ließ meine Freunde und die Familie in Danzig. Ich brauchte aber den Kontakt zu ihnen, also verbrachte ich Stunden am Telefon. Für Dorota war das wiederum ein Zeichen, dass ich in kritischen Situationen Hilfe oder Unterstützung suchen würde, indem ich einen Freund anrief. In Warschau hatte ich niemanden zum Reden. Rationale Gespräche waren mit ihr fast nie möglich.

Aber dennoch hast du dem zugestimmt.

Ja, weil ich zunächst eine süße und fantastische Frau sah. Erst mit der Zeit merkte ich, dass es zwischen uns eine intellektuelle Lücke gab; dass es keine Brücke gab, die uns intellektuell verband. Diese Beziehung war eine Mesalliance. Das muss nicht heißen, dass es falsch war. Immerhin basiert mein ganzes Leben auf Extremen. Also glaubte ich tief und aufrichtig an diese ungute Verbindung. Ich schob alle Zweifel weit zur Seite.

Und was sagten dir deine Freunde?

Sie wahrten Distanz. Ich bin stolz auf den Umstand, dass meine Freunde alle sehr reife Menschen sind. Sie urteilten nie über mich, und übrigens auch nicht über Dorota. Sie versuchten, mir gute Ratschläge zu geben, auch, wenn ich traurig und verbittert war. Es wäre einfach gewesen zu sagen: „Weißt du was? Mach mit ihr Schluss, sonst wird sie dein Leben ruinieren." Stattdessen hörte ich oft: „Wenn du in dieser Beziehung glücklich bist, ist es okay. Wir freuen uns für dich."

Aber du warst nicht glücklich.

Denk dran, dass ich mein ganzes Leben lang unabhängig war. Ich hatte meine eigene Wohnung, mein eigenes Auto, meinen Job und meine Vorlieben. Ich schätzte die Freiheit und den Raum, den ich hatte. Plötzlich änderte sich alles. Ich war plötzlich zu Gast bei jemand anderem daheim. Ich hatte einen eigenen Kleiderschrank und eine Zahnbürste, aber damit endete mein Bereich. Ich war überwältigt. Von jeder Wand schaute Dorota auf mich herab. Figuren von Dorota, Fotos von Dorota, ein Gemälde von Dorota... ich kam mir vor wie in einem Museum. Sekunde um Sekunde engte mich das ein.

War sie eine schlechte Frau?

Das war eher eine Frage ihrer Natur, nicht per se ihrer schlechten Absichten. Dorota ist einfach sehr dominant. Sie gibt offen zu, dass sie viele männliche Eigenschaften hat. Und da ist was dran. Sie ist ohne Zweifel eine Testosteron-Frau. Sie machte Sport, und sie liebt die Rivalität noch immer. Eines Tages hatten wir eine Idee: *Lass uns Paintball spielen!* Wir wollten mit unseren Freunden dahin. *Lasst uns Teams bilden, das wird lustig!* Sie war einverstanden, aber nur unter der Bedingung, dass wir in *gegnerischen* Teams wären.

„Warum?", fragte ich.

„Weil ich dir in den Arsch treten will!"

Es war natürlich ein Scherz, aber die ganze Situation verdeutlicht ihre Einstellung Männern gegenüber ziemlich gut.

Sie war viel jünger als du. Mit dem Alter ist das so eine Sache.

Dessen war ich mir bewusst. Du hast vorhin gemeint, dass ich mir vielleicht eine ältere Frau hätte suchen sollen. Diese Art Frauen fehlt in meinem Leben tatsächlich, aber nicht unbedingt aus einer Perspektive der Liebe. Ich denke da eher an den Einfluss einer älteren Schwester. Ich habe einen Bruder, wie du weißt, aber er lebt in Spanien, und unsere Charaktere sind sehr unterschiedlich. Vielleicht davon eine weibliche Version? Ja, ich spüre, dass da eine Lücke ist. Ich bräuchte eine Art Frau-Erzieherin-Vertraute. Jemanden, der mir alles erklärt, der mich tröstet, wenn ich es brauche, meine Hand nimmt und mit mir durchs Leben geht. Wie in dem Song von The Doors: „*Girl you gotta love your man, take him by the hand, and make him understand …* "

Du sagst das so, als hättest du nie eine Mutter gehabt.

Mit Eltern ist es so, dass sie sich um einen kümmern, bis man ein bestimmtes Alter erreicht hat. Dann werden die Rollen vertauscht: du wirst unabhängig, du durchtrennst die Nabelschnur... und dann fangen sie an, *dich* zu brauchen. Eltern werden auf diese ganz niedliche Art wie naive Kinder. Ich bin dabei, für Irena und Zenek eine Art Führer durch die heutige Welt zu werden. Selbstverständlich klappt bei ihnen noch alles, sie sind eigenverantwortlich und helfen mir immer noch. Aber die Beziehung ist anders als noch vor ein paar Jahren. Heute übernehme ich ziemlich oft die Führung.

Aber du konntest bei Dorota nicht die Führung übernehmen?

Normalerweise kann ich mehr als gut mit der Faust auf den Tisch hauen. So war das in den meisten meiner Beziehungen. Hier war es aber anders. Wie ich schon sagte, gab ich zu Beginn zu viel Raum her. Ab einen bestimmten Punkt hatte ich den Eindruck, vor einer Wand zu stehen und mit dem Kopf dagegenzuschlagen. Sie war unzerstörbar. Ich wusste nicht, was ich tun sollte. Aber ich steckte darin fest, weil ich sehr verliebt war, und ich war ehrlich. Ich wollte diese Beziehung um jeden Preis halten.

Vielleicht hat es einfach deshalb nicht geklappt, weil sich zwei Egozentriker getroffen haben?

Künstler, Leute auf der Bühne, neigen oft dazu. Ich bin ein Egozentriker, das streite ich auch gar nicht ab, und vermutlich bin ich deswegen Musiker geworden. Aber in dieser Situation habe ich losgelassen. Ich habe keinen Druck ausgeübt. Aber Dorota? Kann sein, dass wir wie zwei Magneten waren, die sich abgestoßen haben, so eine künstliche Kombination.

Hier mal ein typischer Abend: Sie kommt von einem Auftritt im Theater zurück, und ich sage: „Hey, ich spiele dir einen tollen Song vor!“

„Später vielleicht“, antwortet sie, „ich bin jetzt müde. Aber *ich* habe heute Abend eine tolle Rolle gespielt.“

Du weißt, wie das ist: „Ich, ich, ich! Meins ist wichtig! Ich, ich, meins!“

Wann hast du gemerkt, dass dieses Gebäude bald zusammenbrechen würde?

Im Krankenhaus. Die Medikamente, die Chemo, die Nähe des Todes, all das ließ mich die Welt anders sehen. Ich stellte mir selbst Fragen: Was brauche ich? Was ist mir wichtig? Was erwarte ich vom Leben?

Ich wollte darüber mit Dorota sprechen. Wenn jemand, der dir nahesteht, krank ist, sterbenskrank sogar, dann solltest du vielleicht in den Hintergrund treten. Das ist weder die Zeit noch der Ort für Machtkämpfe, aber Dorota sah das anders. Sie ließ nicht locker, und das merkte ich immer deutlicher. Ich brauchte Nähe und Verständnis, kein Schachbrett und Verwirrspielchen.

Und andere Leute?

Meine Freunde kamen mich besuchen. Meine Eltern konnten alles ertragen, was ich ihnen an den Kopf warf. Ich konnte sie mit meiner ganzen Frustration überschütten, und sie blinzelten noch nicht mal. Alle zwei Tage war mein Freund Krzysiek Sadowski bei mir. Er brachte mir immer Suppe von seiner Mutter Lidia. Er kam immer nur für eine halbe Stunde, aber wichtig war, dass ich mit ihm reden konnte. Er verbrachte seine Zeit mit mir.

Kikut besuchte mich auch. Er betete; das kotzte mich an, aber er tat es, weil er mir wirklich helfen wollte. Ein anderer Freund brachte mal eine ganze Tüte Sushi vorbei. Rohe Sachen konnte ich aber nicht essen, also rief ich meine Eltern an. Das war das erste Mal, dass sie so etwas aßen, und sie waren gleich hin und weg.

Meine Freundin Patrycja besuchte mich auch und brachte mir immer Brühe mit. Die Polen glauben, dass das eine lebensspendende Suppe ist. Ich persönlich zwar nicht, aber es war nett von ihr. Ich bekam viel Essen, auch einiges, das ich theoretisch nicht hätte essen dürfen. Maciej Gruszka und seine Frau Agnieszka schmuggelten es herein.

Ihr Jungs wart auch für mich da. *Alle* unterstützten mich, so gut sie konnten. Ich weiß noch, wie Rafal Szyjer mich mal besuchte; er wollte Gitarre mit mir spielen. Ich konnte zu dem Zeitpunkt noch nicht mal sitzen, geschweige denn Gitarre spielen. Ich lag einfach nur lethargisch da, aber er schnappte sich das Instrument und spielte einfach drauf los. Zwei Stunden lang sagte er kein Wort. Brauchte er auch nicht. Ich lag da und lauschte seiner Musik. Ich dachte sogar, dass das ein schöner Soundtrack für meinen Tod wäre, denn es kam mir so vor, als müsse ich sterben. Zum Glück konnten wir ein paar Monate später zusammen spielen.

Dorota besuchte dich auch regelmäßig?

Sie konnte zwölf Stunden bei mir sitzen. Aber sie war nur körperlich anwesend. Ich spürte einen ziemlichen Mangel an Empathie und Verständnis.

Vielleicht hatte sie die Situation satt?

Da bin ich sicher. Ich habe ihr dauernd gesagt: „Schatz, du musst nicht zwölf Stunden hier sein. Eine Stunde reicht, aber nur, wenn du die Zeit auch tatsächlich mit mir verbringst. *Sprich* mit mir.“ Und sie saß einfach da und suchte nach neuen Schuhen für die nächste Veranstaltung...

Ich glaube, an dem Punkt traf ich die Entscheidung. Ich spürte, dass die Beziehung vor dem Zusammenbruch stand.

Aber du hast nicht im Krankenhaus Schluss gemacht?

Trotz allem versuchte ich, es am Laufen zu halten. Weniger als einen Monat, nachdem ich aus dem Krankenhaus entlassen worden war, setzte ich mich am Valentinstag ins Auto und fuhr nach Warschau. Ich empfand enormen Stress, ich war wie auseinandergerissen. Ein Teil von mir wollte Zeit mit Dorota verbringen, der andere Teil schrie: „Nein!"

Die Feier an sich war toll. Wir machten gemeinsam Sushi. Nach außen hin sah man unser strahlendes Lächeln, aber innendrin ging alles den Bach runter. Wir malten das Gras grün an, ohne zu merken, dass es unter der Farbe verfaulte.

In dieser Nacht schlief ich nicht im Schlafzimmer, ich schlief auf dem Sofa. Ich wachte vor dem Morgen auf und fing an zu weinen. Ich konnte die Tränen nicht zurückhalten. Ich starrte an die Decke und hatte keine Ahnung, was ich tun sollte. Ich wusste, dass Dorota nachmittags aufwachen würde und ich nirgendwo hinkonnte.

Ich rief Pablo an, von Piaty Element. Er war eine Art Seelenverwandter in Warschau. Er kam vorbei und holte mich zum Kaffeetrinken ab. Wir redeten lange. Als ich zurückkam, ging es mir viel besser, ich hatte meine Gefühle im Griff. Als ich zurück nach Danzig fuhr, fühlte ich mich erleichtert. Noch fünf Stunden, dann wäre ich zu Hause. Keine Kämpfe, keine Streitereien... aber es kümmerte mich schließlich doch. Dorota ebenso. Aber alles war verfault. Ich fing an, Signale auszusenden. Ich wurde immer bestimmter. Vorher hatte ich sie wie ein Baby behandelt. Ich war immer „der Clevere", aber das konnte ich nicht länger ertragen.

Nach der Krankheit fing ich an zu trainieren. Ich wurde stärker, und das nicht nur körperlich. Sie wiederum kümmerte sich um ihr neues Album. Alles fiel auseinander, bis es schließlich endgültig zusammenbrach. Wieder ein Streit am Telefon, wieder ein Missverständnis... das war das letzte Mal. Ich legte auf und fühlte mich sofort wieder beflügelt.

Hat sie deinen Krempel verbrannt?

Ich bekam ein Foto von meinen brennenden Sachen, ja. Ihre Reaktion war, wie üblich, sehr emotional. Das überraschte mich nicht.

Dann geschah was?

Wir trafen uns noch einmal in Warschau. Ich wusste, dass es vorbei war, aber... es war eine Qual. Es hatte keinen Zweck, darüber zu reden und alte Wunden aufzureißen, weder ihre, noch meine. Ich kam in meine Wirklichkeit zurück, und Dorota kehrte in ihre Welt zurück.

Was meinst du damit?

Es gab einen bestimmten Paparazzo. Er folgte mir unaufhörlich und spionierte mir wochenlang hinterher. Damals lebte ich in ihrer Wohnung in Mokotów. Eines Tages fuhr ich in den Stodola Club, um ein paar Formalitäten zu regeln. Er hing die ganze Zeit an mir dran. Ich schlängelte mich durch die Gegend und versuchte einige Tricks, aber ich wurde ihn einfach nicht los. Meine Verärgerung erreichte ihren Höhepunkt, und ich hielt mitten auf der Straße an und hupte. Ich wollte eine Reaktion von ihm erzwingen. Er machte gar nichts.

Einen Augenblick später fuhr ich weiter. Ich war unglaublich aufgekratzt. Ich hielt auf dem Parkplatz vor dem Stodola an, und er auch. Ich wollte ihm eine runterhauen. Er machte eine Szene: „Was machst du, verdammt noch mal? Warum versuchst du, es uns so schwer zu machen?" Er zeigte auf sein verbeultes Auto und erzählte mir, ich hätte ihm seinen Lebensunterhalt weggenommen, indem ich Dorota genommen hätte. Er schrie mich an, er hätte sie von Anfang an verfolgt, aber jetzt hätte er kein Geld für Essen, erst recht keins, um sein Auto zu reparieren. Sie war für die wie ein Baum, und sie waren wie diese Ökofreaks.

Du hast Schluss gemacht, aber die Paparazzi wollten dich nicht gehen lassen.

Es wurde sogar noch schlimmer. In Danzig umstellten sie die Musicollective-Musikschule. Rafal Szyjer, der Mann, der im Krankenhaus so schön Gitarre gespielt hatte, war der Manager. Ich ging gerne dorthin, um mit anderen Musikern zu jammen. Diese Maden mit ihren Kameras bemerkten das. Ich war drinnen und sah zwei von ihnen durch das Fenster...

In der Presse ist viel Schwachsinn über meine Affären erschienen. Das fing an, als ich noch im Krankenhaus lag. Angeblich hatte ich Dorota betrogen, als ich Leukämie hatte. Ich habe nichts bestritten oder bestätigt. Mit solchen Medien rede ich nicht. Aber es hat mich schon ein bisschen geärgert. Mein Image war nicht das Problem, schöne Frauen ruinieren das nicht. Um mich wirklich aufzuregen, hätten sie schon schreiben müssen, dass ich Ziegen ficke. Es hat mich mehr geärgert, dass sie mir in die Hose schauen wollten. Ich sagte zu Rafal: „Mann, wir machen das folgendermaßen. Wir gehen händchenhaltend raus zu meinem Auto, du gibst mir einen zärtlichen Kuss, und ich gehe weg. Wir werden dieses System sowas von ficken."

Wir brachen in Gelächter aus, aber dann breite Rafal die Arme aus und sagte: „Ich kann nicht, ich unterrichte hier Kinder! Die Eltern gucken die Schule schon komisch an, weil sie wissen, dass du hierher kommst. Wenn es heißt, ich wäre schwul, gehe ich pleite." Das ist Polen.

Hätten die das überhaupt geglaubt?

Immerhin wäre es witzig gewesen.

Vor einiger Zeit traf ich mich mit Radek Majdan. Wir hatten das schon länger vor. Ich kannte viele seiner Freunde und habe oft gehört, er wäre einfach ein cooler Typ. „Du musst ihn kennenlernen, ihr werdet euch mögen." Das hörte ich oft von unseren gemeinsamen Freunden. Na ja, um ehrlich zu sein, hatten wir ähnliche Erfahrungen. Wir wurden miteinander verglichen. Man könnte auch sagen, dass wir ein Bett teilten. Ich wollte ihn einfach kennenlernen.

Das geschah schließlich auf einer Party, mitten in einer Horde Fotografen. Wir begrüßten uns mit einer dicken Umarmung und unterhielten uns etwa 30 Minuten lang. Wir tranken was und tauschten unsere Telefonnummern aus. Es war angenehm. So als würde ich ihn schon fünf Jahre kennen und nicht erst fünf Minuten.

Nach der Party kam ein Typ von *Fakt* zu mir. „Worüber hast du mit Radek geredet? Ist es ein Geheimnis? Erzähl mal!" Er war unterwürfig wie ein Hund und schleimig wie ein Reptil.

Ich machte ein überraschtes Gesicht und sagte: „Oh, weißt du das nicht? Wir sind ein Paar!"

Ich sah ihn mitleidig an und ging weg. Ich drehte mich noch nicht mal um.

Aber du sagtest, dass du manchmal explodiert bist, wenn die Paparazzi auftauchten.

Die sind wie die Kakerlaken. Manchmal ignoriert man sie, manchmal jagt man sie. Als Student wohnte ich einem dieser Uni-Gebäude und jagte gelegentlich das Ungeziefer. Ich kam in die Wohnung, leicht angetrunken und auf Zehenspitzen, und schlich mich an den Küchenschrank. Ich hatte ein Deo-Spray und ein Feuerzeug und öffnete schnell eine der Türen. Da waren Dutzende Kakerlaken, und ich erledigte sie mit dem Feuer. Sie brutzelten wunderbar. Und genauso jagte ich gelegentlich ein paar Paparazzi.

Hast du mal einen geschlagen?

Nein.

Die schrieben, du hättest mal einen verprügelt.

Der ist von alleine hingefallen. Das war ein paar Monate, nachdem ich aus dem Krankenhaus war. Ich wollte morgens zum Nordic Walking. Ich spürte sofort, dass jemand in der Nähe herumschlich. Einen Augenblick später erkannte ich den Kerl. Der hatte schon früher vor meinem Haus herumgelungert. Eine der schlimmsten Hyänen, aber gleichzeitig eine Oberpussy. Normalerweise hängte ich ihn mit meinem Auto in ein paar Sekunden ab.

Dieses Mal hatte er mich nicht gesehen, also dachte ich, ich erschrecke ihn mal ein bisschen. Ich lief in die Garage und stieg ins Auto. Ich fuhr los und bremste mit quietschenden Reifen vor ihm. Als ich ausstieg, rannte das Arschloch los. Ich versuchte, ihn zu verfolgen, war aber nach der Krankheit noch geschwächt. Meine Beine waren wie Gummi, und ich schlug mit dem Gesicht auf den Beton.

Aus dem Augenwinkel sah ich meinen Fitnesstrainer auf der anderen Straßenseite. Er musste das alles von Weitem gesehen haben. „Schnapp ihn dir!", rief ich. Er versuchte, ihn zu fangen, aber der Paparazzo stürzte. Er fiel auf seine Kamera. Wir hatten ihn. Er heulte: „Polizei! Polizeiii!"

Ich habe ihn noch nicht mal angefasst. Ich sah ihn nur angeekelt an und fauchte: „Verpiss dich aus meinem Leben, du Schlappschwanz!"

Aber der Typ rannte zur Polizei und erzählte, du hättest ihn verprügelt.

Und er wartete vor der Polizeiwache mit seinen Kumpels. Sie hielten ihre Kameras und Camcorder bereit. Das war alles sehr hübsch inszeniert. Er zeigte mich an, aber lauerte dann weiter darauf, mehr Bilder von mir zu machen. Scheiß Opportunist! Ich wollte nicht, dass er daraus Profit schlagen konnte, also brachte mich mein Anwalt im Kofferraum seines Wagens zur Wache. Die Polizisten waren cool. Sie verstanden vollkommen, mit was für einem Scheiß ich jeden Tag zu tun hatte. Ich machte eine eidesstattliche Aussage und ging zurück nach Hause. Ich wurde deswegen nie wieder vorgeladen, also nehme ich an, dass die Ermittlungen eingestellt wurden. Das ändert aber nichts an der Tatsache, dass diesem Kerl mal kräftig der Hintern versohlt gehört.

Warum?

Ein paar Monate zuvor war ich zwischen zwei Chemos aus dem Krankenhaus zurück daheim. Ich wollte meine Freundin vom Flughafen abholen. Genau dieser Paparazzo hatte seit dem Morgen mit einem seiner Kumpane schon gelauert. Das war eine ähnliche Situation. Sie forderten meine Geduld heraus, und ich versuchte, sie zu erwischen. Ich war sehr erschöpft, also bin ich buchstäblich auf die Nase gefallen. Ich schürfte mir die Hände und Knie auf und blutete. Ich hob den Kopf und sah, wie diese Fotze 15 Meter weiter dastand und gackerte.

Tut es dir leid, in solche Momente hineingezogen zu werden?

Ich lebe eigentlich in zwei Welten. Die eine davon ist meine. Darin wurde ich aufgezogen. Alles dort geschieht langsam, in einem eigenen Rhythmus. Dieser Teil ist mein tatsächliches Leben. Andererseits spiele ich in der zweiten Welt eine Art Rolle. Ich weiß nicht, wen ich oder warum ich sie spielen sollte, aber als Ergebnis landete ich in der Klatschpresse. Es ist einfach passiert. Ich kümmere mich nicht um diese Welt. Ich gehöre dort nicht hin, ich bin dort nur Gast.

Ich glaube sogar, dass es eine Menge Leute gibt, die auf der verschwommenen Grenze zwischen diesen beiden Welten leben. Ich habe mich mit dem Journalisten und TV-Moderator Tomasz Lis unterhalten. Er war in einer ähnlichen Lage wie ich. Er hat mal einen dieser Leute geschnappt. Und da er sehr groß und respekteinflößend ist, packte er den Kerl, sodass der buchstäblich über dem Boden schwebte. Lis wollte ihm eine reinhauen, aber er konnte sich beherrschen. Er hat die Linie nicht überschritten. Und das habe ich auch nicht.

Ärgert es dich nicht, dass du dich nicht mit einer Frau treffen kannst, weil das sonst auf allen Titelblättern der Boulevardzeitungen steht?

Wer hat gesagt, dass ich das nicht kann?

Gelegentlich gibt es Storys über Nergals neue Freundinnen…

In Danzig habe ich keine Probleme, mich mit jemandem zu treffen. Das ist mein Gebiet, und dort ist es schwieriger, mich zu erwischen. Ich habe viele weibliche Bekannte und Freundinnen, mit denen ich mich manchmal zum Mittag- oder Abendessen verabrede. Ich bin nicht anonym, aber es gibt Örtlichkeiten, wo ich mit einer Frau hingehen und sicher sein kann, dass niemand Fotos macht oder die Boulevardpresse informiert. In Warschau ist es viel schlimmer. Eine einfache Verabredung zum Kaffee mit einer Freundin, und am nächsten Tag heißt es, wir hätten eine Affäre.

Warst du nach Dorota in irgendeiner Beziehung?

Nein.

Also waren all die Gerüchte in den Medien Bullshit?

Ich habe mich mit ein paar Mädels getroffen, aber es war nichts Ernsthaftes. Ich war an einem Punkt in meinem Leben, an dem ich mit niemandem etwas anfangen wollte. Ich riss mich zusammen. Ich war in der richtigen Spur und konzentrierte mich darauf, meine beruflichen Pläne in die Tat umzusetzen.

Zurzeit ist für eine andere Person in meinem Leben kein Platz. Darüber bin ich mir sehr im Klaren. Wenn ich jemanden kennenlerne, erkläre ich sofort die Situation. „Süße, du kannst mich haben, aber nur bis um vier Uhr. Dann bin ich nicht verfügbar, ich gehe auf Tour. Ich komme in einem Monat zurück. Wir können uns wiedersehen, aber rechne nicht damit." Ich denke, das ist ehrlich – oder nicht?

Hast du keine Angst, dass so eine „Süße" versuchen könnte, deinetwegen Aufmerksamkeit auf sich zu lenken?

Vielleicht es naiv, aber das glaube ich nicht. So eine Frau habe ich noch nicht kennengelernt. Einmal vielleicht. Sie mochte Diskomusik, aber ich habe schnell den Kontakt zu ihr abgebrochen.

Ist Warschau aus deinem Plan ganz raus?

Nicht ganz. Ich mag Warschau, ich mag es sehr, aber ich lebe in Danzig.

Hast du eine Wohnung in der Hauptstadt?

Nein, aber ich denke darüber nach. Czeslaw Mozil hat mir den Reserveschlüssel für seine Wohnung gegeben. Ich habe mich bei ihm beschwert, dass ich immer eine neue Freundin angedichtet bekomme, sobald ich mir einer Frau in der Stadt auftauche.

Er lächelte und sagte: „Wo gehst du mit ihnen hin? Geh in irgendeine schmuddelige Kneipe in Praga, da erwischen sie sich nicht. Oder, noch besser, bring sie zu mir!"

Und so gab er mir den Schlüssel. Wenn er nicht zu Hause ist, nutze ich das aus. Manchmal...

Seid ihr gut befreundet?

Er ist ein toller Kerl und wir haben viel gemeinsam.

Manche Leute sagen, dass du ihn sogar etwas kopierst.

Wir haben ähnliche Probleme durchgemacht, und wir denken ähnlich. Er ist auch ein Typ, der aus dem Nichts kam. Er wurde nicht in das Scheinwerferlicht hineingeboren. Er kam durch Zufall da rein, und zwar mit einem Knall. Ich traf ihn, als er in Dänemark lebte. Er kam zu unserem Konzert, wir hatten viel Spaß, und so blieb es. Uns verbindet ein starkes Gefühl der Autonomie und Unabhängigkeit. Heute sind wir im Fernsehen, und morgen trinken wir ein Bier in irgendeinem Schuppen in der Zabkowska-Straße. Er ist authentisch und ehrlich in dem, was er tut. Ich behandele ihn in gewisser Weise wie einen kleinen Bruder. Wir telefonieren miteinander, ich unterstütze ihn bei Allem, was er tut. Und ich weiß, dass ich umgekehrt auch darauf zählen kann. Er ist ein wahrer Experte, wenn es um Frauen geht. Er gibt mir oft wertvolle Tipps und sagt mir, welche Fehler ich mache.

War deine Beziehung mit Dorota ein Fehler?

Keine andere Beziehung hat mich so viel über das Leben gelehrt. Es ist schwierig, so etwas einen Fehler zu nennen. Sie hat mir Erkenntnisse gebracht und mich im Inneren reicher gemacht. Ich habe nie so viel über menschliche Wesen gelernt wie in der Zeit in Warschau. Für diese Erfahrung, und nicht nur dafür, bin ich Dorota sehr dankbar. Außerdem hat sie mir viel Erstaunliches gezeigt. Manchmal kleine Dinge, aber unser Leben besteht auch aus kleinen Details. Das hört sich vielleicht blöd an, aber dank ihr habe ich die Indische Küche für mich entdeckt.

Du bist einigermaßen vorsichtig, wenn du von Dorota sprichst. Hast du Angst, dass in der Öffentlichkeit schmutzige Wäsche gewaschen wird?

Das ist eine Frage des Anstands. Ich rede offen über meine Gefühle, immerhin unterhalten wir uns deswegen. Aber ich will nicht niederträchtig sein. Vor einiger Zeit habe ich mal ein Interview mit einem Journalisten abgelehnt. Der hatte mit Dorota oft schmutzige Spielchen gespielt, auf ganz kranke und perverse Art. Ich habe ihm direkt gesagt, dass er in meinen Augen ein Stück Scheiße ist. Sein Gesichtsausdruck sah aus, als hätte ich seine Mutter getötet.

Du bist mit Kuba Wojewódzki befreundet, dem polnischen Comedian und Talkshow-Moderator. Er hat auch ein bisschen über Dorota gespöttelt. Gab es da irgendwelche Probleme?

Er ist ein schlauer Kerl mit einem tollen Sinn für Humor. Das mag ich. Selbst wenn er manchmal eine Linie überschreitet, ist er sehr wertvoll, finde ich. Er sagt, was er denkt. Der zerreißt *jeden*, das ist sein Job. Mich auch, aber hinter den ganzen Beschimpfungen habe ich immer eine gewisse Herzlichkeit gespürt.

Dorota und ich haben uns aber mal seinetwegen gestritten. Wir zappten abends durchs Fernsehen, und für einen Augenblick blieb sie bei seinem Programm. „Warte! Warte! Lass uns das schauen!“, rief ich. Und da ging es los. Sie warf mir vor, nicht loyal zu sein. Für sie muss Loyalität bedeutet haben, dass ich das Gleiche wie sie über eine Person denken sollte. Dorota hatte eine sehr eigentümliche Sicht auf diese Dinge. Manchmal hatte ich sogar den Eindruck, sie wollte, dass ich mich in irgendwelche Internetforen einlogge, um sie gegen Anfeindungen von irgendwelchen anonymen Leuten zu verteidigen. Bei Kuba war es dasselbe. Sie meinte, ich sollte ins Auto steigen, zu ihm fahren und ihm aufs Maul hauen, weil er es gewagt hatte, im Fernsehen einen Witz über sie zu machen.

Und wenn jemand sie richtig beleidigt hätte? Hättest du demjenigen eine gescheuert?

Natürlich. Mit Dorota gab es solche Situationen nicht. Aber vor ein paar Jahren hat ein Penner Celina auf sehr unfeine Art angegriffen. Wir waren am Bahnhof und wollten nach Thorn. Plötzlich kam der Penner zu uns. Er war derb und unverschämt. Ich habe nichts gesagt, nur abgewartet. Aber als er anfing, Celina anzugrabschen, konnte ich mich nicht mehr beherrschen. Ich trat ihm gegen den Kopf. Wortwörtlich.

Kämpfst du gerne?

Es gibt Augenblicke im Leben, da muss man einfach jemandem ein paar aufs Maul geben, verdammt noch mal. Früher war ich wie ein Vulkan an Emotionen. Als Paarundzwanzigjähriger habe ich Sachen angestellt, über die ich heute nur lache. Ich hatte eine Freundin, sie hieß Kasia. Wir sind bis heute gut befreundet. Ich war schwer verliebt, aber die Lage war viel komplexer, weil es da noch „den anderen Kerl“ gab. So etwas untergräbt das Fundament. Nichts trifft einen Mann mehr, als wenn ein Rivale ins Bild rückt. Keine Chance, dass ja jeder lebend rauskommt.

Hast du ihn verprügelt?

Er war physisch ramponiert. Ich war nach diesem Gefecht seelisch angeschlagen. In so einer Situation gibt es in jedem, selbst in einem mittelgroßen Kerl wie mir, einen Titanen, der die Welt zerstören kann.

Das ist lange her. Wie ist es heute?

Es ist nicht einfach, seinen Charakter zu ändern. Es ist immer noch so, dass meine negativen Emotionen in die ganze Welt gesendet werden, wenn mir etwas nicht richtig vorkommt. Andererseits verspürt jeder meine Liebe, wenn ich wirklich glücklich bin. Mit der Zeit gibt es jedoch mehr und mehr Harmonie in mir. Wenn ich angepisst bin, werde ich nicht mehr so wütend wie früher. Aber es ist ebenso schwierig für mich, hemmungslos kindlich glücklich zu sein.

Ich muss mich damit abgefunden haben, dass die Stärke eines Mannes darin liegt, über bestimmte Dinge stillschweigend hinwegzugehen und sich nicht auf emotionale Raufereien einzulassen. Es ist gut, wenn ein Mann diese Art stoischer Ruhe in sich trägt. Er kann einfach kein Hund sein, der jemandem an die Beine springt. Ein großer, starker Hund ignoriert die kleineren.

IX

THE VISION AND THE VOICE

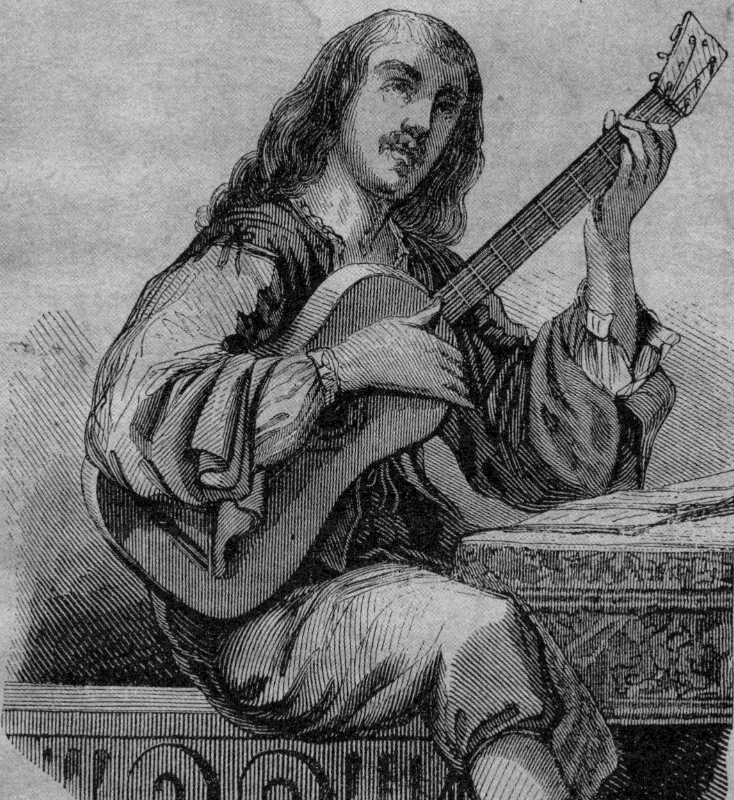

Ein netter Juror in einer Fernsehshow oder ein radikaler Black-Metal-Musiker. Welcher Nergal ist echt?

Beide. Oder keiner. Kommt auf den Betrachter an.

Sind das nur Masken?

Der echte Nergal ist in ständiger Bewegung. Er ist immer auf der Suche. Wie in den Büchern von Witold Gombrowicz. Ich entkomme der einen Form und nehme eine andere an. Darin bleibe ich aber nicht zu lange, denn ich bin immer im Wandel.

Zu allererst bin ich Musiker, aber ich schränke mich da nicht ein. Ich will mich nicht in irgendeinem Ghetto verschließen. Ich nehme neue Herausforderungen an. Ich werde es mit dem Schreiben versuchen, und vielleicht werde ich meinen Platz im Fernsehen finden, wenn das geht. Wer weiß, was als nächstes kommt.

Hast du ein Problem mit deiner Identität?

Das ist eher eine Annehmlichkeit als ein Problem. Ich muss nicht irgendwelchen vorgegebenen Grundprinzipien entsprechen. Und wenn doch, dann einfach deshalb, weil ich die mag.

Welches Ich von dir mag sie?

Alle meine Ichs. Nergal ist ein Prozess. Ich bin noch am Werden. *Panta rhei*. Es ist dasselbe mit der Musik, die ich spiele. Behemoth entfliehen den Schemata nach wie vor.

Dieses Entfliehen ist allerdings nicht allzu radikal.

Das ist relativ. Natürlich sind wir nicht so radikal wie beispielsweise Ulver. Wir mäandrieren nicht wie sie zwischen primitivem Black Metal, Akustik-Folk und moderner elektronischer Musik. Sie sind großartig, und ich bewundere ihre Einstellung. Aber wir sind Behemoth, nicht Ulver. Wir sind auch nicht wie AC/DC, die ihre Fans so erzogen haben, dass die jede Abweichung von ihrem Stil als Sakrileg bezeichnen. Wir erziehen unsere Fans anders.

Es gibt in unserer Musik konstante Elemente. Es gibt sogar eine vergleichbare Dosis an Extremität und eine – so hoffe ich – eine durchgehend vergleichbare Qualität. Ebenso unerschütterlich ist unsere Ehrlichkeit. Der Rest ist fließend. Mir gefällt diese Kombination. Und auch, dass wir das spielen können, was man „technische Zungenbrecher" nennen könnte, während wir gleichzeitig die Einfachheit betonen.

Aber geht ihr damit nicht über Metal hinaus?

Nein, denn wir lieben ihn! Er ist vielleicht meine größte musikalische Liebe, und ich möchte ihn mir zu eigen machen. Er ist unsere Nische. Aber glaub mir: Sollte je der Moment kommen, dass ich diese Töne nicht fühle, werde ich die Arena verlassen und irgendwas anderes spielen. Behemoth werden nie etwas vortäuschen.

Was ist mit den anderen? Könntest du dir Inferno als einen Drummer in einer Alternative-Band vorstellen?

Du wirst überrascht sein! Er hat mich neulich dazu überredet, Jane's Addiction zu hören, die ich absolut nicht ausstehen konnte. Der „idiotische Drummer" ist nur ein Gerücht unter Musikern. Inferno hat einen wirklich ungewöhnlichen Musikgeschmack. Er spielt besser Gitarre als ich Schlagzeug, und am Keyboard kommt er auch zurecht. Er sieht vielleicht wie ein radikaler Metaller aus, aber ich kenne ihn. Und ich weiß, dass er auf vielerlei Arten Empfindungen hat. Er liebt Killing Joke, und er mag polnische Protestlieder aus den 40ern. Manchmal hört er auch New-Wave-Zeug.

Ist das heutzutage nicht trendy, wenn man das so macht?

Ich kenne mich mit Trends nicht aus.

Sind Behemoth im Trend?

Das hoffe ich.

Einige Künstler würden das als Beleidigung auffassen.

Manche Menschen schwimmen mit dem Strom, manche kämpfen dagegen an. Das interessiert mich einfach einen Scheiß – jedenfalls, wenn ich mich nach meinem eigenen Kodex richte. Der Rest ist nicht so wichtig, das sind einfach Kategorien. Und es geht nicht nur um Musik. Ich habe sowieso den Eindruck, dass wir als Resultat unserer Einstellung so trendy wurden.

Bist du auch manchmal ein Fan von solchen Einstellungen?

Morbid Angel, eine meiner Lieblingsbands, haben unlängst ein Album aufgenommen. Sie kombinierten Death Metal mit Underground-Techno und Industrial-Klängen. Nachdem ich ihm etwas Zeit und Aufmerksamkeit gewidmet habe, würde ich dieses Experiment im Endergebnis als mittelmäßig bewerten. Im Kontext all dessen, was sie gemacht haben, ist das Album ziemlich arm, würde ich sagen. Trotzdem bin ich ein Fan davon, und ich verneige mich vor dieser Kompromisslosigkeit. Diese Burschen wollten das System umkrempeln. Hat nicht geklappt? Schade auch. Aber sie haben echt Eier gehabt.

Sind Behemoth eine kommerzielle Band?

Ich hatte ein gemeinsames Abendessen mit den Jungs von Anthrax, mit denen von Ozzy Osbournes Band und den Nu-Metallern von Ektomorf. Wir sprachen über den Kommerz. Ich sagte, dass dieses Thema mich nichts angeht, weil Behemoth grundsätzlich eine Undergroundband sind. Der von Ektomorf spuckte fast sein Essen aus. Er sah mich an, als wäre ich verrückt geworden. „Du denkst, ihr wärt Underground? Du hast keine Ahnung, was du da erzählst. Guck dir mal eure Videos an!"

Ich antwortete, dass es nicht wichtig sei, wie viel Geld man für einen Videoclip ausgibt, oder dass er von ein paar Millionen Menschen angeschaut wird. Das sagt nur etwas über unsere Popularität aus. Man kann berühmt sein und sich trotzdem dem Mainstream fernhalten. „Underground" ist zuerst mal eine Botschaft, die man den Leuten durch Musik übermittelt. Und unsere Botschaft ist unbestreitbar extrem.

Danzig waren Anfang der 90er unverkennbar und radikal. Sie spielten in ausverkauften Stadien, aber das war egal. Das hat sie nicht bescheiden werden lassen. Noch ein Beispiel: Laibach, eine meiner Lieblingsbands. Die Jungs sind die ganze Zeit extrem. Sie provozieren ihre Hörer und gehen bis zum Äußersten, aber gleichzeitig flirten sie seit 30 Jahren mit dem Mainstream.

Allerdings verspotten Laibach die Popkultur. Das ist Teil ihres Ethos.

Das stimmt, aber wir heißen Behemoth, nicht Laibach. Unser Ethos ist anders.

Kommerzieller?

Wenn Behemoth Musik für die Massen spielen, wo sollte man dann die Musik der Red Hot Chili Peppers oder von Lenny Kravitz verorten?

Vielleicht beziehen wir uns in eurem Fall ja nur auf den Metal-Mainstream?

Ich war bei einem Rammstein-Konzert. Da standen 10.000 Leute vor der Bühne. Bei unseren Shows tauchen etwa 1.000 Leute auf. Rammsteins Crew besteht aus dreihundert Leuten, wir haben drei. Die geben jeden Abend 30.000 Euro aus, wohingegen unsere Pyrotechnik nicht mal 3.000 Zloty kostet.

Ich denke, dass Rammstein ein gutes Beispiel für den Metal-Mainstream sind. Sogar bei meiner Mutter wäre es vorstellbar, dass sie Rammstein mag. Sie hat sogar mal zu „Reise, Reise" mitgesummt, als ich es im Auto laufen ließ.

Was ist mit Slayer?

Die sind nicht kommerziell.

Trotzdem kennt jedes Kind Slayer.

Es kennt auch jeder den Teufel. Aber macht ihn das zu einer Persönlichkeit des Mainstream? Der Teufel ist Underground, Gott ist Mainstream.

Und Fernsehshows wie *The Voice Of Poland*? Sind die Kommerz oder Underground?

Sie sind ein Abenteuer, sagen wir es mal so.

Ein gutes oder ein schlechtes?

Mit Sicherheit ein gutes.

Was hat dich dazu bewogen, an diesem Projekt teilzunehmen?

Zwei Dinge: Spaß und Geld. Ich hatte ein paar Monate mit meiner Krankheit gekämpft. Ich habe keine Auftritte absolviert, also habe ich kein Geld verdient. Meine Ersparnisse schrumpften. Ich musste trotzdem Steuern bezahlen, ob ich gesund war oder nicht. Und die Behandlung war nicht billig. Natürlich wurde ein Teil der Kosten von dem polnischen Nationalen Gesundheitsfonds übernommen, aber auf keinen Fall alles. Ich ging als wohlhabender Mann ins Krankenhaus und kam mit Schulden wieder raus. Wir sollten eigentlich im

Herbst Konzerte geben. Der Teufel persönlich reichte mir das Fernsehprogramm auf einem Teller.

Also ging es schließlich nur ums Geld?

Das war vielleicht der entscheidende Faktor, aber nicht der einzige.

Eine Menge Künstler würden eher ihre eigene Scheiße fressen als zuzugeben, dass sie irgendwas des Geldes wegen getan hätten.

Ich bin ehrlich. Ich mich selbst im Spiegel ansehen, und ich verliere nicht an Glaubwürdigkeit. Ich will nicht die ganze Welt betrügen und jedem erzählen, dass ich es umsonst gemacht hätte. Ich habe es auch wegen des Geldes getan, und ich sehe darin kein Problem. Ich habe mich nicht prostituiert. Ich diktierte meine Bedingungen, und die wurden erfüllt. Warum also sollte ich ablehnen? Ich unterschrieb den Vertrag ein paar Stunden vor der Aufnahme, nachdem sich alle einig waren. Und es ging nicht nur um finanzielle Angelegenheiten.

Hast du viel verdient?

Genug, um mich auf die Herbsttour relativ entspannt vorbereiten zu können, ja.

Wie viele Nullen genau?

Sechs Komma Sechs Sechs Zloty. Zuzüglich Vorauszahlungen. Und ich rede von jeder Rate.

Hast du nicht gezögert?

Ich habe lange mit mir gekämpft.

Wie ergab sich überhaupt die Gelegenheit?

Eine nette Dame vom Rochstar rief mich an und lud mich zu einem Gespräch ein. Ich war gerade bei einem Freund in Krakau und ruhte mich nach meinem ersten Bühnenauftritt nach dem Krankenhaus aus.

Redest du von der Show mit Fields Of The Nephilim?

Ja, eine erstaunliche Geschichte. Damals in den 90ern konzentrierte ich mich hauptsächlich auf extreme Musik. Es gab nur eine Handvoll Künstler aus dem nichtmetallischen Bereich, die mein Herz wirklich erobert haben. Ich meine Künstler wie Dead Can Dance, Diamanda Galas oder die eben genannten Fields Of The Nephilim. Ich lernte ihre Musik kennen, als ich 16 war. Sie hatten einen großen Einfluss auf die Entwicklung meines musikalischen Geschmacks.

Hattest du sie vor der Show in Kattowitz schon persönlich kennengelernt?

Ja, wir haben sogar unsere eigene Version des Songs „Penetration" aufgenommen. Das war der Song, den ich auf der Bühne des Mega Club sang. Carl McCoy begleitete mich, ich kannte ihn schon ein paar Jahre. Ich schrieb ihm eine E-Mail, und er antwortete. Seine Tochter Scarlet erwies sich als ein Fan von uns. Er bat mich um eine CD mit einer Widmung für sie, und so fing alles an.

Eine Zeit später rief mich meine Freundin Ilona an, die im Stodola in Warschau arbeitete. Sie meinte, dass Fields Of The Nephilim dort spielen würden und dass sie gerne hätten, wenn Behemoth mal vorbeischauen würden. Da traf ich Carl zum ersten Mal. Ein paar Monate später teilten wir uns eine Bühne, als wir auf dem Tuska Festival in Finnland auftraten. Dann bekam ich das Angebot, bei ihrem nächsten Konzert in Polen „Penetration" mit ihnen zu singen.

Ich musste jedoch ablehnen. Zu der Zeit tourten wir mit Behemoth in einem anderen Teil der Welt. Schließlich habe ich es einfach vergessen, und ich wurde krank. Aber zum Glück spielten Fields Of The Nephilim nochmal in Polen, ein paar Monate, nachdem aus dem Krankenhaus kam. Sie boten mir dasselbe noch einmal an, und ich dachte, es wäre einen Versuch wert.

Fühltest du dich dem gewachsen?

Ich war geschwächt, aber ich *musste* an dieser Show teilnehmen. Ich erinnere mich an die ganze Fahrt von Danzig nach Kattowitz. Als ich den Club betrat, konnte ich kaum aufrecht stehen. Ich war nicht nur physisch komplett im Eimer, sondern auch sehr emotional in diesem Moment. Ich witterte sofort diesen charakteristischen Geruch. Jeder Club auf der Welt riecht so. Eine bizarre Mischung aus Schmutz, Holz, verschüttetem Bier, Zigaretten und Schweiß. Das liebe ich. Ich erkannte sofort, dass ich an einem Ort war, an den ich hingehörte. Die Bühne ist mein Leben.

Kurz vor der Show teilen Carl und ich die Lyrics unter uns auf. Ich war auf den Knien, während er mich vorstellte. Zwischen zwei Songs sagt er normalerweise gar nichts, und nach den Auftritten kommt nur ein knappes „Danke“. Dieses Mal stellte er mich als seinen Freund vor. Das war echt verdammt emotional.

Auf der Bühne war ich vollkommen weg und mein Mund wurde augenblicklich trocken, weil ich im Krankenhaus große Probleme mit der Schleimhaut hatte. Die Probleme traten auch Monate danach immer wieder auf. Der Stress lähmte mich, und ich konnte noch nicht mal eine Flasche Wasser neben mir hochheben.

Trotz all der Beschwerden fühlte ich aber genau in diesem Moment, dass ich die wahrhaftige Essenz des Lebens erfuhr. Ich bekam eine Gänsehaut, als ich zu singen anfing. Ich hatte nie den Text dieses Songs analysiert. Erst dort, auf der Bühne des Mega Club, erkannte ich, was er wirklich bedeutete:

Shining like gods, new body, new blood.

Erst ein paar Monate zuvor hatte ich eine Bluttransfusion bekommen, was im Endeffekt einen kompletten Wechsel meiner Blutgruppe bedeutete! Ich sah die Leute vor mir. Sie deuteten mit den Fingern auf mich, ihre Blicke loderten.

Du hast es also hinbekommen?

Am nächsten Tag ging es mir schrecklich. Der Ärger begann nachts, und ich hatte alle Symptome einer Rotavirus-Infektion. Ich ging ins Krankenhaus, und dort kamen die Zweifel. Ich fragte mich, ob ich je wieder auf die Bühne könnte, oder ob es einfach an der Zeit wäre, sich zur Ruhe zu setzen. Mein Freund, der Chirurg Piotr Guzik, untersuchte mich. Er ließ mich in einem Zimmer seiner Wohnung bleiben. Ich lag dort, unter einem Tropf. Beata, eine Krankenschwester und zudem Piotrs Freundin, hatte ihn mit einem Stück Verband am Kronleuchter befestigt. Sie kümmerten sich großartig um mich.

Um mich herum waren tausende von Vinyl-LPs, fast nur Heavy Metal. Piotrs Mutter kam jeden Tag vorbei und sagte: „Weil du zu wenig isst. Komm, ich habe dir ein paar Koteletts gebraten."

Ich antwortete: „Aber, Verehrteste, das geht nicht. Ich habe Durchfall. Ich muss mich an meine Diät halten."

„Nein! Du musst was essen, sonst wirst du zu schwach!"

Also machte sie mir noch mehr Koteletts mit Kartoffeln. Sie pflegten mich drei Tage lang. Und dann bekam ich den Anruf von Rochstar.

„Herr Darski, würden Sie gerne an der polnischen Version von *The Voice* als Coach teilnehmen?"

Nicht ganz. Etwa so: „Herr Darski, wir arbeiten an einem Projekt, das Sie interessieren könnte. Würden Sie uns in Warschau für ein unverbindliches Gespräch besuchen?"

Wusstest du, um was es ging?

Ich fand heraus, dass es um irgendeine TV-Produktion ging. Mein erster Gedanke war: „Nur über meine Leiche", um ehrlich zu sein, aber ich war mit dem Treffen einverstanden. Auf der Rückfahrt nach Danzig hielt ich in Warschau. Die Leute in der Firma waren alle sehr freundlich. Sie empfingen mich herzlich, setzten mich vor einem großen Bildschirm in einen bequemen Sessel und zeigten mir eine westliche Version von *The Voice*. In dem Augenblick war mir klar, wohin das Gespräch führen würde. Ich schaute auf den Bildschirm, sah mir die Show an und dachte: „Unter keinen Umständen werde ich da mitmachen." Ich kann nicht singen, also wie sollte ich jemandem beibringen, seine oder ihre Stimme zu nutzen?

Hast du den Leuten von Rochstar deine Zweifel mitgeteilt?

Sie wollten mich überzeugen, dass meine Rolle in *The Voice* nicht die eines Gesangslehrers wäre, das würden Profis übernehmen. Ich wäre da, um echte Talente zu Tage zu fördern. Sie verließen sich auf meine Intuition und auf den Umstand, dass ich den ganzen Weg aus dem Keller bis an Spitze meiner Sparte hinter mir hatte. Sie hatten gute Argumente, aber ich war immer noch skeptisch. Ich bedankte mich für die Gastfreundschaft, versprach, dass ich mich melden würde, und fuhr weiter nach Danzig.

Wurde über dein Honorar gesprochen?

Nein. Außerdem wollte ich noch nichts von irgendwelche Zahlen hören. Ich rief später Kuba Wojewódzki an, den Musiker und ehemaligen Juror bei einer Talentshow. Ich stellte ihm einige Fragen. Er sagte mir, was mich erwarten würde und gab mir einige gute Tipps. Im Prinzip ermutigte er mich dazu, das Angebot anzunehmen. Aber ich haderte immer noch. Ich fühlte mich gut in meiner Nische. Wegen meiner Beziehung mit Dorota war ich schon etwas bekannter geworden. Ich war bei ein paar Medienveranstaltungen und, ja, ich habe einige Leute mein Gesicht fotografieren lassen. Ich fühlte mich aber trotzdem nicht sonderlich zu dieser Welt hingezogen. Irgendwas an dieser Vorstellung gefiel mir aber...

Wurdest du schwach?

Rochstar schickte mir eine Aufnahme der Show. Von Zeit zu Zeit schaute ich sie mir an. Zunächst dachte ich, dass das nicht so schlimm sei, aber ich habe trotzdem nicht im Ernst daran gedacht, diese Herausforderung anzunehmen.

Warum hast du deine Meinung geändert?

Ich habe meinem Freund alles erzählt. Ich schätze seine Meinung sehr. Ich bombardierte ihn mit Fragen: „Soll ich da einsteigen? Was werden meine Fans sagen? Welche Auswirkung wird das auf die Band haben? Wie werde ich mit dem Stress und der Verantwortung zurechtkommen?“ Er sagte zu mir, dass ich darüber nicht zweimal nachdenken solle. Selbstbegrenzung sei ja quasi die Definition von Sünde. Ich fühlte mich sicherer. Ich erstellte eine Liste mit Pro und Kontra. Ich war immer noch zu schwach, um wieder auf die Bühne zurückzukehren, und ich hatte immer noch einige Monate Zeit bis zur nächsten Tour.

Ich selbst sehe meine Entscheidung, zu *The Voice* zu gehen, ein bisschen so, als würde man aus einem See steigen, der gerade zugefroren ist. Wenn du bemerkst, dass das Eis sehr dünn ist, rennst du nicht in die Mitte des Sees und springst wild darauf herum. Aber man *kann* einen Fuß übers Eis gleiten lassen, wenn der andere auf festem Grund steht. Stars tanzen auf dem Eis, ich nicht. Ich habe es kaum berührt und entschied mich, mit diesem Programm genauso umzugehen.

Einen Fuß auf festem Grund, den anderen auf dem Eis.

Viele Leute schaffen das. Musiker auch. Schau dir beispielsweise den Typ von 30 Seconds To Mars an, Jared Leto. Er ist ein guter Schauspieler und auch ein guter Leadsänger. Er hatte eine großartige Rolle in *Lord Of War*, er war in *Fight Club*, *Requiem For A Dream* … diese Titel sprechen für sich. Auch mit seiner Musik läuft es ganz gut. Ich mag seine Band nicht wirklich – ihre Musik ist oberflächlich –, aber sie sind erfolgreich, also muss da irgendwas dran sein.

Und es gibt einige solche Beispiele: Tom Waits, Iggy Pop, Keith Richards. Letzterer ist eine lebende Legende, der absolute Held des Gitarrenriffs. Er hat mal in einem Film mitgespielt, sein Heiligenschein ist dabei nicht verschwunden. Er musste nicht einmal eine Rolle spielen, er kam einfach zu diesem Set und spielte sich selbst. Er hat Charisma hoch 1000!

Ja, natürlich, aber die Mehrheit der Heavy-Metal-Größen tritt nun mal nicht vor die Kamera.

Es gab *einen* Typen, der mal aus der dunklen Höhle kam. Sein Name ist Jonas Akerlund, er debütierte als Schlagzeuger auf dem ersten Album der schwedischen Legende Bathory – die ungeschlagenen Pioniere des Black Metal. Er begann seine Abenteuer hinter der Kamera, indem er Videos für andere Black-Metal-Bands drehte, so zum Beispiel für Dimmu Borgir. Heute ist er einer der gefragtesten Videoproduzenten überhaupt. Derzeit macht er Videos für Künstler wie Duran Duran, Lady Gaga, Madonna. In Polen ist dieses Konzept, dass ein solcher Typ im Mainstream verankert ist, etwas ziemlich Neues. Aber im Westen haben es schon viele Menschen aus dem musikalischen Randgebiet geschafft, die Popkultur zu infizieren.

Aber Akerlund hat quasi seine Szene verlassen und sich auf etwas komplett anderes fokussiert…

… und ich habe das nicht. Die Show, die große Leinwand, mich selbst herauszufordern in anderen Musikgenres – all dies sind gute Sachen, aber ich kenne meine Wurzeln, und bei denen bleibe ich. Es gibt manche, die behaupten, ich habe die Linie schon vor längerer Zeit überschritten, aber das denke ich nicht. Ich gehe nicht in irgendwelche Discounter und spiele in Einkaufszentren. In allem, was ich tue, bin ich glücklich. Ich glaube, wenn das Adrenalin durch die Adern strömt, ist alles okay. Diese Sendung hat mir das Gefühl gegeben, und ich denke nicht, dass ich mich in irgendeiner Art und Weise verkauft habe.

Wie hast du dich selbst in der Rolle des Jurors im Fernsehen gesehen?

Gut, finde ich. Aber das heißt nicht, dass am Anfang keinerlei Ängste vorhanden waren. An meinem ersten Drehtag habe ich mit der Sängerin und Songwriterin Ania Dabrowska einen Kaffee getrunken. Und so ergab es sich, dass wir uns sofort zu Beginn des ganzen Prozesses angefreundet haben. Ich erzählte ihr von meinen Zweifeln. Sie lächelte mich an und sagte: „Adam, jetzt kannst du wirklich alles tun."

Geht es im Leben nicht darum, sich diese Worte immer wieder selbst vorzusagen? Ich bin in eine vollkommen fremde Welt eingedrungen. Aber ich war nicht eingeschüchtert, das entspricht nicht meiner Natur. Ich habe nicht wirklich Probleme damit, neue Leute kennenzulernen, also habe ich schnell den richtigen Weg gefunden. Auf irgendeine Art und Weise hat mich diese Show tatsächlich befreit. Mein Toleranzlevel für die Welt war vorher schon hoch, aber es wurde nun noch höher. Ich habe so viele wunderbare Leute getroffen: bei Rochstar, in der Crew, in der Sendung; sie kamen vollkommen offen auf mich zu, sehr herzlich und freundlich. Und ich gab ihnen selbiges zurück.

Und die anderen Juroren? Du hast dich also sehr schnell mit Ania angefreundet, wie war das mit Piasek?

Künstler wie Andrzej sind normalerweise genau die Sorte Menschen, die von Leuten wie uns ausgelacht werden – rebellisch und trotzig. „Ah, da ist er ja, der Typ aus dem Radio mit seinen Schnulzen." Stilistisch sind wir wirklich Lichtjahre voneinander entfernt, sind in vollkommen unterschiedlichen Welten aufgewachsen. Aber wie sich herausstellte, waren sich diese unterschiedlichen Welten eigentlich doch sehr ähnlich.

Dieselben Groupies?

Nein, bei Andrzej waren das definitiv nicht dieselben. Wie auch immer, es stellte sich bald heraus, dass er eigentlich ein ziemlich cooler Typ mit sehr viel Selbstdistanz war. Er hatte eine ziemlich große Neugier für die Welt im Allgemeinen und so auch für meine – auch, wenn ich am Anfang nicht so genau wusste, was ich von ihm halten sollte.

Ich ging vor der Show zu Andrzej, als er gerade in der Maske saß. Ich stellte mich vor und sagte, dass ich mich sehr auf unsere Zusammenarbeit freue. Er antwortete in einem sehr ersten Ton: „Ich habe gehört, dass du ganz okay sein sollst. Ich hoffe, das ist die Wahrheit."

Ich war mir nicht sicher, was er meinte, aber die Distanz ist schnell geschmolzen. Nach ein paar Drehtagen stellte sich heraus, dass wir auf der gleichen Wellenlänge schwimmen. Es gab die ganze Zeit Schlagabtausche zwischen uns. Ich habe versucht, ihn unterschwellig zu beleidigen, aber es war einfach unmöglich, ihn fertig zu machen. Ganz im Gegenteil: er zahlte es mir immer heim, auch wenn er es ebenfalls unterschwellig und subtil tat. Ich fühlte, dass wir uns beide respektieren. Tatsächlich haben wir immer noch Kontakt, bis heute. Wir treffen uns, wenn wir können, und manchmal essen wir sogar zusammen zu Abend.

Wie sieht es mit der anderen Jurorin aus, Kayah?

Am Anfang war Kayah sehr distanziert – aber nicht bloß mir gegenüber. Es gab da gewisse Reibungen zwischen ihr und Piasek, aber vor allem zwischen ihr und Ania, wie es normalerweise zwischen Frauen üblich ist … manchmal haben Andrzej und ich uns einfach angeschaut, wenn wir nicht wussten, was wir sagen sollten. Kayah hat in normalen Gesprächen immer sehr emotional auf das Alter, das Aussehen oder das Muttersein reagiert. Bald hatte ich mich dran gewöhnt, und später wurde es alles viel einfacher. Ich konnte auch mit ihr eine gemeinsame Linie finden.

Natürlich gab es auch manchmal Reibungen zwischen uns allen; manchmal sogar etwas größere, aber allgemein würde ich sagen, dass wir uns alle sehr gut ergänzt haben. Ania: immer distanziert, manchmal vielleicht sogar gleichgültig; so ist sie nun mal. Kayah: sehr emotional, manchmal cholerisch oder vielleicht sogar hysterisch. Andrzej: mit seinen Zitaten von klassischen russischen Autoren. Und ich … Ich werde über mich selbst nicht urteilen. Ich war unberechenbar, das ist sicher, ein bisschen was von einem Spaßvogel und ein bisschen von einem Klugscheißer.

Bist du gut mit den Moderatoren, Magda Mielcarz und Hubert Urbanski, zurechtgekommen?

Diese Beziehungen waren rein professionell. Sie sind Profis. Ich würde das sogar noch eine Stufe steigern und sagen, dass sie eiskalte Profis sind, aber das ist nicht in negativem Sinn gemeint.

Und hast du dich jemals so gefühlt, als gehörtest du da nicht hin?

Es gab gewisse Situationen, die mich verunsichert haben. Während der ersten Tage, als wir die Leute für unsere Teams ausgesucht haben und uns dabei komplett auf die Stimme und die Performances stützen mussten, habe ich mich unsicher gefühlt. Ich zweifelte meine Auswahlen im Nachhinein an.

Ich hatte den Eindruck, niemand wirklich Guten zu haben – bis Monika Urlik auf der Bildfläche erschien. Die anderen Teams machten einen starken Eindruck. Ich war frustriert, auch wenn ich mich selbst immer wieder ins Gedächtnis rief, dass es bei dieser Show eigentlich vor allem um Spaß geht.

Außerdem habe ich einige Fehler gemacht. Ich möchte keine Namen nennen, aber manche Dinge klangen super im Studio und ich war begeistert, aber als ich es dann noch einmal im Fernsehen angeschaut habe, konnte ich es nicht mehr hören.

Vielleicht haben sich da deine eigenen technischen Grenzen gezeigt?

Vielleicht. Die anderen Juroren haben mir manchmal zu verstehen gegeben, dass ich kein richtiger Sänger sei und ich nicht wirklich viel von der Kunst des Singens verstehen würde. Als ich beispielsweise Ares, den Verrückten Griechen ausgewählt hatte. Er war verdammt wirkungsvoll, auch wenn er technisch nicht so gut war und stilistisch eher eindimensional – genauso wie ich –, aber auch er hatte seine Sparte und konnte sich in dieser gut verkaufen. Er war mit Sicherheit keine Lusche. Ich wusste, er würde die Show nicht gewinnen – er war einfach kein überragender Sänger, aber er konnte die Leute gut unterhalten. Genauso wie der Metaller in meinem Team – Filip Salapa. Ich hoffe, sie haben es beide geschafft und ihre musikalischen Hinterhöfe erobert.

Du bist auch kein herausragender Sänger, aber du hast in der Sendung gesungen, oder es zumindest versucht...

Ich bin ein Shouter und Screamer, kein Sänger. Das ist ein großer Unterschied. Meine Kunst braucht den Schrei – etwas Primitives und Wildes. Es ist atavistisch. Ich kann es schon nachvollziehen, dass ein growlender Typ auf der Bühne für manche Leute etwas merkwürdig erscheint, aber für mich ist das so natürlich wie Atmen. Ich denke nicht, dass ich singen kann – ich tue nur so, als ob.

Aber es war nicht eine *Stimme*, die sich als größte Sensation in *The Voice* herausstellte.

Wie mein Freund Lipa singt: „Everyone has his own thorn." Meine Anwesenheit in der Show stellte sich als Dorn im Auge vieler Leute heraus; es war, als würde man in ein Hornissennest stechen. Was nach der Ausstrahlung der ersten paar Folgen passierte, war wie *The Matrix*. Zu dieser Zeit hatten wir bereits wieder mit der Band zu proben begonnen und waren dabei, eine Tour vorzubereiten.

Die Sendung war eigentlich gerade eher eine Nebensache, und plötzlich wurde meine Anwesenheit im Fernsehen zum Hauptthema einer nationalen Diskussion. Ich fühlte mich wie ein Comicbuchcharakter, als zeichnete jemand an Ort und Stelle meine Geschichte, nur dass ich daneben auf der Seitenlinie stand und zusah. Bischöfe, Politiker, Leute von denen ich niemals zuvor gehört hatte, machten es sich plötzlich zu einer Ehrensache, etwas über meine Person kundzutun und mich entweder als blasphemischen Satanisten oder als ihren Freund zu beschreiben. Ich wusste, das würde vorbeigehen; ich habe versucht, das nicht zu sehr an mich rankommen zu lassen. Größtenteils hat es mich zum Lachen gebracht.

Hattest du keine Angst, aus der Sendung geschmissen zu werden?

Das war nicht möglich. Sowohl die Produzenten als auch der TV-Sender hätten das nicht tragen können, aus finanzieller Perspektive. Sie hätten mir einen Ausgleich zahlen müssen. Ich habe einen sehr guten Anwalt, und er hat sich um all das gekümmert, bevor ich den Vertrag unterzeichnete. Es gab auch viele Leute, die mich verteidigt und unterstützt haben. Die Leute von Rochstar standen hinter mir. Alles in allem hatten wohl die Produzenten das größte Risiko.

Gab es nicht viel Druck? Wollten die nicht, dass du eine Abfindungsklausel unterschreibst?

Wir sind von Anfang an sehr gut mit dem Produzenten, Rinke Rooyens, zurechtgekommen. Aber er hatte tatsächlich Sorgen, dass ich in den Liveshows irgendwas Dummes anstellen würde. Aber ich bin nicht zu *The Voice* gegangen, um Leute zu beleidigen. Sie haben einige Klauseln erwähnt, aber ich habe nichts unterschrieben. Das hat mir mein Anwalt so geraten.

Gab es irgendwelche Vorschläge von den Produzenten?

Es gab da einige von den Fernseh-Leuten. Bereits bevor die Show überhaupt auf Sendung ging, beschäftigten sich manche von ihnen schon mental mit allerlei potenziellen Problemen. Sie wussten, worauf sie sich einließen. Aber sobald ich meine Unterschrift auf das Papier gebracht hatte, hat ihnen jemand erzählt, dass es wohl keine so gute Idee sei, mich vor eine Kamera zu setzen.

Rinke rief mich verzweifelt an und sagte: „ Nergal, geh zu einer anderen Talkshow, vielleicht zu Szymon Majewski, und zeig den Leuten, dass du ein cooler Typ bist und nicht beißt." Ich habe abgelehnt. Das war wirklich keine Option, da Majewski, auch wenn er wirklich nett und intelligent ist, ziemlich furchtbare Witze raushaut. Vielleicht bin ich auch nur ein Idiot und verstehe seinen Humor nicht.

Ein paar Millionen Polen mögen seine Show aber.

Bis zum heutigen Tag habe ich keine Ahnung, warum. Es gibt keine Inhalte in den Diskussionen, es ist alles nur Kabarett in niedrigster Qualität: sehr viel Konfetti, Glitzer und Lärm. Es ist definitiv nicht Monty Python, sagen wir es mal so. Jemand mag es, na und? Es gibt da ein Sprichwort: „Menschen, fresst Scheiße! Millionen von Fliegen können nicht falsch liegen!" Das passt perfekt. In Majewskis Sendung zu gehen, wäre eine Beleidigung meiner Intelligenz, und Rinke respektierte meine Entscheidung.

Aber der Mediensturm hörte nicht auf.

Es flaute ein wenig ab, als Zbyszek Holdys, ein Musiker, Dichter und Journalist, in der Show auftauchte. Er ist ein wirklicher Großer, ein Typ, der immer seine eigene Meinung hat. Ich respektiere ihn, und das schon immer. Er wurde zu meinem Berater in der Sendung, und es war die Nachricht an die Welt, dass Nergal nicht so schlecht war, wie man ihn beschrieb. Dennoch haben mich einige Leute mit gewissen Intelligenzproblemen weiterhin kritisiert, und Rochstar taten wirklich ihr Bestes, um mein Image aufzubessern. Sie wollten, dass ich in ein Krankenhaus gehe und Fotos mit kranken Kindern mache.

Hast du es getan?

Ich habe Krankenhäuser besucht. Ich habe Leute besucht, aber ich habe es nicht für das Rampenlicht getan. Das wäre bloßer Opportunismus, und sowas verachte ich. Ich hielt es für ausreichend, mich darauf zu konzentrieren, ein guter Juror zu sein.

Aber du hast eine Baphomet-Figur um den Hals getragen.

Na und? Manche Menschen tragen Kreuze, andere einen Teufel. Was auch immer für einen selbst am besten ist. Ich bin nicht der Typ Mensch, den es interessiert, welche religiösen Symbole um jemandes Hals getragen werden. Solche Dinge müssen Menschen nicht notwendigerweise auseinander bringen.

Ich habe neulich mit Frank Bello von Anthrax zu Abend gegessen. Er wurde in eine sehr religiöse italienische Familie geboren und von ihr aufgezogen. Er versteckt seinen Glauben nicht – um seinen Hals trägt er immer ein Kreuz. Denkst du, ich habe es ihm runtergerissen? Das ist absurd. Ich respektiere seine Ansichten, und er respektiert meine. Wir haben uns stundenlang unterhalten, und es war nie ein Hindernis für uns. Natürlich gibt es auch Menschen, die nicht unbedingt ihren Glauben so nach außen tragen sollten. Ich denke da an Lehrer, Politiker, Polizisten … aber lass doch alle anderen um ihren Hals tragen, was sie wollen.

Du warst der nette Junge aus dem Fernsehen, aber außerhalb der Sendung eher nicht. Da gab es wohl ein Problem mit Behinderten...

Ich denke, das setzte dem ganzen Katalog des Bullshits über mich so ziemlich die Krone auf. Das Level der Absurdität erreichte seinen Höhepunkt.

Bei dem Konzert von Times New Roman hattest du eine Stola um und tatest so, als könntest du Leute in Rollstühlen heilen.

Jeder weiß, dass diese Band für pures Kabarett bekannt ist. Diese Typen spielen schon seit Jahren und haben ein Konzert für ihr 15-jähriges Jubiläum organisiert. Die Idee war, dass sie sich als sich selbst aus der Zukunft verkleiden. Es sollte witzig werden, und meine Performance war absolut spontan. Es hatte überhaupt nichts mit Provokation zu tun. Roman und Patryk sind gute Freunde, und als sie mich fragten, ob ich mit auf die Bühne wollte, tat ich es einfach. Manchmal habe ich wirklich das Gefühl, nicht mal in der Öffentlichkeit lachen zu können, ohne dass die Leute dem eine neue Bedeutung zuschreiben und nach einer versteckten Botschaft schauen.

Aber es gab sogar Vorwürfe, dass du dich über Behinderte lustig gemacht hättest.

Und von wem? Von Medien und Politikern oder die Behinderten selbst? Ich habe niemals ein Wort der Kritik von den benachteiligten Menschen gehört. Aber tatsächlich haben viele Leute nicht verstanden, was auf diesem Konzert passiert ist. Sie beschuldigten mich, sich über die Kranken lustig zu machen, nachdem ich selbst die Leukämie besiegt habe. Das ist mitnichten der Fall. Ich zeigte etwas vollkommen anderes: ich habe eine Distanz bewahrt zwischen mir selbst, dem Tod und der Welt um mich.

Krankheit ist kein Tabuthema für mich. Ich kann Menschen im Rollstuhl nicht besser oder schlechter behandeln als andere – das ist das Verdrehte daran. Ich weiß, dass ihre Situation schrecklich ist.

Vor einiger Zeit signierte ich Alben in einem Buchladen in Stettin. Das erste, was ich zu den Leuten sagte, die dahin kamen war: „Also ihr seid jetzt hier hergekommen, um einen Toten zu sehen?" Es geht nicht darum, mich selbst in eine höhere Position zu heben und so zu tun, als sei ich besser als andere Menschen. Man muss die Welt nur auf gewisse Themen vorbereiten. Und außerdem: was ist eine bessere Heilung als ein guter Lacher?

Ein paar Wochen nach dem Konzert von Times New Roman hatten wir einen Auftritt mit Behemoth in Torun. Kurz nachdem wir fertig waren, kam die Sängerin Agnieszka Krysiuk zu mir und sagte: „Hier ist so ein Typ im Rollstuhl, der möchte gerne ein Bild mit dir haben."

Ich ging hin, um mit ihm zu reden. Genau in dem Moment, als ich für das Foto posierte, nahm er einen Zettel zur Hand, auf dem „Ich suche nach einem Heiler" stand. Es ist einfach wunderbar, dass ein Typ in so einer schwierigen Situation die beste Einstellung der Welt hat. Außerdem habe ich einige ernsthaft kranke Freunde – glaubst du ernsthaft, ich würde mich über die lustig machen?

Wir kennen dich aber. Die Leute, die diese Boulevardzeitschriften lesen, vielleicht nicht.

Nehmen wir doch mal als Beispiel Adrian Kowanek von Decapitated. Als ich ihn traf, war er ein dynamischer 20-Jähriger, der sein ganzes Leben vor sich hatte. 2007 ging er auf Tour und hatte einen tragischen Unfall. Einer seiner Mitmusiker, Witek Kieltyka, starb.

Adrian sitzt jetzt im Rollstuhl, es gibt praktisch keinen Weg, um mit ihm zu kommunizieren, auch wenn die Ärzte sagen, dass er alles mitbekommt, was um ihn rum passiert. Ich habe ihn bei einem unserer Konzerte in Krakau getroffen. Ich lächelte ihn an und nahm seine Hand, aber innerlich schrie ich vor Schmerzen. Ich verspürte furchtbares Mitleid und auch Schwäche. Er war ein großartiger Sänger einer großartigen Band. Es ist toll, wie viel Liebe er von seiner Familie und Freunden erfährt. Sie behandeln ihn wie einen normalen, gesunden Kerl. Sie reden mit ihm, nehmen ihn mit auf Konzerte...

Kommen wir wieder zurück zu *The Voice*. Warst du ein guter Juror?

Ich bin wirklich nicht in der Position, das zu beurteilen.

Versuch es.

Wir hatten ein Produzentenmeeting, kurz vor der letzten Folge der Sendung, in der jeder der Kandidaten seine Single vorstellen sollte – einen Song, den sie selbst geschrieben haben. Ich hatte das vorher nicht mit den Produzenten abgesprochen, also dachte ich lange und anstrengt nach, wo ich einen Song für Damian herbekommen sollte. Ich wusste, dass mir selbst auf Anhieb nichts einfallen würde. Mein Gehirn kochte, und mein Stresslevel stieg. Alles wurde nur noch schlimmer, da die übrigen Coaches bereits alle Dinge mit ihren Kandidaten geregelt zu haben schienen, lange vor dem Finale. Aber neben Damians Name stand: „Wir haben nichts."

Alle unterhielten sich also über ihre Lieder, und dann war ich dran. Ich habe versucht, mich herauszureden, also erzählte ich, wir hätten nicht genug Zeit. Ich wurde etwas panisch und fragte einen der Produzenten „Was sollen wir bloß tun?"

Sie starrten mich an, als wäre ich verrückt und erzählten mir, das Damian schon längst seine Single hätte. Ich schaute auf den Zettel vor mir und sagte zu ihnen, dass das unglücklicherweise noch nicht der Fall wäre. Sie alle fingen an laut zu lachen. Es stellte sich heraus, dass „Wir haben nichts" der Titel des Songs war, den Damian zusammen mit Michal Grymuza veröffentlichen sollte. Also diese Art Coach war ich.

Aber du hast die Show gewonnen.

Damian hat gewonnen, ich hab nur die Lieder für ihn ausgesucht.

Hast du ihn nicht ein bisschen bevorzugt?

Von Anfang an habe ich gesagt, dass ich zu *The Voice* möchte, um eine starke Rock-Stimme zu finden, da ein solcher Sänger Polen fehlt. Aber das heißt nicht, dass ich Damian bevorzugt hätte. Für eine ganze Weile war ich mir sicher, dass Monika die Show gewinnen würde. Ukeje setzte sich in einem fairen Kampf gegen sie durch; er hat sich im Verlauf der Show wahnsinnig gut entwickelt. Ich bin wirklich stolz auf ihn, wie ich stolz auf alle in meinem Team bin, die es geschafft haben, in die Liveshows zu kommen.

Waren sie ein gutes Team?

Ich sehe sie immer noch glücklich von der Bühne gehen. Ich habe geheult vor Lachen. Die Kameras haben das nicht eingefangen, aber es war wunderschön: eine verrückte Blonde mit ADHS ganz vorne, die langhaarige, feuerspuckende Salapa direkt hinter ihr. Wir hatten noch die schwangere Monika; dann kam Ukeje, der wie ein Typ vom *A-Team* wirkte; und ganz am Ende war da noch Ares, der wie ein orthodoxer Priester aussah. Alles, was wir noch hätten brauchen können, wären ein Papagei, ein Gnom und ein Holzbein gewesen! Jeder von ihnen hatte als Individuum viel zu bieten, aber ich dachte, ein solches Team würde zum Beispiel gut in einen Film passen.

Wird es Damian schaffen? Wird man sich in fünf Jahren überhaupt noch an ihn erinnern?

Ich glaube fest daran. Ich werde versuchen, ihm zu helfen. Wir haben uns kennengelernt; wir haben sogar angefangen, gemeinsam an ein bisschen Musik zu arbeiten. Ich habe meine Karriere und er hat seine, aber wir haben ernsthafte Pläne für ein gemeinsames Musikprojekt geschmiedet. Im Moment nehmen wir ein paar Demotapes auf. Sie klingen nach solidem Rock, sehr klassisch: ein bisschen von AC/DC, ein bisschen Blues, ein paar Elemente von Alice In Chains. Wir lassen die Musik fließen und sich entwickeln. Das muss am Ende nicht unbedingt in die Richtung gehen, die wir am Anfang vorgesehen haben.

Glaubst du, dass eine solche Fernsehsendung wirkliche Künstler hervorbringen kann?

Was meinst du mit „wirkliche Künstler"?

Also gut. Nehmen wir zum Beispiel David Bowie und DJ Bobo. Einer von ihnen ist ein wirklicher Künstler, der andere nicht.

Bei dieser Art Fernsehsendung bekommt man Plastikpuppen, die dem gemeinen Volk billige Unterhaltung bieten. Das ist offensichtlich. Aber niemand sagt, dass eine Fernsehshow nicht auch jemanden hervorbringen kann, der dann selbst das Zepter in die Hand nimmt. Jemanden mit einer starken Persönlichkeit, der seine eigenen Konditionen festlegt.

Kennst du einen solchen Künstler?

Ich muss danach nicht suchen. Das polnische *Idol* hat uns Ania Dabrowska gegeben. Ihr Debutalbum hat uns gezeigt, dass sie sich von niemanden verbiegen lässt. Sie hat anspruchsvollen – und ich betone – *anspruchsvollen* Pop gemacht. Sie kam gut an, bei Kritikern und beim Publikum. Ihr zweites Album war noch besser, und Ania hat jedem gezeigt, dass sie eine bewusste und unabhängige Künstlerin ist.

Ein anderes Beispiel ist Monika Brodka – ein sehr nettes Mädchen. Ich ging zu einem ihrer Konzerte, und wir trafen uns. Sie ist eine sehr junge, aber auch reife Künstlerin. Das ist eine wunderbare Kombination. Sie hat ihrer ersten Single „Granda" buchstäblich gestrahlt, obwohl viele ihren Untergang vorhergesagt hatten.

Wird nicht durch solche Abkürzungen, wie durch eine Fernseh-Talentshow, diese bestimmte Entschlossenheit genommen?

Viele talentierte Leute können einen solchen Weg nicht gehen. Sie blitzen auf und verglühen dann ebenso schnell wieder. Erfolg hat, genauso wie Angst, kurze Beine. Ich besteige meinen Berg seit Jahren.

In vielen Fällen sieht das so aus. Aber man kann das nicht verallgemeinern. Ania und Monika haben es geschafft, aber es gab einige Menschen mit wirklichen Qualitäten in der Show, die, als sie sie verließen, ausdruckslos und nichtssagend wurden. Szymon Wydra zum Beispiel.

Kennst du ihn?

Nein. Ich habe auch nichts gegen ihn, aber seine Musik ist so leer wie ein unbeschriebenes Blatt Papier. Leute, die solche Alben kaufen, gehören ins Gefängnis.

Es gibt aber auch noch einen anderen Typus, für den etwa durch Gienek Loska steht. Dieser Mensch hat sein ganzes Leben in der Musikbranche verbracht. Er spielte und spielt auch immer noch auf der Straße. Die Sendung gab ihm einen Schub, er brachte ein Album raus, aber nichts hat sich verändert: er macht immer noch Straßenmusik für Geld, und er ist immer noch derselbe Mensch. Der einzige Unterschied ist jetzt, dass er eben für 300 Menschen spielt und nicht mehr für 30 wie zuvor.

Abgesehen von Damian, wer von *The Voice* wird es außerdem noch schaffen?

Ich setze auf Filip Salapa. Er ist ein talentierter Typ, sehr ambitioniert und auch ein guter Growler. Er musste diese Show nicht gewinnen, da er seine eigene Band hat und auch die nötige Basis besitzt. Er kämpft für seinen Erfolg und ich glaube, dass er weit kommen wird.

Kennst du junge, talentierte Leute, die nicht einen solchen Weg eingeschlagen haben?

Du meinst polnische Metalbands?

Zum Beispiel, ja...

Blindead sind großartig, aber kann man die als jung und talentiert beschreiben? Sie sind eine anerkannte Band und haben ihre eigene Marke erfunden und etabliert. Aber ich denke, sie verdienen eigentlich mehr. Ich verfolge ständig den Underground mit. Ich will man ehrlich sein: die Bands meiner Jugend, all diese Metalgötter, geben mir nicht mehr so viel wie einst. Darum schaue ich nach unten: ich bin auf der Suche nach aufregenden Dingen in der Tiefe, in der Musik von Frische und dem Fehlen von Kompromissen begleitet wird. Ich kann offen zugeben, dass ich immer noch inspiriert von absolut stilistischen Höhlen und akustischem Schutt bin, von Bands, die ihre Alben in einer Auflagenhöhe von Tausend herausbringen. Ich treffe mich mit diesen Leuten und helfe ihnen. Ich behalte die ganze

Zeit einen Fuß im Underground. Und gehe auf Sendung mit einem Watain-Shirt...

Manche Leute sagen aber, Watain seien Mainstream!

Und manche Leute mögen Zwiebeleis. Wir sind wieder bei dem, was wir vorher schon besprochen haben: es gibt Menschen, die sehen keinen Unterschied zwischen berühmt sein und Ausverkauf.

In welcher Position siehst du Behemoth heute?

Jahrelang habe ich nicht wahrgenommen, wie sehr die Band wuchs. Erst nach einiger Zeit habe ich bemerkt, dass wir schon ganz schön weit gekommen sind. Es ist ein 8.000-Meter-Aufstieg – wie die 14 höchsten Berge der Welt. In unserer Liga – denn Behemoth waren, sind und werden auch immer eine extreme Band sein – ist das das höchste, was man gehen kann. Aber ein paar hundert Meter Aufstieg sind für uns immer noch möglich.

Kannst du andere Kletterer vor dir sehen?

Nein, weil wir fast auf der Spitze sind. Natürlich sind noch einige Achttausender zu nehmen, und auf denen gibt es auch noch andere Kletterer. Auf unserem kann ich den Atem der Jungen und Talentierten in meinem Rücken spüren. Es gibt aber auch andere Bands, die sich ein Kopf an Kopf Rennen mit uns liefern.

Wie wer?

Ich denke, da gibt es schon ein paar. Ich könnte einige Namen nennen, aber ich bin mir sicher, dass ich gerade einige von ihnen vergesse: wir sind in derselben Liga wie Nile, Gojira, Electric Wizard, oder wie die vorher schon erwähnten Watain.

Natürlich spreche ich jetzt hier nicht von den Pionieren und den Bands, die schon an der Spitze waren, auch wenn ich mir nicht sicher bin ob das die gleiche Spitze ist wie die, an der wir uns befinden. Das ist zum Beispiel das Problem, das ich mit Mastodon habe – ist das immer noch Extreme Metal? Sie sind aber einfach perfekt.

Deine Teilnahme bei *The Voice* hat also die Stellung der Band nicht geschwächt?

Nein, auf keinen Fall.

Du hast nun auch Wiedererkennungswert außerhalb deiner Szene erlangt. Bist du jetzt nicht geneigt, den Sound von Behemoth etwas herunterzufahren und anzufangen, etwas leichter verdauliche Musik zu machen?

Nein, denn ich möchte die Leute mit meinen Alben nicht unterhalten. Ich möchte mich selbst unterhalten; ich bin ein künstlerischer Egoist.

Wie wäre es mit einer anderen Fernsehsendung?

Ich sage niemals nie, aber ich glaube nicht. Das Experiment ist gutgegangen. Warum sollte ich noch einmal zurückgehen und dasselbe Ding nochmal durchziehen? Wahrscheinlich würde ich sogar noch einmal gewinnen. Nun wähle ich das, was am wichtigsten ist: die Band. Wir beenden jetzt eine Tour und beginnen dann mit einem neuen Album. Danach promoten wir es, veröffentlichen es und gehen für ein Jahr oder zwei wieder auf Tour.

Mein Leben beginnt sich langsam um das neue Album zu drehen. Ich habe schon wieder Ideen für neue Songs und sie klingen … anders, aber dafür schmerzhaft ehrlich.

Möchtest du es mit deinem neuen Album noch ein paar hundert Meter weiter Richtung Spitze schaffen?

Wir haben mit den besten Leuten zusammengearbeitet, die der Markt gerade zu bieten hat. Ted Jensen, der normalerweise mit Leuten wie Metallica oder Madonna arbeitet, hat unser Album gemastert. Colin Richardson, der *Evangelion* produziert hat, ist die Nummer Eins im Metal, wenn es darum geht, Knöpfe und Schalter im Studio zu bedienen. Nur Rick Rubin und Bob Rock können ihm noch das Wasser reichen.

Hast du schon ihre Telefonnummern?

Ich arbeite dran. Aber ich schaue eher in eine andere Richtung, in der ich Leute wie Steve Albini, Andy Wallace, Ross Robinson, Matt Hyde etc. sehe. Jemanden, der uns mehr Unvorhersehbarkeit geben kann und uns hilft, festen Mustern zu entkommen. Ich habe von Asymmetrie geträumt und Dreck dazu addiert – alles in gewissen Grenzen natürlich. Immerhin machen wir Musik, die kompliziert und aggressiv ist, also muss es da eine gewisse Selektivität geben. Steve Albini produzierte einige Alben von Neurosis, und Robinson ist für den großartigen Sound auf Slipknots *Iowa* verantwortlich. Allerdings ist das keine einfache Gleichung: es ist nicht so, als bräuchte man nur dieselben Settings auf der Konsole und dann klingt alles genauso. Einige Leute raten mir immer die sichere Variante zu spielen, aber das will ich nicht. Ich *will* das Risiko. Das ist es, was mir meine Intuition sagt.

Du redest von Risiko, aber es gibt schon lange Vorwürfe, dass du immer genau das in deine Musik packst, was gerade jetzt im Trend ist.

Ich höre das schon seit Jahren. Wir haben angeblich den Black Metal verlassen und spielen jetzt Death Metal, danach sind wir zu einer Art „religiösen" Black Metal verkommen... aber was zur Hölle soll denn bitte „religiöser" Black Metal sein? Funeral Mist? Wir klingen nicht wie Funeral Mist. Wir haben uns auch niemals so angehört wie Cannibal Corpse oder auch nicht wie Suffocation. Die sind purer Death Metal.

Vielleicht so etwas wie Morbid Angel?

Die sind eine zeitlose Inspiration. Ihre Musik ist in meinen Genen. Man kann hier Gemeinsamkeiten erkennen. Aber wir waren niemals und werden auch niemals eine Kopie von ihnen sein.

Seid ihr überhaupt originell?

Ich hasse dieses Wort; es existiert nicht in meinem Wortschatz. Die Gitarre hat 24 Bünde und sechs Saiten, manchmal sieben. Alle Klänge sind schon einmal vor vielen Jahren gespielt worden. Man kann halt nicht einfach neue erfinden; alles wurde schon einmal gespielt. Wir können Musik machen, aber nicht das Rad neu erfinden. Ich konzentriere mich auf meine Gefühle, auf ehrliche Messages. Mein Freund von God Forbid gab einmal vor Dimebag zu, dass sie eigentlich seine Riffs spielten. Er antwortete: „Hör mal, wir klauen keine Riffs voneinander, wir leihen sie nur uns nur aus, Bro." Er war ein Typ, der wirklich etwas im Metal erschaffen hat; ein wahrer Gitarrengott.

Hast du das Hauptriff von „Conquer All" von Anthrax geklaut? Oder es dir auch bloß ausgeliehen?

Ich ging zu ihnen nach einer ihrer Shows, habe mich vorgestellt und gesagt dass ich denke, dass ich aus Versehen ihren Song gecovert habe. Sie brachen in Gelächter aus; sie wussten ganz genau, um welches Behemoth-Lied es ging.

Aber wie war es möglich, dass ein Riff, das fast identisch ist zu dem in „Be All End All", in einem deiner Songs erscheinen kann?

Ich erinnere mich noch an den Tag, als ich das Riff zum ersten Mal spielte. Sie sind nicht komplett identisch, aber sehr ähnlich. Ich habe begonnen, das Solo von „Conquer All" zu schreiben und dann den Rest der Musik so aufgebaut, dass sie zum Solo passt.

Ich habe das Solo den Jungs bei einer Probe vorgespielt und sagte zu ihnen: „Leute, das muss da irgendwie rein!" Und ich begann zu summen: *Ta dam … ta da da da da dam.* Ich habe genau diese Sounds auf dem Gitarrenhals gefunden, sie passten dazu und wir haben eine erschreckende Energie gespürt. Die Musik hat uns davongetragen. Ich wusste, dass in diesem Moment das Riff aller Riffs entstand.

Auf einmal sagte Zbyszek: „Ner, ich glaube, ich hab das schon mal gehört."

Ich murmelte: „Ist mir scheißegal! Der Song kann ohne dieses Riff nicht existieren!" Und dabei blieb es.

Wie hast du herausgefunden, dass dieses Riff schon einmal jemand gespielt hat?

Ich wollte es nicht hören, aber eine Menge Leute erzählten mir, dass „Conquer All" wie Anthrax klang. Als ich 12 oder 13 Jahre alt war, liebte ich *State Of Euphoria*. Vielleicht hat sich das in mein Unterbewusstsein gebrannt? Ich wollte diesen Track nicht hören, weil ich fühlte, dass unser Song vielleicht doch ein kleines Plagiat war.

Dann auf der Tour spielte mir jemand den Song vor, ohne Vorwarnung. Ich konnte nicht wegrennen. Außerdem erinnere ich mich an eine ähnliche Geschichte…

Was für eine Geschichte?

In einem der ersten Behemoth-Songs habe ich unbewusst ein Teil von Goblins Musik reingeschmuggelt, die sie für ihren Film *Suspiria* komponiert haben, unter der Regie von Dario Argento. Seine surrealen Horrorbilder sind für viele Leute Kultobjekte.

Als Kind saß ich mit meinen Freunden an einem Lagerfeuer. Jemand hat uns mal erzählt, worum es in *Suspiria* geht und uns die Filmmusik vorgesummt. Ich war erschrocken. Diese Melodie muss sich tief in meinem Gedächtnis verankert haben. Ich werde dir aber nicht verraten, von welchem Song die Melodie war. Sollen die Behemoth-Fans den Film anschauen und es selbst herausfinden. Und für alle, die unsere Musik nicht mögen – empfehle ich diesen Film.

Und was ist mit deiner Originalität im Allgemeinen? Du sagst öfter mal, Behemoth hätten ihren eigenen Charakter.

Ich bin wie ein Schwamm. Ich sauge alles auf, was mich umgibt. Musik, Filme, Gespräche; wenn du einen Schwamm ausdrückst, ist das Wasser, das herauskommt nicht das gleiche Wasser, das eingesogen wurde. Man filtert alles durch seine eigenen Erfahrungen. Wiedererkennungswert? Ich bin dafür! Eigener Charakter? Das auch. Aber das bedeutet nicht vollständige Originalität. Ich würde es vorziehen, zweitrangig zu sein, aber dafür immer noch ehrlich.

Es in Danzig eine Band namens Apergillus Flavus. Diese Jungs waren besessen davon originell, zu sein. Als ihnen jemand sagte: „Hey Jungs, das klingt wie Voivod", verwarfen sie den Song. Sie haben niemals ein Album rausgebracht; sie haben nur ein paar Konzerte gespielt. Es war einfach unhörbar.

Warum malt ihr euch immer noch eure Gesichter an, bevor ihr auf die Bühne geht? Du hast so viele Dinge abgeschafft, aber das nicht. Ist das nicht kindisch?

Ist Makeup ein Privileg der Kinder? Das glaube ich nicht. Alice Cooper, Kiss und Celtic Frost malen sich auch immer noch die Gesichter für ihre Shows an, und sie sind keine Neophyten. Ich weiß wirklich nicht, woher diese Meinung kommt, dass reife Künstler keine zusätzlichen, exzentrischen Gadgets, wie zum Beispiel ein Kostüm oder Schminke verwenden dürfen. Meine Meinung zu diesem Thema ist genau das Gegenteil: Jeder Künstler das Recht, alles zu tun, das ihm hilft, sein künstlerisches Ziel und seine eigenen Visionen zu verwirklichen.

Natürlich hat unser Corpsepaint seine Wurzeln in der Ästhetik, die Black Metal schon von Beginn an begleitet hat. Die Pioniere des Genres benutzen Farbe und militärische Bildsprache auf ihren Körpern. Wir setzen diese Tradition fort, aber fügten auch noch unsere eigenen Elemente hinzu. Heute sehen Behemoth... nach Behemoth aus. Außerdem geht es nicht nur um die Ästhetik. Die Gesichter anzumalen hat noch einen weiteren Sinn für uns. Es ist wie Alchemie. Makeup verändert uns, lässt uns eine neue Rolle annehmen, lässt uns in einem anderen Raum funktionieren: auf der Bühne.

Ich beschreibe die Bühne oft als eine Art Kriegsschauplatz. Wir ziehen in den Krieg, und wir bemalen uns die Gesichter. Es ist offensichtlich.

Aber die Leute beurteilen dich aufgrund dieses Theaters.

„Woher willst du wissen, wie ein Apfel schmeckt, wenn du nur den Baum anstarrst? Woher willst du wissen, wie Honig schmeckt, wenn du nur den Bienen zuschaust? Beurteile mich nicht, denn ich sehe vielleicht aus wie ein Hinterwäldler, aber ich bin ein echt harter Wichser."

Das ist aus einem Song von Maciej Malenczuk, richtig?

Exakt.

Er mag es auch, sich zu verkleiden. Wie haben sich eure Wege gekreuzt?

Ich schaute mir *Idol* im Fernsehen an. In einer der Folgen trug Maciej ein „Zos Kia Cultus"-Shirt von Behemoth. Ich hätte ihn nicht als Fan dieser Art von Musik eingeschätzt, aber die Hauptfigur auf diesem T-Shirt war Baphomet, eine okkulte Gottheit. Zu dieser Zeit spielte Maciej eine Figur namens Woland in einem Stück, das auf *Der Meister und Margarita* basiert. Das T-Shirt wurde von einem unserer Freunde, einem großartiger Künstler, Tomasz Danilowicz, entworfen. Und ich fand, dass es am besten zu seinem damaligen Image passte. Auf jeden Fall wurde somit der Samen gepflanzt und ich ... interessierte mich für seine Band, Homo Twist.

Und du kanntest sie vorher nicht?

Ich kannte den Namen und ein paar Lieder... Ich habe das Album *Demonologic* gehört und dann aufgegeben. Ein paar Jahre vergingen, und dann komponierte ich spontan den Song „Lucifer", passend zu Tadeusz Micinskis Gedicht. Kurz bevor ich ins Studio wollte, habe ich an Maciej gedacht. Ich hatte im Hinterkopf, wie er Teile des Textes rezitierte. Ich habe seinen Manager angerufen und ihm ein Angebot gemacht. Fünf Minuten später rief er mich zurück und erzählte mir, dass Maciej sehr gerne bei dem Projekt mitmachen würde. „Wie viel?" fragte ich, und was ich als Antwort bekam, war: „Für umsonst natürlich, es ist ihm eine Ehre."

Kam er ins Studio?

Nein, er hatte bloß eine Stunde für die Aufnahmen in seinem Proberaum, weil er kurz davor war, auf eine längere Tour zu gehen. Mein Freund Kikut sollte ihm die Musik zusenden. Kikut hat sein eigenes Studio und ist ein guter Mischer. Also wartete ich ungeduldig auf die Aufnahmen, als mich plötzlich

Maciejs Tontechniker anruft und sagt, dass alles sehr langsam vonstattengeht, weil der Track, den sie haben, irgendwie … merkwürdig sei.

„Was zur Hölle soll das heißen?“ fragte ich. Wie sich herausstellte, hatte Kikut ihnen irgendwelche Tracks gesendet, mit dem Takt und einem Horn im Hintergrund. Kurz gesagt: es gab NICHTS! Keine Gitarren, kein Bass, kein Schlagzeug... ich war echt sauer.

Glücklicherweise hat Maciej aber auch die Metronom-Spur bekommen, zu der wir den ganzen Song aufgenommen haben, also sang er die Vocals dazu ein. Wir mussten sie ein wenig anpassen, aber am Ende war dann doch alles perfekt. „Lucifer“ ist einer dieser Momente auf *Evangelion*, der mir Gänsehaut verschafft.

Man kann Maciej Malenczuk – Sänger von Püdelsi und Homo Twist – auch in dem Video zu dem Song sehen.

Das war eine natürliche Entwicklung aus unserer Zusammenarbeit. Ich lud ihn zum Set ein, und er sagte ja … und ich habe es den Jungs nicht erzählt. Stell dir bloß ihre Gesichter vor, als wir dort standen mit der Kamera und der reizenden Dame, welche uns für *Eska* TV interviewte. Und dann fährt plötzlich ein schwarzer Subaru auf den Hof, auf dem wir den Clip aufnahmen. Das Auto hält an, und Malenki steigt aus…

Du hast auf seinem Album gesungen, dem einen, das du vorher erwähntest. War das, um einen Gefallen zu erwidern?

Ein paar Monate nach dem Dreh des Videos traf ich Maciej beim Finale von *X-Faktor*. Kuba Wojewodzki sagte seine Band und deren Gast an: der Sänger Gienek Loska. Er erwähnte, dass Adam Nergal Darski auch im Studio anwesend sei und dass ihm diese Performance sicherlich gefallen würde. Und sie spielten tatsächlich großartig.

Im Umkleideraum teilte mir Maciej seine Idee mit, ein Country-Album aufzunehmen und lud mich dazu ein, mitzumachen. Ich dachte lange Zeit darüber nach. Mir gefiel die Idee. Ich höre schon seit Jahren Johnny Cash, und ich mag auch jüngere Künstler wie Steve Von Till, Bjorn Berge, Wino und Conny Ochs, oder Jeff Martin von The Tea Party. Die Art und Weise mag vielleicht einfach erscheinen – Gitarre und Stimme –, aber diese Musik ist meiner Natur wirklich sehr nahe. Der reflektierten und ruhigen, meine ich.

Ich hatte eine Offenbarung, während ich joggen war. Ich hörte mir *Highwayman* an – die Originalversion – und dann … die Erleuchtung! Alles war so klar. Ich kam nach Hause, nahm mein Telefon und rief Maciej an, um ihn von meiner Vision zu erzählen. Man kann den Effekt auf dem Album hören. Ich bin sehr stolz, denn dieses Lied ist meinem Herzen und meiner Lebensgeschichte sehr nahe. Eigentlich sollte es noch ein Video zu diesem Song geben, aber das wird nichts.

Probleme mit dem Zeitplan?

Das ist schwer zu sagen. Wir haben über das Video von Beginn an diskutiert. Als ich die Idee für den Song erklärte, sagte ich auch etwas über meine Vorstellung für ein passendes Video dazu. Es hätte ein Video sein können, über das jeder redet. Alles ging seinen Gang, bis zu einem gewissen Moment. Ich fuhr zum Set als ich den Anruf erhielt, dass Maciej alles abgesagt habe. Warum? Weiß ich nicht; ich habe es nicht mal geschafft, mit ihm persönlich darüber zu sprechen. Alles was ich weiß, ist, dass ich wirklich sehr enttäuscht von ihm war. Echt schade – wir hätten was wirklich Außergewöhnliches schaffen können.

Und wie bist du dazu gekommen, mit dem Jazzgitarristen Leszek Mozdzer zu arbeiten? Dieser Typ ist von einem anderen Stern.

Wir sind uns im Studio von Radio Gdansk über den Weg gelaufen. Zu dieser Zeit haben wir *The Apostasy* aufgenommen, und er machte was von seinem Zeug. Er wusste, dass es Behemoth gab und ich wusste, wer Leszek Mozdzer war. Es war alles richtig gut. Wir waren zwar von zwei verschiedenen Welten, aber wir sprachen dieselbe Sprache.

Es war auch ein Impuls. Wir arbeiteten an „Inner Sanctum"; ich ging aus dem Aufnahmeraum und sah diesen Typen. Er starrte mich an, ich starrte ihn an, und alles war klar. Es war, als hätte ich einen Zauber gewirkt und er wäre erschienen. Ich sagte ihm, dass wir einen Pianoteil bräuchten, für ein Stück an dem wir gerade arbeiteten. Er stimmte praktisch sofort zu: „Weißt du was … warum nicht?"

Wir vereinbarten, dass er uns einige Tage später besuchen sollte, um alles aufzunehmen. Als er wieder auftauchte, fragte er uns nach den Lyrics, bevor er sich überhaupt ans Piano setzte. Ich zeigte ihm den Text. Es war sehr ehrliches Zeug, tief aus dem Inneren, aber der Unterton war relativ weit vom Katholizismus entfernt. Das machte ihm aber nichts aus. Er wollte keine Musik spielen; er wollte die Worte spielen.

„I may see darkness in tunnels of light" – er hielt nach dem Lesen dieser Zeile inne, dachte eine Weile nach, setzte sich ans Piano und spielte ein kurzes Intro. Wir waren beeindruckt; er spielte wie ein Virtuose. Nach einiger Zeit fragte er mich, ob wir mit der Aufnahme beginnen könnten und er nahm seinen Part auf. Es waren praktisch nur vier Töne, und genau das brauchte der Song.

Magst du Jazz überhaupt?

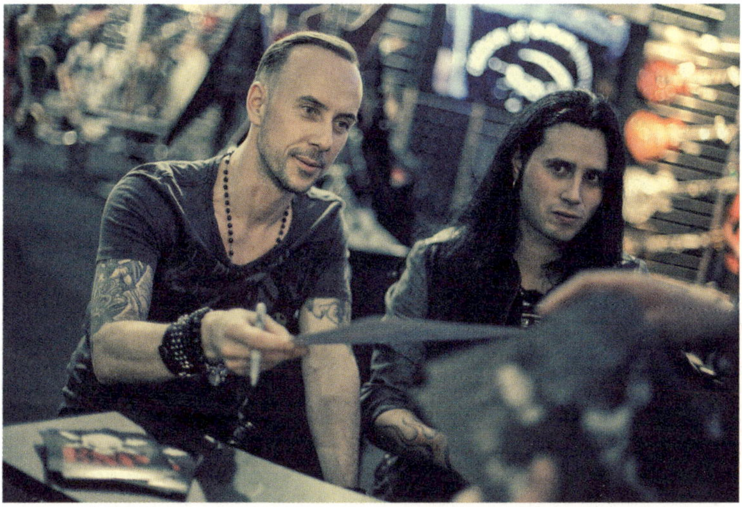

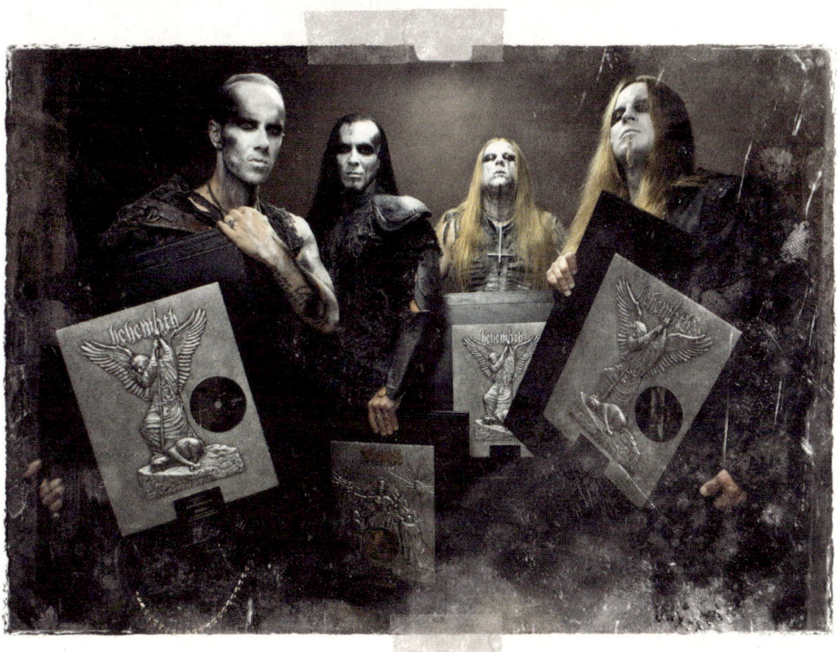

GANZ OBEN: Mit Gus G. von Ozzy Osbournes Band bei der Musikmesse Frankfurt. **OBEN:** Behemoth bekommen eine Platinauszeichnung für die DVD Evangelica Heretica, veröffentlicht im November 2010.

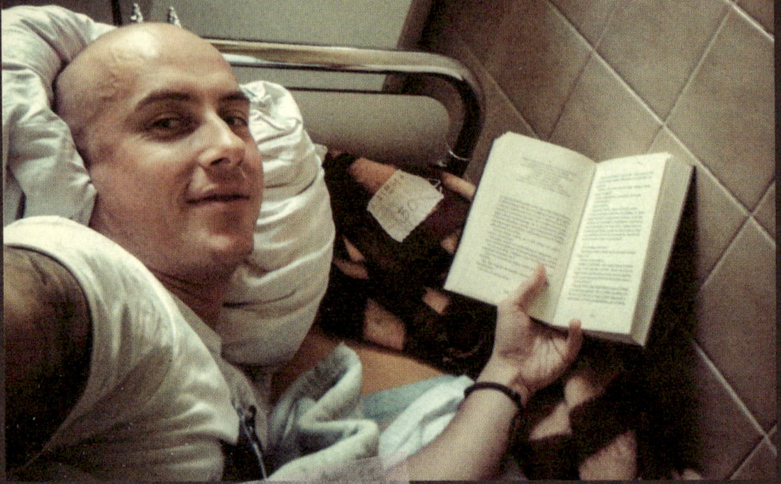

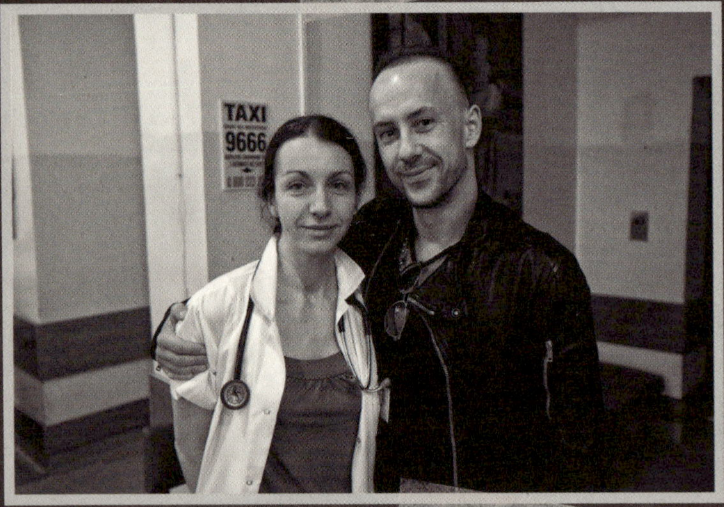

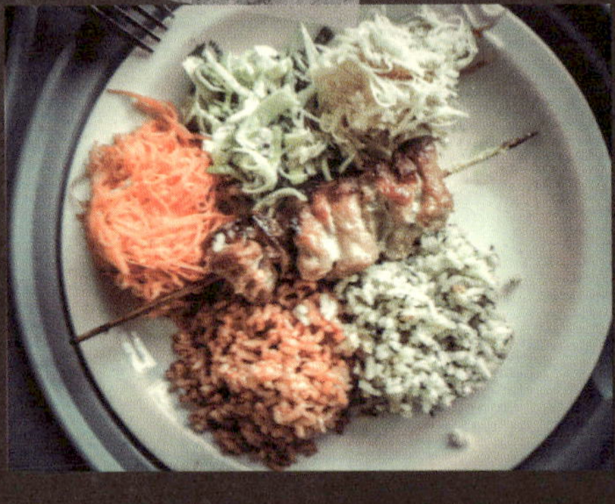

GANZ OBEN: „Ja, das ist mein Gesicht!" Lesend im Krankenhaus. **OBEN** Agnieszka Piekarska kümmert sich während einem ihrer Krankenhausbesuche um Nergal. **RECHTS:** Schlemmen mit drei Sorten Kebap in einem Restaurant in Gleiwitz nach einer monatelangen Leberdiät.

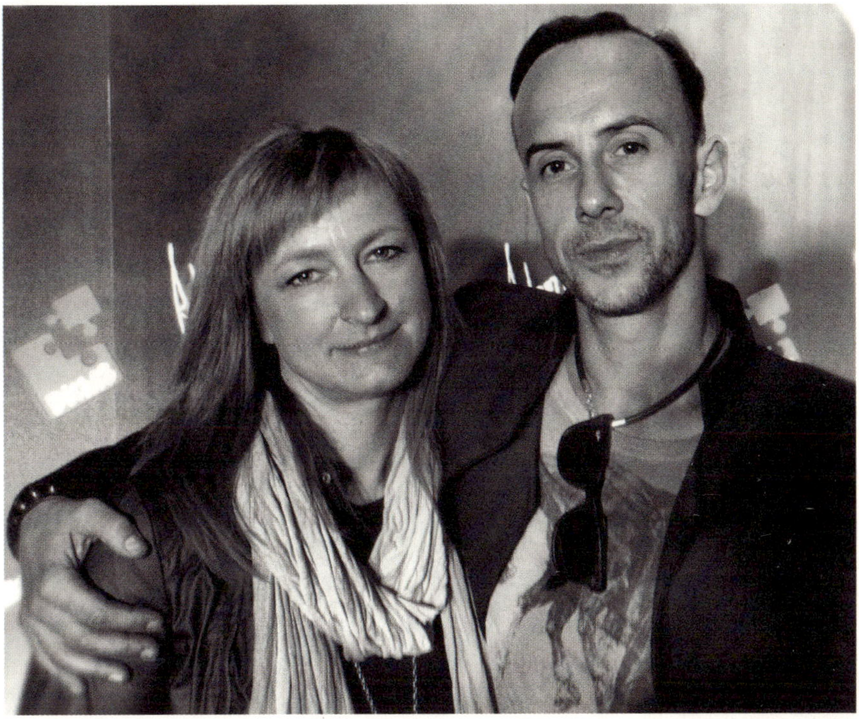

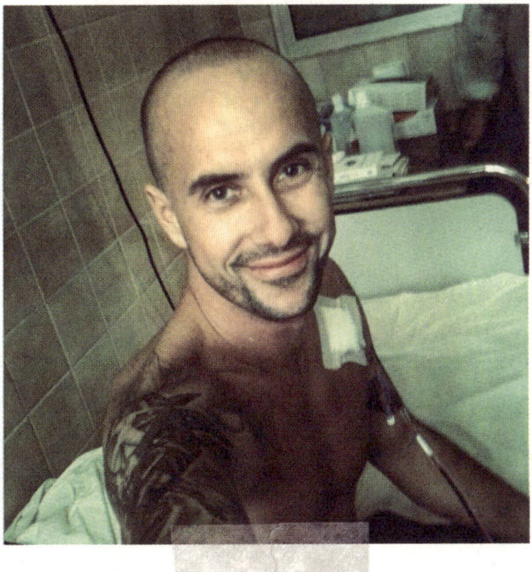

GANZ OBEN: Mit Kinga Dubicka von der DKMS-Stiftung. Eine gute Freundin in schweren Zeiten. **LINKS:** „Dies ist mein Stigma." Einführen des Stents während der Chemotherapie. **UNTEN:** Shining like gods. New body. New Blood.

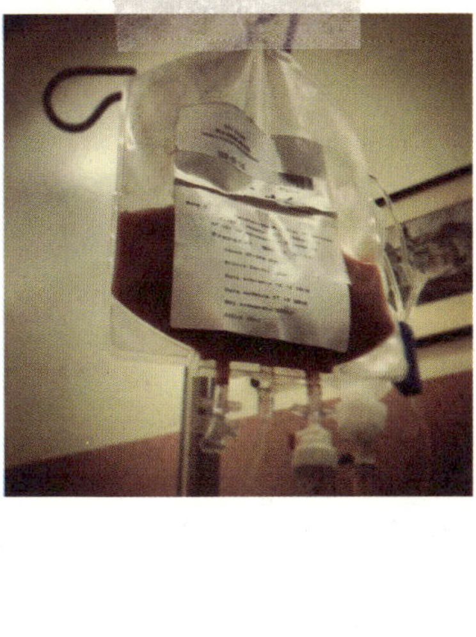

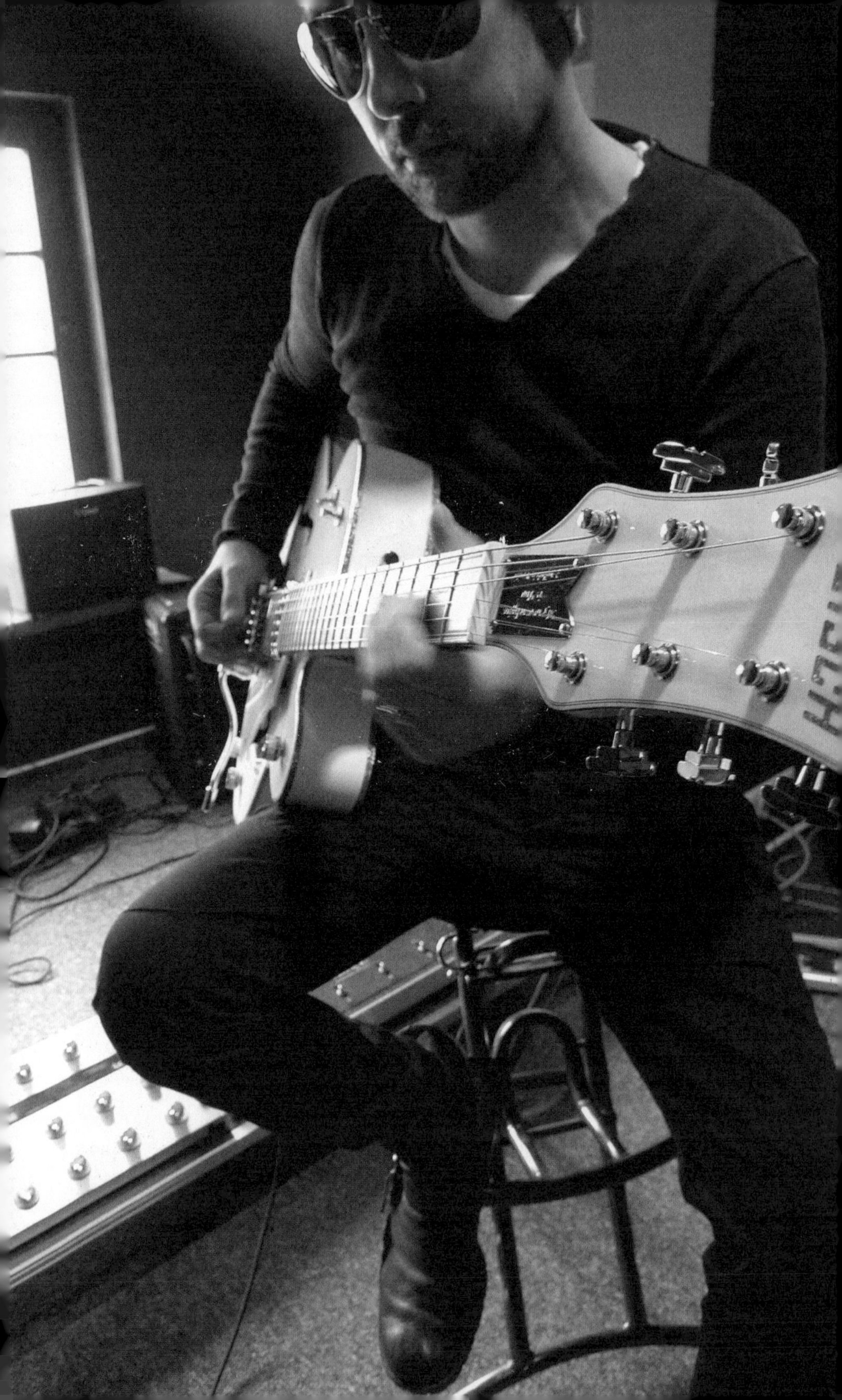

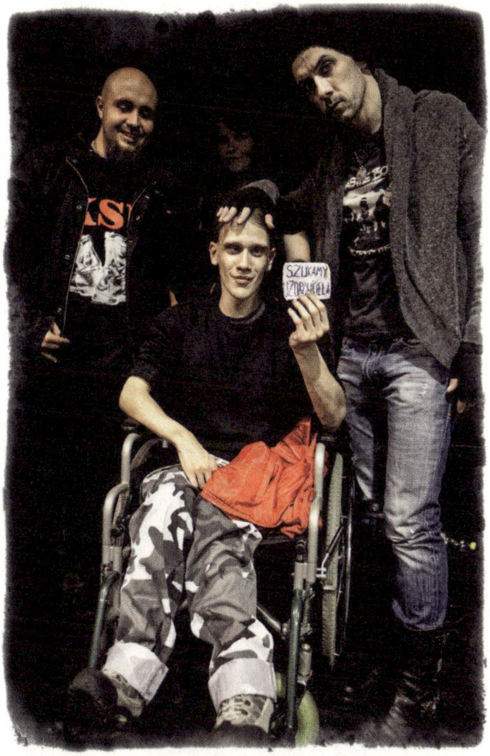

LINKS: „Ich suche nach einem Heiler." Der Fan, der nach dem Konzert in Thorn zu mir kam. **UNTEN** Behemoth backstage. **GEGENÜBER:** Spielen im MusicCollective. Eine Rückkehr zu alter Form unter der Führung von Rafael Szyjer.

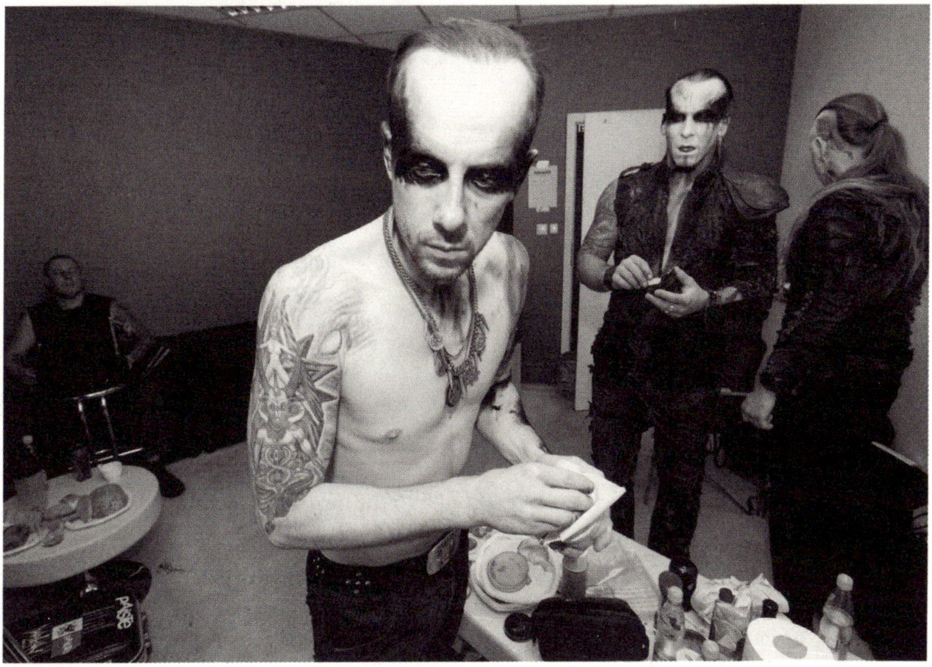

DIESE SEITE: Die Welt bereisen; Besuch eines Denkmals für Oscar Wilde in London. **GEGENÜBER:** „Künstler geben nicht gerne zu, dass sie etwas für Geld gemacht haben." Nergal als Juror bei The Voice.

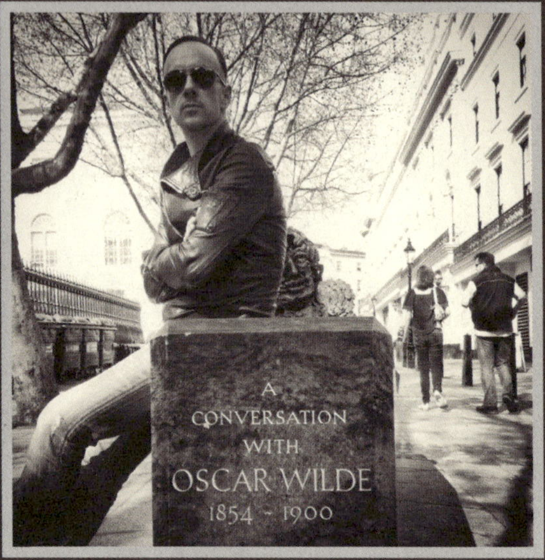

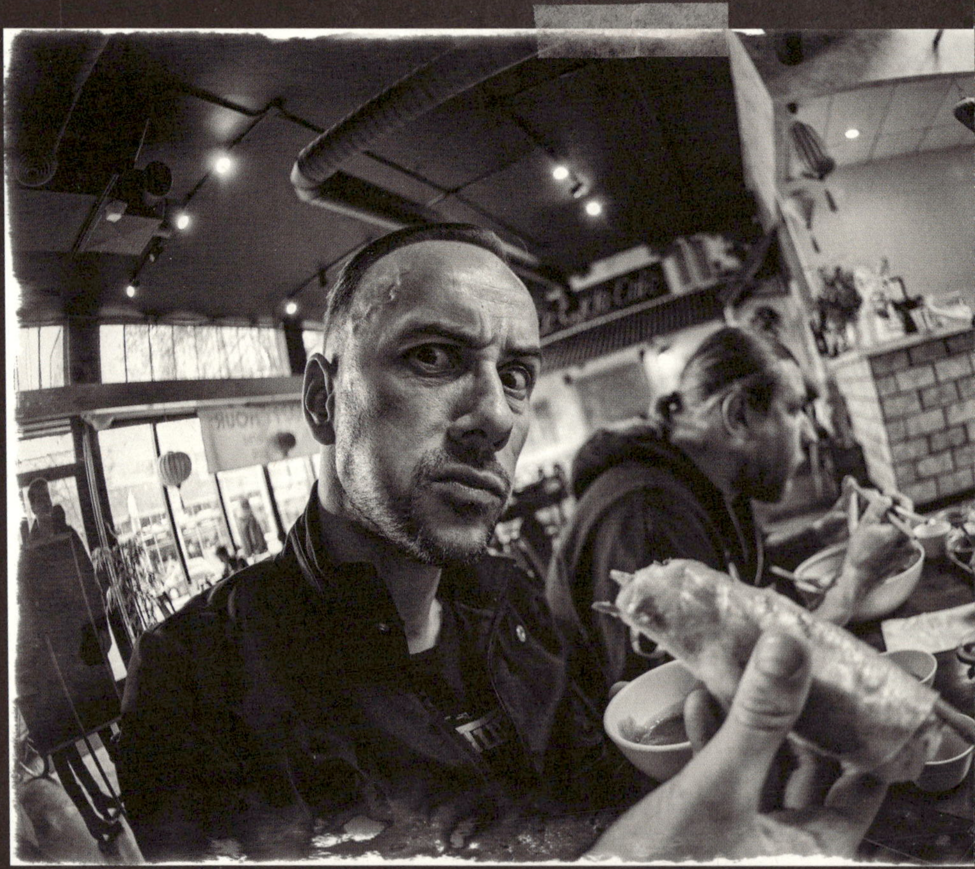

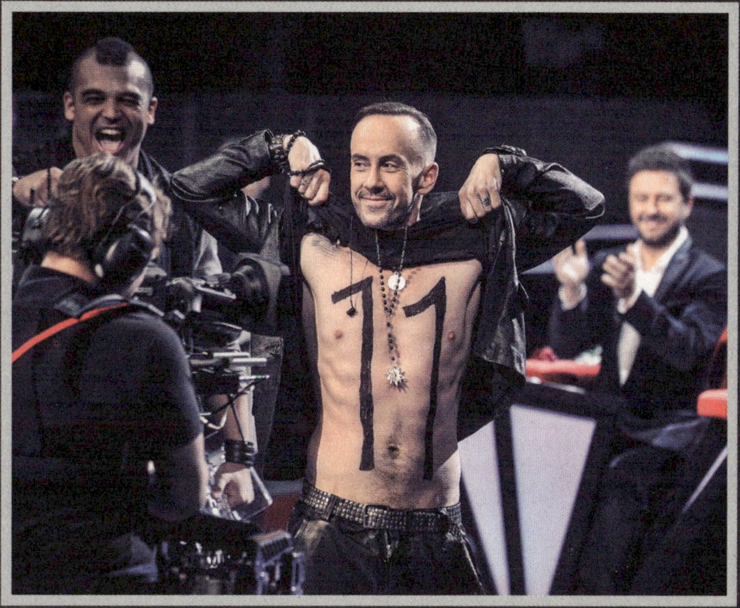

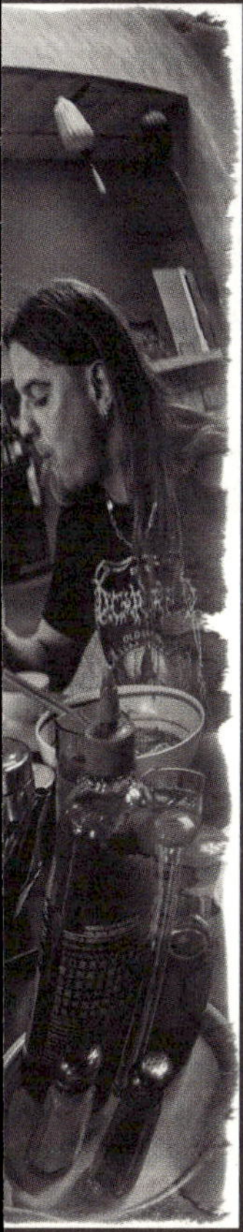

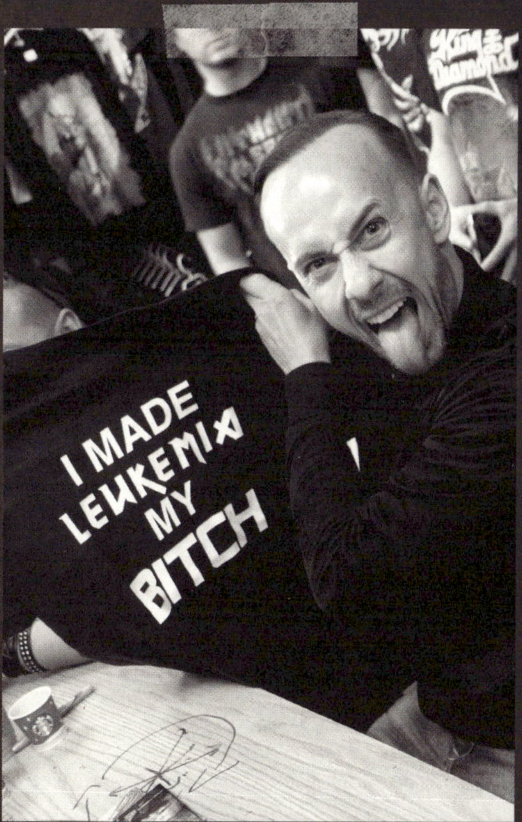
I MADE
LEUKEMIA
MY
BITCH

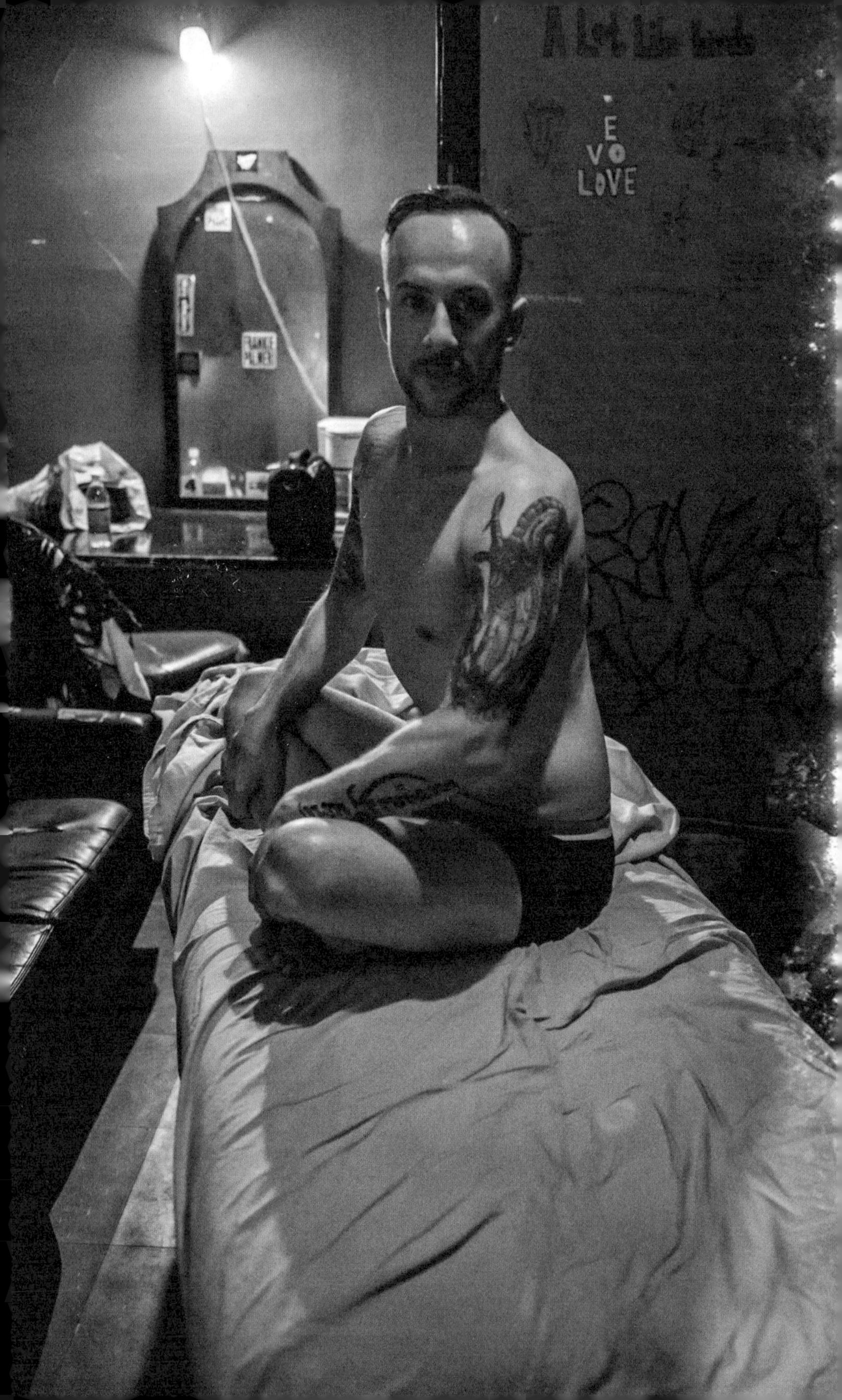
E
VO
LOVE

Ich hasse es. Es ist Fahrstuhlmusik. Buchstäblich. Diese Lieder haben keinen Sinn. Sie fangen niemals an und hören niemals auf. Ich höre nur Jazz, wenn ich in einem Hotel bin und den Fahrstuhl benutze, um auf meine Etage zu kommen. Oder in einer kleinen Bar irgendwo in New Orleans, wenn ein Jazztrio für dich spielt, während du das beste Steak der Welt isst. Ich mag diese Art von Begleitung nur, wenn der Kontext passt.

War das kein Hindernis, als du Mozdzer eingeladen hast, mit euch aufzunehmen?

Nein, absolut nicht! Ich habe viel Respekt vor diesem Mann. Ich denke, dass Musiker, Schauspieler und Leute des Rampenlichts im Allgemeinen, eine Art universellen Code teilen. Sie verstehen einander, egal, welche Art Kunst sie auch machen.

Stell dir folgende Situation vor: Ich ruhe mich an der Lobbybar des Radisson Hotels in Warschau aus. Ich bin eher müde als betrunken. Es ist Mai, also ist es warm. Ich bestelle mir noch einen Espresso, versuch mich nochmal aufzurappeln. Dann sehe ich diesen Typen, und ich bin mir sicher, ihn zu kennen. Ich kenne dieses Gesicht! Er schaut mich an und ich kann sehen, dass er mich auch erkennt. Ich habe ihn vorher noch nicht persönlich getroffen, aber er kommt zu mir rüber und schüttelt mir die Hand, als ob wir schon seit Jahren befreundet wären. Wir fangen an zu reden... und das war‘s auch schon.

Am nächsten Abend war ich im Supermarkt einkaufen. Plötzlich stehe ich Rücken an Rücken mit einem Typen. Wir drehen uns um, es gibt einen kurzen Moment der Verwirrung, und dann brechen wir in Gelächter aus. Wir hatten vorher nie die Chance, miteinander zu sprechen, aber nun geben wir uns einen High Five. Dieses Mal war es der polnische Schauspieler Borys Szyc.

Bleibst du mit Leuten, die du so triffst, in Kontakt?

Kommt drauf an. Mit Borys sind wir auf einigen Partys gewesen und haben die ganze Nacht getanzt. Er ist ein sehr sozialer Typ, ein Rock 'n' Roller. Aber ich bin ganz froh, nicht sein Nachbar zu sein, denn da würde ich wahrscheinlich niemals lebend rauskommen. Ich habe sporadischen Kontakt mit Mozdzer. Er war vor einiger Zeit bei einer unserer Shows in Danzig; beziehungsweise tauchte er vor der Show auf. Er konnte nicht bleiben, aber er brachte uns Geschenke mit. Ich bekam Unterwäsche.

Machst du Witze?

Er lebte für längere Zeit in Brasilien und entschied sich, uns etwas von da mitzubringen. Es ist ein schönes Paar Shorts in blassrosa. Auf der Hüfte sind zwei zweiköpfige Adler, dem unheiligen Phönix sehr ähnlich – das Symbol, das wir oft auf unseren T-Shirts haben. Wie sich herausstellte, hatten wir also sogar die lateinamerikanische Mode infiziert.

X

MASSEN-VERNICHTUNGS-WAFFEN

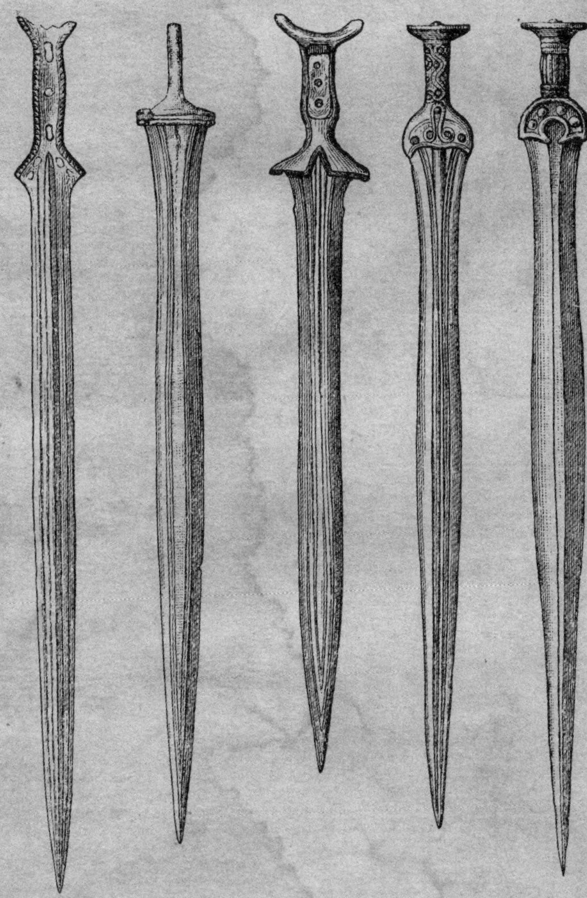

Fühlst du dich beraubt, wenn Leute deine Songs aus dem Internet herunterladen?

Nein.

Viele Musiker tun das aber.

Ich bin für mich selbst verantwortlich, nicht für andere Musiker.

Aber denk mal drüber nach: du nimmst etwas auf, steckst all dein Herzblut und viel Geld rein, und dann nimmt es sich einfach jemand für umsonst.

Wenn jemand meine Musik nicht kennt, sie sich runterlädt, anhört und sich dann entscheidet, dass das nicht sein Fall ist und sie löscht, ist das vollkommen okay für mich. Es wird auch andere geben, die es sich anhören, mögen und dann das Album kaufen. Ich sehe das als guten Ausgleich.

Und wenn es sich jemand nicht leisten kann, aber es wirklich mag?

Dann lass sie doch MP3s hören. Vielleicht wird er sich das Album dann nächstes Jahr kaufen? Wer weiß? Und wenn nicht, vielleicht kommt derjenige dann zu einer unserer Shows und kauft sich ein T-Shirt? Es gibt solche Fans. Das Internet ist wie das Radio. Ich verstehe es vollkommen, und ich werde nicht gegen Windmühlen antreten.

Lädst du dir Sachen aus dem Netz runter?

Natürlich tue ich das.

Aber kaufst du auch Alben?

Ich habe ein paar tausend Platten. Wenn ich auf etwas warte, das noch rauskommen soll oder wenn mir jemand etwas empfiehlt, suche ich es im Internet und lade es mir runter. Wenn es gut ist, kaufe ich die Platte am nächsten Tag. Oder ich kaufe mir gleich drei Exemplare und verschenke zwei an meine Freunde. Wenn ein Album großartig ist, versuche ich es auch auf Vinyl zu bekommen. Ich glaube nicht, dass ich damit irgendjemanden betrüge oder beraube.

Was denkst du über Künstler, die ihre Fans verklagen?

Das ist eine schwierige Frage. Ich will niemanden vorschreiben, wie man seine Marke etablieren sollte. Ich denke, dass solche Künstler sehr viel Freizeit haben müssen. Und ich wäre wirklich glücklich, wenn sie mir davon etwas abgeben könnten.

Also müssen sich die Behemoth-Fans nicht davor fürchten, dass der Postbote mit einer Klage im Gepäck vor ihrer Tür steht?

Manchmal ärgern mich Sachen, die im Netz auftauchen, aber was kann ich schon tun? Nichts – die Welt verändert sich. Vor einigen Jahren war es verboten, Fotos auf einem Konzert zu machen; heutzutage denkt niemand über derartige Regeln nach. Es ist eh unmöglich, sowas durchzusetzen. Die Leute haben Handys und können damit aufnehmen, was sie wollen.

Ich gehe mit der Zeit, ich kämpfe nicht dagegen an. Ich passe mich an, um meine Ziele zu erreichen. Ich benutze technische Errungenschaften als Werkzeug, die es mir möglich machen, mehr Leute zu erreichen. Außerdem sind solche Aufnahmen nichts weiter als digitale Bootlegs, und ich liebe Bootlegs. Manchmal zahle ich viel Geld für ein Bootleg auf Vinyl.

Warum lädst du dann nicht deine Aufnahmen im Internet hoch, damit sie sich jeder frei herunterladen kann?

Ich denke nicht, dass das ein guter Weg wäre. Ich bin Musiker; davon lebe ich. Es ist mein Job und meine einzige Einkommensquelle. Wenn ich all mein Herzblut in etwas reinstecke, dann ist meine Belohnung mein Honorar.

Ein Regisseur verbringt Monate mit den ganzen Details an einem Film. Er ringt um Qualität. Würdest du es toll finden einen Film anzuschauen, den einer im Kino mit einer wackligen Handkamera aufgenommen hat? Ich glaube nicht. Bei einem Film geht es nicht nur um die Story, und genauso geht es auch bei einem Album nicht nur um die Klänge. Es geht auch um die Texte, das Cover, die Fotos, den Geruch des Papiers ... magst *du* den Geruch von Papier?

Aber du lädst dir auch selbst Musik runter.

Ich hadere oft mit mir selbst und denke darüber nach. Ich wurde in einer Generation geboren, in der Musik eine Quelle der Wunder war. Es war auch physisch anstrengend, Alben zu bekommen. Für mich war ein Plattenkauf ein Ritual. Du hast auf ein Album gewartet; du hast es dir geschnappt und es aus jedem Winkel betrachtet. Heute ist die Welt schneller, es gibt kein Platz mehr für so viel Bedächtigkeit. Vorher musste man sehr lange auf ein Release warten, dann musste man buchstäblich in einen Laden gehen und das Ding kaufen. Wenn es nicht da war, musste man am nächsten Tag wiederkommen. Und wir fluchten, waren vom Ladenbesitzer und den Vertreibern angepisst...

Ich mochte Plattenläden. Ich liebte es, in den Regalen zu stöbern, die Platten anzuschauen. Ich mag es immer noch, aber ich mache das nicht mehr so oft wie damals, weil ich nicht mehr genug Zeit und Geduld habe. Heute haben wir Auktionswebsites, auf denen man alles innerhalb von Sekunden kaufen kann. Es ist bequem. Ist die Welt ein schlechterer Ort deswegen? Ich weiß es nicht. Es ist halt anders. Es ist weniger Magie darin, sicher, aber ich ärgere mich bestimmt nicht über die Technologie und den Fortschritt.

Habt ihr die Person ausfindig gemacht, die *Evangelion* vor dem Release hochgeladen hat?

Das war nicht schwer. Jeder weiß, dass Journalisten Dateien mit Wasserzeichen bekommen. Wir haben schnell herausfinden können, wer genau das Leck war. Ich kannte diese Person gut. Ich war nicht so angepisst, wie ich es vielleicht gewesen hätte sein können. Ich habe bloß die Arme ausgebreitet und geseufzt. Shit happens. Es stellte sich heraus, dass die damalige Chefredakteurin des *Terrorizer* Magazines unser Album aus Versehen geteilt hat. Sie hat es einfach in den falschen Ordner gepackt, und weg war es...

Also nur ein kleiner Unfall? Glaubst du das?

Vielleicht bin ich ja etwas naiv, aber ja, ich glaube das. Jetzt ist es sowieso egal. Sie hat sich bei uns entschuldigt. Außerdem hat sie es immer uns überlassen, ob wir dagegen vorgehen wollen oder nicht. Das gehört jetzt der Vergangenheit an.

Habt ihr das ganze Theater mit der Unterzeichnung des ACTA (Anti-Counterfeiting Trade Agreement[7]) verfolgt?

Ich hab mir das angeschaut. Ich stand den Gegnern näher als den Unterstützern. Ich fühlte mich schon immer den Menschen näher, die für Freiheit kämpfen.

Aber du hast keinen öffentlichen Standpunkt in dieser Debatte vertreten?

Ich habe dafür nicht genug davon gewusst. Ich habe keinerlei rechtliche Kenntnisse und wusste nicht, ob dieses Abkommen irgendetwas verändern würde. Viele meiner Freunde waren gegen diesen Vertrag. Sie sagten, die Unterzeichnung des ACTA würde die Freiheit des Internets einschränken. Aber es

[7] Anti-Produktpiraterie-Handelsabkommen

gab auch Menschen, die dachten, dass die Einführung dieser Regulierungen den Künstlern sehr viel Profit verschaffen würde.

Wie Zbyszek Holdys? Im Internet hätten die Leute ihn fast zerrissen. Sie haben ihn attackiert wie Wölfe ihre verwundete Beute.

Ich mag Zbyszek sehr. Für mich ist er eine Ikone, und ich meine damit nicht nur sein Leben oder seine Musik. Ich empfinde wirklich tiefste Dankbarkeit. Als die Medien mich attackierten, hat er mich verteidigt. Ich habe ihn nicht darum gebeten; er half mir, weil er glaubte, dass jeder ein Recht zur freien Meinungsäußerung hat. Also wenn so eine Person fertiggemacht und als ein Feind der Freiheit dargestellt wird, ist das rechtens? Ich glaube nicht.

Ihr habt unterschiedliche Ansichten zu vielerlei Dingen, zum Beispiel bei Raubkopien.

Großartig! Genau darum geht es doch bei Freiheit. Er hat seine Meinung, und ich habe meine. Wir können sie beide laut äußern. Wir müssen nicht gegeneinander kämpfen. Und ja, das Internet hat Zbyszek gekreuzigt. Und Leute, die eigentlich für die Freiheit kämpfen, versuchen ihn zum Schweigen zu bringen. Ich verstehe das nicht.

Okay, lassen wir die Sache mit Zbyszek kurz ruhen. Warst du nicht überrascht, wie viele Internetuser sich mobilisierten und eine globale Protestaktion organisierten?

Die Reichweite der Aktion hat mich überrascht – im positiven Sinne. Es hat gezeigt, wie sehr wir alle unsere Unabhängigkeit lieben. Das Internet ist so ein Raum, der Unabhängigkeit repräsentiert, einer, in dem Informationen unzensiert zirkulieren. Manipulation und Verfälschung treten dort auf, wo Informationen durch jemanden weitergeleitet werden sollen.

Im Netz sind solche Übermittler unnötig. Man kann einfach Informationen auf einer Website hochladen und jeder kann sie lesen. Niemand manipuliert den Inhalt. Die Menschen erkennen das und wollen diesen Raum verteidigen.

Kann man sie davon irgendwie abhalten?

Ich glaube nicht. Es ist eine Revolution. Es ist ein Prozess und bereits zu weit fortgeschritten, als dass irgendjemanden nun noch „Stopp" sagen könnte. Lies die Zeitung, die seriösen, nicht die Klatschpresse. Sie integrieren inzwischen Dinge, die im Internet vonstattengehen. Jemand hat einen Tweet abgesetzt, und die Medien erzählen dir alles darüber, sogar die seriösen Blätter. Sie haben schon ein Gespür dafür entwickelt, wo Informationen tatsächlich geboren werden.

Als wir uns über die Welt der Hochglanzmagazine unterhielten, hast du Zygmunt Baumans Essay erwähnt, in welchem er moderne Kommunikationsformen mit dem „Tweeten" vergleicht. Er meinte das Internet, richtig?

Ja, genau. Die virtuelle Revolution hat auch ihre Schattenseiten. Jeder kann so etwas tweeten wie: „Ich habe gerade meine Suppe gegessen" oder „In einer Stunde bin ich mit der Arbeit fertig" oder „Schau dir meine neue Frisur an". Wir werden überschüttet mit Teilinformationen, die keinerlei Bedeutung haben. Es ist schwierig aus diesem Durcheinander Inhalte herauszupicken, die wirklich wichtig sind. Wir haben uns schon daran gewöhnt, jedes Mal neue Informationen präsentiert zu bekommen, sobald wir eine Website neu laden.

Die Lebensspanne der Informationen wird auch immer kürzer. Wenn ich meinen Facebook Status aktualisiere, bekomme ich gleich am ersten Tag 200 Kommentare, am nächsten Tag vielleicht 20 und am dritten Tag kommentiert vielleicht niemand mehr. Jeder wartet auf neue Posts; die alten sind schnell überholt und tot. Es geht nicht mehr um Qualität, sondern eher um Geschwindigkeit.

Ist das Internet also etwas Gutes oder etwas Schlechtes?

Keines von beiden. Es ist bloß ein Werkzeug. Die Menschen vergessen, was es tatsächlich ist. Ihr Leben findet größtenteils im Netz statt und nicht in der realen Welt. Einer meiner Freunde wurde von seiner Freundin verlassen. Als erstes hat sie ihn von ihrer Freundesliste entfernt. Erst danach hat sie auch im realen Leben mit ihm Schluss gemacht.

Wenn ich solche Geschichten höre, bin ich wirklich froh, in einer Generation groß geworden zu sein, in der es noch keine Computer gab. Heutzutage sagt man ja sogar schon, dass Facebook und Twitter E-Mails ablösen werden.

Der traditionelle Brief ist schon lange veraltet. Sich hinzusetzen und seitenweise einen Brief zu schreiben – wer macht sowas noch? Ich finde das Internet wirklich gut, aber ich werde immer auch noch einen Fuß draußen haben.

Die offizielle Bandseite, der YouTube-Kanal, Behemoths Profil, deine Fanseite, dein privates Facebookprofil, der Webshop, der Blog … das ist ganz schön viel. Hast du mit nur einem Fuß im Internet genug Zeit, dich um alles zu kümmern?

Die Bandseite und der Shop werden von einem Freund und unserem Webmaster, Marcie Gruszka, aka Manticore, betrieben. Natürlich helfe ich ihm und koordiniere alles. Um den Rest kümmere ich mich selbst, aber nur was das Posten angeht. IT ist für mich ansonsten ein Buch mit sieben Siegeln.

Bist du nicht daran interessiert, die digitale Welt näher kennenzulernen?

Ich behandle mein Computer wie mein Auto. Ich weiß, wie man es fährt, und das reicht mir. Ich muss nicht die Struktur des Motors analysieren.

Wann ist dir die Macht des Computers bewusst geworden?

Ich habe das schon sehr früh realisiert, aber fing erst sehr spät an sie zu nutzen.

Du magst also keine technischen Gadgets?

Ich mag sie sehr, und normalerweise nehme ich sie sehr schnell an. Manchmal kommt mein innerer Gadget-Geek zum Vorschein. Als damals Handys zum ersten Mal auf den Markt kamen, wollte ich eins. Es machte mir nichts aus, dass es die Größe eines Brotlaibs maß. Ich besaß es, konnte telefonieren und Nachrichten verschicken. Erstmal allerdings nur mit zwei oder drei anderen Leuten, da nur wenige meiner Freunde sich auch solche Dinger zulegten.

Kommunikation war schon immer sehr wichtig für mich. Aber bei Computern hab ich es etwas verschlafen, muss ich zugeben. Ende der 90er musste ich mich auf mein Fahrrad setzen, um E-Mails lesen zu können. Manticore – er hat mich damals schon versucht zu überreden, online zu gehen – war mir in solchen Dingen immer einen Schritt voraus. Er hatte einen E-Mail-Account, ich nicht, also gab ich jedem seine Adresse. Wenn mir jemand was schrieb, rief er mich an und sagte sowas wie: „Ner, hier ist 'ne Mail von Black Metal Records für dich." Also musste ich mit meinem Fahrrad zu ihm fahren, um bei ihm zu Hause die Nachrichten des Plattenlabels zu lesen. Wenn ich keine Zeit hatte, las er mir sie am Telefon vor und ich sagte ihm, was er antworten sollte. Ich hab es damals einfach noch nicht kapiert; ich lebte immer noch in der Steinzeit. Ich habe Faxe vom Postamt aus verschickt.

Wie lange ging das so?

Schließlich habe ich mir dann doch einen E-Mail-Account angeschafft, aber immer noch keinen Computer besessen. Ich ging in Internetcafés. Viele meiner Freunde hatten bereits einen PC, also verbrachte ich Stunden bei ihnen, um mich um die Korrespondenz zu kümmern und sogar einige Interviews zu geben. Es vergingen noch ein paar Jahre, bevor ich mir einen eigenen zulegte. Ich erinnere mich, wahnsinnig stolz gewesen zu sein, als er endlich seinen Platz in meiner Wohnung hatte.

Wie viel von deiner Freizeit geht denn heute für den PC drauf?

Ich benutze ihn jeden Tag. Ich checke am Morgen meine Mails; und surfe auch auf ein paar News-Seiten. Ich muss also nicht zu irgendeinem Händler gehen, um mir einen Haufen Zeitungen zu kaufen; ich habe alles in Reichweite. Ich versuche, ihn nicht zu viel zu nutzen, um das reale Leben nicht zu vergessen.

Siehst du deine Internetpräsenz eher als Arbeit oder als Freizeit?

Eher als Herumspielen mit einer Massenvernichtungswaffe.

In den Posts deines Privataccounts werden aber auch die Sachen gespiegelt, die du auf deiner Fanseite veröffentlichst.

Das sollte keine Überraschung sein. Die Band ist mein Leben, rund um die Uhr.

Also ist dein Auftreten auf Facebook eher von privater oder professioneller Natur?

Ich bin da widerwillig hin. Davor habe ich diese Plattform, auch aus Widerwilligkeit, gemieden wie die Pest. Leute fragten mich: „Du bist nicht auf Facebook? Dann existierst du nicht!“

Ich habe mir selbst geschworen, dass mich niemand jemals darauf sehen würde. Ich war so stolz drauf.

Du hättest keine leeren Versprechungen machen sollen.

Eines Tages war ich auf der Seite. Ich wollte mich nicht einloggen, sondern bloß was auschecken; ich war auf der Suche nach ein paar Infos. Dann entdeckte ich, wie viele Nergal-Profile da waren, hat es Klick gemacht. Ich dachte, dass es höchste Zeit wäre, die Situation klar zu stellen und den Leuten den echten Darski zu präsentieren. So wurde ich schnell da reingesogen. Ich mag die Art, wie mich Facebook entthront und die Distanz zwischen mir und meinen Fans verringert hat.

Antwortest du oft auf Nachrichten von ihnen?

Ja, tue ich.

Auch den attraktiven weiblichen Fans?

Ja, denen auch …

Virtuelle Liebe, flirten im Internet – macht dich das an?

Manchmal flirte ich. Aber das passiert eher seltener mit meinen Fans. Das ist moralisch sowieso eher verwerflich. Schließlich würde ich ja als Gynäkologe auch nicht versuchen, alle Frauen zu ficken.

Aber vielleicht eine von fünf?

Es gibt immer Ausnahmen. Aber ich bevorzuge es, die Macht über meine Eier zu behalten. Ich treffe oft Fans, die mehr als bereit wären, solche Dinge zu tun. Sie sind jung, attraktiv und fühlen sich von mir angemacht, aber sie sind auch naiv. Ich möchte das nicht ausnutzen. Es turnt mich auch nicht gerade an, so ein einfaches Spiel zu haben, wenn ich zum ersten Mal jemanden treffe. Ich bevorzuge Frauen, die zwar wissen, wer ich bin, aber die vor allem den Menschen in mir sehen und nicht nur den Frontmann ihrer Lieblingsband.

Wenn du mit Leuten im Internet kommunizierst, weißt du niemals, wer auf der anderen Seite sitzt.

Dessen bin ich mir bewusst. Ich wahre immer eine gewisse Distanz. Ich bin bekannt, und manche Menschen versuchen mich reinzulegen, und das nicht nur im Internet. Diverse Leute rufen mich an. Wenn ich zum Beispiel mit einem Journalisten telefoniere, kann ich mir nie sicher sein, ob er wirklich für die Zeitung arbeitet, die er vorgibt. Ich wurde schon ein paar Mal verarscht, deshalb versuche ich solche Sachen immer zu verifizieren. Es gibt eine Linie, die ich nicht überschreite, bevor ich mir nicht sicher bin, dass da die richtige Person am anderen Ende sitzt. Und das betrifft jeden Aspekt des Lebens. Egal ob es ums Flirten geht oder ein Geschäftsgespräch oder ein Interview. Ich bin sehr vorsichtig.

Was ist denn deine generelle Einstellung Journalisten gegenüber? Wir hörten, dass dich jemand mal ein Blödmann nannte.

Manchmal bin ich auch wirklich einer. Absichtlich. Ich spreche gerne mit Journalisten, die ich kenne und die ich respektiere. Ich schätze Zuverlässigkeit. Es gibt Leute wie Tomasz Lis, die für Qualität stehen. Wenn ich von ihm eine Anfrage für ein Interview bekomme, lehne ich nie ab, weil ich weiß, dass er einen guten Job macht. Ich werde genau das lesen, was ich auch tatsächlich gesagt habe und nicht irgendeinen Bullshit, der an den Haaren herbeigezogen wurde.

Das gleiche gilt für Jarek Szubrycht, den ich schon aus der Zeit kenne, als er selbst noch Sänger war. Ich vertraue Menschen wie ihm – auch wenn sie mir manchmal harte Fragen stellen und versuchen, mich aus der Reserve zu locken. So war es etwa mit

Piotr Najsztub. Er interviewte mich für das *Przekrój* Magazin. Als es herauskam, hatte ich einige Bedenken. Ich mochte die Richtung nicht, in die er das Gespräch zu lenken versuchte. Aber es *hatte* Stil. Und Qualität. Als er mich also nach einem Interview für *Wprost* fragte, stimmte ich zu, und das Resultat war diesmal viel besser als vorher.

Das sind alles Leute mit großen Namen. Würden junge, weniger bekannte Journalisten jemals die Möglichkeit bekommen, dich zu interviewen?

Es geht nicht um Namen. Von einigen von denen wurde ich auch schon hintergangen. Ein Typ rief mich mal an und stellte Fragen über die Tour, die Band und das Album. Im Nachhinein erschien dann ein Artikel darüber, wie ich auf Partys protze. Ich werde den gleichen Fehler nicht noch einmal machen. Daher meide ich grundsätzlich die Boulevardmedien. Deren Journalisten verkleiden sich sehr gerne und geben sich als jemand anderen aus.

Aber die rufen dich immer noch an?

Vor einiger Zeit rief mich eine Frau von diesen Frühstücksprogrammen an. Ich glaube, die nennt man so. Solche Sendungen, bei denen sie diesen Lifestyle-Bullshit ausstrahlen und darüber spekulieren, wer mit wem schläft.

Okay...

Ja, also die haben mich angerufen. Es war Frühling, Ende März, und sie wollte, dass ich in ihre Sendung komme, in die Folge am 1. April. Ich sollte in die Kamera lächeln und behaupten, dass meine Metalalben nur ein schlechter Scherz gewesen seien und ich schon bald ein Reggaealbum aufnehmen würde oder irgend so einen Bullshit.

Es genügt wohl zu sagen, dass ich höflich ablehnte. Aber sie wollte einfach nicht aufgeben. Sie rief mich immer wieder an.

Schließlich sagte ich ihr zu, es zu tun, wenn sie meine Bedingungen erfüllen würden. Mir vielen sofort einige total bescheuerte Ideen ein: Ich wollte auf jeden Fall während der Sendung nackt sein, nur mit der amerikanischen Flagge bekleidet. Außerdem wollte ich ein paar Ministranten, die als SS-Soldaten verkleidet die Vatikanhymne singen sollten.

Hat sie dann wenigstens aufgegeben?

Zwei Stunden später rief sie an und erklärte mir, dass der Produzent begeistert von dieser Idee sei. Ich sprang ab.

Aber du bist ein paar Mal in solchen Shows aufgetreten.

Zweimal, um genau zu sein. Das erste Mal, kurz nachdem ich aus dem Krankenhaus kam. Ich bewarb Knochenmarksspenden für die Deutsche Knochenmarksspenderdatei (DKMS). Das andere Mal habe ich den Produzenten von *The Voice Of Poland* diesen Auftritt versprochen. Es war ein Gentlemen's Agreement, und ich erfülle immer meine Pflichten.

Bekommst du irgendwelche finanziellen Vergütungen, wenn du an solchen Sendungen teilnimmst? Und ich meine nicht die, in der du das Bewusstsein für Leukämie stärken wolltest.

Nein. Zumindest habe ich nie nach irgendwelchen Vergütungen gefragt. Ich versuche sowieso mein bestes, solche Sendungen zu meiden. Ich muss mich wirklich nicht morgens um sieben vor zwei Millionen Zuschauern öffentlich vivisezieren lassen.

Ja. Du erscheinst erst viel später im Fernsehen, wahrscheinlich, weil du so viel fluchst.

Flüche sind ein Teil meines Wortschatzes. Jeder benutzt sie. Sie sind wie ein Exorzismus; durch sie entweicht die schlechte Energie. Manchmal betonen sie eine wichtige Message. Aber man muss wissen, wie man flucht.

Ich habe da eine Freundin in Olsztyn; ihr Name ist Monika. Sie ist die Weltmeisterin im Fluchen. All diese furchtbaren Worte klingen wie eine Symphonie aus ihrem Mund. Sie sind wie Schnittlauch in einem perfekten Rührei, sie müssen einfach da sein.

Es ist einfach schrecklich, wenn jemand nicht weiß, wie man richtig flucht. Man trifft gelegentlich solche Frauen, deren Beleidigungssalven deine Ohren verdorren lassen. Sie tun es so mechanisch, ohne jegliche Anmut. Ich schaue sie an, höre mir an, was sie sagen und alles, was mir durch den Kopf geht ist: „Verdammt noch mal …“

„Nergal hat schon wieder einen neuen Skandal verursacht!“ „Nergal hat Orgasmen vorgetäuscht!“ Liest du solche Artikel?

Vielleicht einen von zwanzig. Zur Unterhaltung. Ich bevorzuge seriöse Medien.

Unterhaltung ist die eine Sache, aber solche Artikel tauchen ständig im Internet auf. Ärgert dich das nicht?

Es langweilt mich eher. So leicht bin ich nicht angepisst.

Und als die Medien gesagt haben, du seist wieder im Krankenhaus?

Es gab vor einiger Zeit einen solchen Artikel. Das war zu viel. Mein Telefon hörte nicht mehr auf zu klingeln, meine Freunde und Kollegen wollten wissen, ob alles okay war. Ich musste jedem einzelnen zwei Tage lang erklären, dass ich am Leben bin und es mir gut geht.

Du hast auch ein Statement abgegeben in dem du sagtest, dass ganz Polen dumm wäre, wenn man so einen Bullshit liest und alles glaubt, was in der Klatschpresse steht.

Die Reaktion war der Situation angemessen. In solchen Fällen ist es sinnlos, den Diplomaten zu spielen.

Einige Leute fühlten sich aber angegriffen.

Solche Menschen sind dumm.

Gefällt es dir, solche Menschen zu provozieren?

Ich mag es starke Emotionen hervorzurufen. Das bringt Leute zum Nachdenken.

Also ich zitiere mal ein paar für dich. Diese sind aus dem Artikel über deinen zweiten Krankenhausaufenthalt:

„Danke, oh Herr. Ich habe immer an dich geglaubt und werde es auch immer, und danke, dass du mir zugehört hast"

„Nergal, du verficktes Arschloch, stirb und verfaule in der Hölle, Scheißkerl"

„Lasst diesen Luzifer sterben"

„Er verdient es nicht anders. Er sollte einen Rückfall bekommen, das würde sein Gehirn kurieren"

„Wo ist dieser Wichser? Ich bring ihm Pavulon" (einer der Stoffe, die für Todesspritzen verwendet werden).

Einige wunderbar kurze und knappe Beispiele für die christliche Nächstenliebe. Es ist jedes Mal dasselbe. Ich muss diese Äußerungen nicht lesen um zu wissen, was ich darin finden kann. Die Hälfte dieser Leute würde mich am liebsten auf den Mond schießen; die andere Hälfte würde Priester dahinschicken. Das Internet ist so vorhersehbar.

„Dieser Typ Nergal ist cool, ich mag ihn, aber warum kämpft er gegen Gott?" Menschen sagen auch solche Sachen.

Und ich höre sie ständig. Dafür muss ich nicht online gehen. Ich muss nur die Straßen runterlaufen.

Erkennen dich die Leute auf der Straße?

Kann passieren. Normalerweise sind sie eigentlich ganz nett.

Und was erzählt Nergal ihnen? Warum kämpft er Gott *so* sehr gegen Gott?

Ich lasse mich nicht auf Diskussionen ein. Ich bleibe ruhig. Ich bedanke mich immer für die netten Worte, schüttle Hände und geh weiter. Ich weiß, dass die Sicht der Leute auf mich komplett verzerrt ist. Der Computer- oder Fernsehbildschirm – das sind falsche Spiegel. Sie lügen. Ich rede nicht nur von meinen Auftritten im Fernsehen. Aber dann, auf der anderen Seite, präsentieren sie einen netten Typen, der hier einen Witz erzählt, dort mal einen Philosoph zitiert – einen Typen, der nett lächelt und den Damen Handküsse gibt.

Und wie ist er wirklich?

Er mag es, zu stänkern. Das heißt eben auch, dass er medialen Unstimmigkeiten bei seinem Image mag. Er möchte es gar nicht klarstellen.

Hast du keine Angst davor, dass dich die Leute eines Tages wegen Unruhestiftens lynchen wollen?

Ich bin nicht aus Glas. Ich wurde schon ein paar Mal ins Gesicht geschlagen. Aber ich denk nicht, dass irgendjemand mich lynchen möchte, jedenfalls nicht wörtlich.

„Hitler war auch nett zu seinen engsten Freunden." Das war die Antwort von Marcin Meller, dem ehemaligen Chefredakteur des polnischen *Playboy* zu der Verteidigung deiner Person durch Malgosia Domagalik und Zbyszek Holdys, welche die Attacken der konservativen Medien zurückschlugen und dich als netten und freundlichen Menschen beschrieben. Hat dich das verletzt?

Es hat mich zum Lachen gebracht. Ein Typ, der ein Magazin mit nackten Weibern drin veröffentlicht, sollte eine liberale Sichtweise auf die Realität haben, oder nicht? Ich werde ihn nicht in der Öffentlichkeit beleidigen; ich möchte bloß sagen, dass er in meinen Augen keine Glaubwürdigkeit mehr besitzt. Nichtsdestotrotz hat sich diese ganze Situation zu meinem Vorteil entwickelt. Ich bekam deswegen eine Rolle in einem Film!

Als Hitler?

Fast. Ein paar Tage nach dieser miserablen Fernsehsendung traf ich zufällig den Regisseur Juliusz Machulski und sein Frau Ewa in Warschau. Sie kamen gerade aus ihrer Wohnung, erkannten mich, lächelten mich an und wir unterhielten uns. Wir gingen zusammen Mittagessen und verbrachten ein paar Stunden miteinander. Wir redeten über das Leben, die Medien und unsere Lieblingssendungen. An einem Punkt dann – gerade als Machulski die Situation mit Meller kommentierte – bat mich Ewa, meinen Kopf nach rechts zu drehen und sagte: „Julek, schau, er würde den perfekten Ribbentrop abgeben." Und somit bekam ich eine Filmrolle angeboten; in einer Komödie über Nazis.

Kanntest du Machulski schon vorher?

Wir haben bloß ein paar Nachrichten ausgetauscht. Als das Interview von *Newsweek* veröffentlicht wurde, bekam ich eine

Message: „Herr Darski, mir geht das Herz auf, wenn ich junge Polen sehe, die wie Gombrowicz und nicht wie Sienkiewicz denken – Juliusz Machulski." Mir fehlten die Worte. Ich antwortete ihm rasch und fragte, ob es sich um *den* Juliusz Machulski handele. Er versicherte mir, dass er es war und lud mich auf einen Kaffee ein.

War es dir ernst, eine Rolle in einem Film zu spielen?

Ich hatte vorher schon ähnliche Angebote bekommen. Aber normalerweise waren es immer die Bad-guy-Rollen in Horrorfilmen. Das wäre einfach zu vorhersehbar. Es wäre eine viel größere Herausforderung, jemanden zu spielen, mit dem ich mich nicht wirklich identifizieren kann. Einen Nazi zu spielen, einen Zelot oder einen Priester – *das* wäre was. Als er von dem Film erfuhr, erzählte mir ein alter Freund Bartek Krysiuk, dass ich jetzt geradewegs Richtung Cannes steuere. Ich antwortete, dass die „Goldene Himbeere" als Auszeichnung wahrscheinlicher wäre.

Bekommst du Rollenangebote für Werbungen?

Ja. Ich habe mal Werbung für einen Energy Drink gemacht. Aber das war eine Ausnahme, weil eine tolle Idee dahinter stand: Ich konnte so die DKMS-Stiftung unterstützen, die auch viel für mich getan hat. Auch auf diesem Weg, konnte ich meine Schuld begleichen. Ich will dies auch für den Rest meines Lebens zu tun, das ich dank der DKMS immer noch habe.

Hast du Geld für die Werbung genommen oder alles der Stiftung gegeben?

Es gibt einige Details aus diesem Vertrag, die ich nicht offenlegen darf, deswegen werde ich zu diesem Thema lieber schweigen. Für mich ist etwas anderes wichtig: nämlich, dass ein Geschäft auch selbstlose Zwecken dienen kann. Ich leihe einer Firma mein Gesicht, und dafür geht ein gewisser Prozentsatz von jedem verkauften Drink an Leute, die es wirklich brauchen. Nicht an Faulenzer, die sich nur noch mehr Alk davon kaufen, sondern an Leute, die wirklich die Welt bereichern, wenn sie weiterleben können. Und ich habe noch eine Message: Es gibt nie zu viele Spender. Diese Info geht an meine Fans, und jeder von ihnen ist ein potenzieller Spender.

XI

UNSER IRDISCHES EDEN

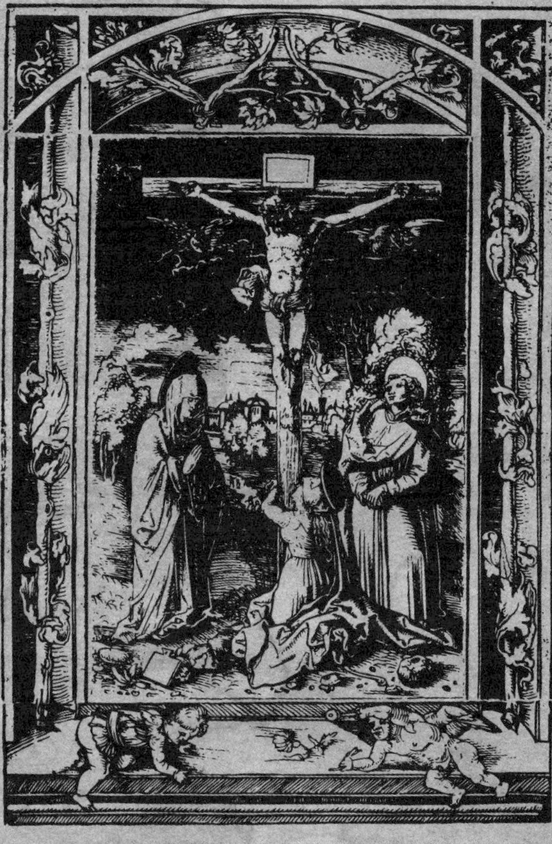

Bist du ein Hedonist?

Das will ich wohl meinen.

Aber du *wirkst* nicht wie ein Vielfraß.

Willst du sagen, ich sähe unterernährt aus? Dummerweise kann ich nicht kochen. Ich kann nur Rührei machen. Das ist zugegebenermaßen eine sehr enggefasste Spezialisierung, die ich aber wahrhaftig beherrsche.

Isst du gerne?

Definitiv ja. Aber mir ist Qualität wichtiger als Quantität. Das ist die Philosophie, die ich entwickelt habe. Beziehungsweise habe ich sie mir von einem weisen Mann ausgeliehen, der einmal sagte, dass wir das sind, was wir essen. Ich habe dieses Motto sogar erweitert, damit es auf andere Lebensaspekte anwendbar ist. Wir sind, was wir sehen. Wir sind, wen wir lieben. Wir sind, was wir hören. Wir werden zu dem, mit dem wir Zeit verbringen.

Demnach bist du ziemlich wählerisch.

Das kommt mit der Zeit. Wenn wir jung sind, absorbieren wir alles, und wir essen, was immer sie uns geben. Das ist normal. Ein junger Körper braucht Treibstoff und es interessiert ihn nicht, was er sich in den Mund steckt. Die Selektivität kommt mit dem Alter.

Wann kam deine?

Sie kommt immer noch, schrittweise. Ich entdecke sie noch und ziehe sie heran. Ich denke, dass das das Beste ist, was Reife mit sich bringt. Wir reden vom Essen, aber es trifft wirklich auf alle Bereiche des Lebens zu. Freundschaften, Frauen, Musik, Kunst...

Ich nenne dir ein Beispiel, ein sehr einfaches. Ich bin ein Liebhaber von Kaffee. Ich liebe Koffein. Der Geschmack und das Aroma dieses Getränks gehören zu den schönsten Dingen, die es auf der Welt gibt. Ich war jahrelang ein Fan von großen und süßen Kaffees: Milch, Zucker, Karamell und andere Geschmacksrichtungen. Die habe ich immer in mich reingeschüttet. Aber schließlich hatte ich davon genug. Heute konsumiere ich gelegentlich solche Kalorienbomben, aber nur sehr sporadisch. Hinter dem ganzen Zucker entdeckte ich den wahren Geschmack des Kaffees. Ich experimentierte. Ich probierte verschiedene Kaffeesorten und verschiedene Zubereitungsarten. Manchmal nehme ich eine Espressomaschine, manchmal eine Stempelkanne, manchmal mische ich verschiedene Kaffeesorten, und weißt du was? Ich schmecke den Unterschied jedes Mal. Kaffee muss nicht mehr groß und süß sein. Er kann stärker sein, und nur ein kleines bisschen Milch enthalten.

Ein Kaffeepurist würde selbst ein bisschen Milch als Sakrileg bezeichnen.

Ich gehe da nicht ins Extreme, ich bin kein Purist. Außerdem ist ein Sakrileg ab und an ganz gut. Ich weiß das aus eigener Erfahrung.

Bist du süchtig nach Kaffee?

Bevor ich ins Krankenhaus kam, konnte ich mir keinen einzigen Tag ohne einen großen, süßen Kaffee vorstellen. Die milchlose Diät war das Schlimmste für mich.

Keine Milch zu haben war das Schlimmste für dich?

Leukämie und kulinarische Abenteuer gehen nicht Hand in Hand. Man sagte mir, ich könne für die nächsten Monate kein gebratenes Essen zu mir nehmen. Ich dachte: „Okay, das ist keine Tragödie. Ich esse sowieso nicht oft Gebratenes." Aber als sie mir sagten, dass ich meinen geliebten täglichen Karamell-Macchiato nicht genießen könne, wusste ich, dass ich wirklich ein Problem hatte.

Die ersten Tage waren hart. Mit der Zeit entwöhnte sich mein Körper vom Koffein, und ich gewöhnte mich daran, es nicht mehr zu bekommen. Ich vermisste Kaffee, aber ich brauchte ihn nicht.

Bist du mal schwach geworden?

Bei manchen Gelegenheiten konnte ich Kaffee trinken, aber nur ohne Milch. Ich bat dann Freunde, mir Sojamilch zu bringen, die ich meinen Koffeingetränken zusetzte. Es schmeckte scheußlich, aber ich war zufrieden, denn ich wusste, dass ich bald noch nicht mal mehr diese Art Kaffee würde trinken können. Ich war immer noch auf milchloser Diät: trockenes, gekochtes Essen ohne Gewürze. Es ging alles darum, die Leber nicht zu überfordern, die nach jeder Runde Chemo schwer angeschlagen war. Während der Chemotherapie war meine Diät sogar noch eingeschränkter.

Als du wieder gesund wurdest, bist du da wieder verrückt nach Milch geworden?

Ich habe sie schrittweise in meine Diät eingeführt. Ein großer, süßer Kaffee wurde wieder Teil des Lebens. Aber ich bewertete einige Dinge neu. Ich merkte, dass es nutzlos war, einen halben Liter süße Flüssigkeit in mich reinzuschütten. Besonders, weil ich ansonsten keine süßen Getränke mag. Ich änderte das, und mir gefällt diese Änderung.

Also geht es nicht nur um Kaffee?

Nein. Ich beurteile gerne autoritär, und ich behaupte gerne, dass es Dinge gibt, die ich nie anrühren würde. Aber ich merke, dass das nur Worte sind. In einem Jahr oder in zwei oder in zehn werde ich wahrscheinlich das Eine oder Andere ausprobieren. Es ist sehr wahrscheinlich, dass ich das tun werde. Veränderungen sind die Inschriften meines Lebens, Geheimnisse ebenso. Ich bekomme einen Schub durch das, was hinter der nächsten Ecke wartet.

Also gibt es bei Nergal keine kulinarischen Vorlieben?

Doch, aber nur für jeden Tag. Der Erwerb von Geschmack ist, wie Alles im Leben, ein Prozess. Er entwickelt sich die ganze Zeit über. Manche Menschen akzeptieren das nicht. Sie zeichnen für sich eine Karte, in die sie ihre Realität einfügen. Und dann sind sie ein paar Jahre später überrascht, wenn irgendwas nicht stimmt. Ich mache genau das Gegenteil. Ich genieße den Umstand, dass alles im Fluss ist. Ich vergleiche es mit dem biblischen Apfel...

Du bist von der Bibel ziemlich angezogen, nicht wahr?

Aber das ist doch wirklich ein guter Vergleich. Es gibt die Geschichte vom Baum der Erkenntnis, von Gut und Böse. Ich interpretiere sie so, dass der Griff nach dem Apfel den Rückzug aus einem gesetzmäßigen und unveränderlichen Bedeutungssystem darstellt. In einem solchen System hat alles seinen Platz und seinen Wert. Nichts verändert sich, nicht mal um einen Millimeter. Diese Art von Spaß ist nichts für mich. Ich wähle die Veränderung, die Bewegung, das Rätsel.

Also nimmst du den Apfel – und dann?

Und dann bekommen wir Smörgåsbord, eine bunte Mischung. Stell dir mal vor, du würdest jeden Tag das gleiche, ausgewogene Essen zu dir nehmen. Es ist überhaupt nicht übel. Es ist ein altes, traditionelles Rezept, erprobt von Generation zu Generation und tief in Traditionen verwurzelt. Fleisch, Salat,

Gewürze – alles da, was dein Körper braucht. Es gibt Vitamine, Kohlenhydrate und Proteine.

Wenn du es das erste Mal isst, ist es herrlich. Beim zweiten Mal ist es köstlich, beim dritten Mal schwelgst du in der Harmonie aus Geschmack. Was spürst du aber, wenn du es zum dreiund*neunzigsten* Mal isst? Jetzt stell dir vor, du müsstest dasselbe Gericht jeden Tag essen, bis du stirbst. Jeden Tag dasselbe, im selben Topf zubereitet. Gefällt dir diese Vorstellung? Mir nicht. Ich will entscheiden, was auf meinen Teller kommt.

Was ist, wenn jemand deinen Lieblingssalat nimmt? Nimmst du ihm den vom Teller?

Warum nicht? Ich nehme oft leckere Bissen von den Tellern anderer Leute.

Und was ist, wenn jemand versucht, etwas von deinem Teller zu nehmen? Knurrst du dann?

Ich lade ihn dazu ein. Natürlich renne ich nicht im Restaurant herum und klaue den anderen Leuten das Essen. Und ich werfe auch nicht jedem im Raum mein Essen zu. Aber unter Freunden ist es für jeden von uns normal, das Essen zu teilen. Das ist sogar sehr schön. Wenn wir mit der Band auf Tour sind, bestellen wir immer so, dass jeder alles probieren kann. Statt eines großen Schweinekoteletts hat jeder vier kleinere, aber unterschiedliche Gerichte.

Isst du viel?

Ich esse genug, um den Tag zu überstehen und genug Kraft für all das zu haben, was ich mache. Und ich mache eine Menge.

Also isst du, um zu leben und lebst nicht, um zu essen?

Ich esse, um zu essen, aber genug, um zu leben. Die Menschen neigen zu Extremen. Vergnügen oder Energie? Ich nehme beides in einem Paket.

Isst du nie zu viel?

Überfressen ist unsere nationale Tradition. Wir tendieren zu herzhaftem Mittagessen und spießigem Abendessen. Wir essen den ganzen Tag über nichts, und dann bekommen wir eine XXL-Platte. Ich brauchte einige Zeit, um diese Gewohnheit abzulegen, aber auf die Art habe ich jahrelang gegessen. Ich esse oft, aber nicht viel. Und ich glaube nicht an Märchen. Es ist kein Problem, nach Mitternacht zu essen, solange es kein Brot mit Wurst ist. Abends nehme ich Snacks wie Gemüse, Obst und Joghurt. Tagsüber wiederum versuche ich, Mahlzeiten zu mir zu nehmen, die mir Energie geben, also enthalten sie Kohlenhydrate und Proteine. Ich esse auch viel Fisch.

Was ist mit rotem Fleisch?

Nicht öfter als zwei oder dreimal pro Woche. Das kann man aber schwer verallgemeinern. Manchmal esse ich drei Wochen lang kein Fleisch, und manchmal brauche ich es einfach. Manchmal ist es wie ein Impuls. Ich laufe beim Metzger vorbei und habe plötzlich Hunger auf Truthahn. So läuft das.

Du hast aber keine ideologischen Bedenken?

Ich bin ein Raubtier. Wenn mir jemand erzählt, er würde kein Fleisch essen, weil es nicht richtig wäre, Tieren wehzutun, verstehe ich das nicht. Ich würde aber keinen Hund oder kein Pferd essen, weil für mich ein Pferd wie ein Hund ist.

Und ein Schwein ist das nicht?

Nein. Aber ich würde nie sagen, dass ein Schwein nicht intelligent wäre. Die sind gerissen und schlau. Ich fasse die aus anderen Gründen nicht an. Es ist das schlechteste Fleisch, das es gibt. Es ist ungesund, es ist fett, und es enthält viele Giftstoffe.

Und Kühe?

Manchmal esse ich Rindfleisch, aber es muss gut zubereitet sein. Ich kenne ein paar zuverlässige Läden, wo es ordentlich hergestellt und serviert wird. Dann kann man es definitiv mal probieren.

Streitest du dich mit deinen vegetarischen Freunden?

Im Gegenteil, ich nehme sie oft in Schutz. Manchmal gibt es Konflikte zwischen ihnen und den Fleischessern. Die behaupten, man müsse Fleisch essen, weil es die Quelle von Kraft, Lebensenergie und anderer wichtiger Dinge sei. Ich schlage mich dann auf die Seite der Vegetarier. Teils natürlich aus Gehässigkeit, weil ich gerne den *Advocatus Diaboli* spiele, aber auch, weil ich die Freiheit liebe. Außerdem habe ich keinen getroffen, der mir erklären konnte, warum die größten Säugetiere – Elefanten und Wale – keine Fleischfresser sind.

Nun, du bist einer, und du verstehst die Sache mit unseren Freunden, den Tieren, nicht.

Ich glaube, dass man nicht einfach einer Rasse oder einer Nation, noch nicht mal einer Gruppe von Leuten, sagen kann, sie würden bestimmte Dinge benötigen, sei es ein Gott oder eine Kuh. Das spielt keine Rolle. *Ihr müsst an Gott glauben, denn Gott ist gut. Ihr müsst Kühe essen, denn Kühe sind gesund. Ihr müsst Sport treiben, denn es ist gesund...* Das ist alles Bullshit!

Ich kenne Sportler, die früh verstorben sind, und ich kenne Raucher, die seit vielen Jahren leben. Ich kenne Vegetarier, die fit wie ein Turnschuh sind, und ich kenne einige, die blutarm sind. Ich habe viele wunderbare Menschen getroffen, die nie in einer Kirche waren. Und ich hatte das Pech, eine Menge

Christen kennenzulernen, die scheiß Arschlöcher sind. So könnte ich ewig weitermachen. Iss, was gut für dich ist. Scheiß auf die Typen, die dir was anderes erzählen wollen.

Aber stimmt es nicht, dass Fettleibigkeit für niemanden gut ist?

Korpulente Menschen sind normalerweise die, die es nicht schert, was sie sich auf den Teller legen. Sie stopfen sich mit dem ungesunden Dreck voll, der eben gerade in Reichweite ist. Das tun sie ohne Achtsamkeit. Sie *verschlingen* Essen, ganz mechanisch. Außerdem ist Fettleibigkeit oft das Resultat von Faulheit, von der ich ein entschiedener Gegner bin. Leute, die bewusst essen, werden selten fett. Und selbst wenn, dann brauchen sie es vermutlich, weil sie das von ihren Prioritäten diktiert bekommen. Vielleicht wären sie unglücklich, wenn sie weniger äßen?

Es gibt unterschiedliche Kulturen, unterschiedliche Schönheitsideale, und unterschiedliche Gesundheitsideale. Wir neigen dazu, zu glauben, dass einige Dinge universal wären. Aber sie wirken nur hier und jetzt universal. Ich will sie nicht vergleichen und beurteilen. Ich wähle meine eigenen Leitbilder, aber ich will sie anderen Leuten nicht aufzwingen.

Da wir über unterschiedliche Kulturen sprechen: Denkst du, dass die kulinarischen Traditionen eines Ortes etwas über ihn aussagen können?

Natürlich. Ich reise viel und versuche, regionaltypische Gerichte zu essen. Das ist sehr lehrreich. Es gibt Leute, die in Ägypten oder Mexiko in Urlaub machen. Sie liegen nur am Strand herum und essen denselben Kram wie zu Hause. Für mich ist das sinnlos. Wo immer ich bin, gehe ich gerne raus, beobachte die Menschen und informiere mich über den Ort. Und ich suche gerne Lokale, die regionales Essen servieren. Trotzdem sträube ich mich manchmal etwas, dieses Essen zu probieren...

Du sagtest, du würdest keinen Hund essen...

Im Fernsehen tritt Anthony Bourdain auf. Er besucht die bizarrsten Orte und isst die raffiniertesten Gerichte. Wenn ich sehe, wie sie ihm im Dschungel Reptilienschwänze oder Tiergenitalien kochen, komme ich mit meinen Einschränkungen ganz gut zurecht. Das heißt aber nicht, dass ich den Typ nicht gut finde. Ich mag seinen radikalen, anarchischen Hedonismus wirklich. Seine Shows sind ein wahres Festmahl – für die Augen.

Bist du nicht manchmal geneigt, deine kulinarischen Tabus zu brechen?

Es gibt Aspekte in meinem Leben, bei denen ich versuche, alle Grenzen zu sprengen. Aber es gibt auch welche, bei denen ich meine Impulse bewusst eingrenze.

Isst du Fastfood?

Morgens um vier nach einer Menge Alkohol... da könnte das passieren. Aber diese Scheiße nüchtern am helllichten Tag essen? Wenn ich Leute sehe, die sich große Brötchen mit einem Brocken Fleisch darin reinstopfen, erinnert mich das an Tauben, die sich an Erbrochenem weiden. Oder an Ratten, die sich durch Abfall wühlen. In ihren Augen ist Leere, wie bei Hühnern, die geschlachtet werden sollen. Mir wird allein schon beim Anblick schlecht.

Was ist mit Stimulantien? Trinkst du guten Alkohol zum Essen?

Ich trinke nicht viel, aber ein Abendessen mit gutem Wein ist vorteilhaft.

Weißt du überhaupt irgendwas über Wein?

Offensichtlich nicht, da ich Weißwein bevorzuge. Ich nehme das, was mir im jeweiligen Moment passt. Ich esse normalerweise eher Fisch als Fleisch, und Weißwein passt zu Fisch besser. Außerdem geht es mir danach besser. Er scheint die Leber nicht so zu überfordern. Es ist eine Frage der Vorliebe.

Was ist mit anderen Alkoholika?

Wie ich sagte, trinke ich nicht viel. Und ich trinke selten Spirituosen. Ich habe einfach kein Bedürfnis danach.

Drogen. Nimmst du sie? Magst du sie?

Hab ich mal versucht, aber ich wurde da nie hineingezogen.

Du scheinst aus der Rolle des typischen Rock 'n' Roll-Musikers herauszufallen, der...

Glücklicherweise. Ich mag keine Klischees.

...der nicht viel trinkt und sagt, Drogen seien schlecht...

Das habe ich nicht gesagt. An Drogen ist nichts Verkehrtes. Jedem das Seine. Wir müssen nur wissen, wie wir einige davon einzunehmen haben. Manchmal rauche ich einen Joint oder esse einen Haschkeks. Aber das passiert selten und nur, wenn mich jemand dazu verführt.

Und Kokain? Hast du es probiert?

Das ist vorgekommen. Ich mag es sogar mehr als Marihuana oder Haschisch. Ich würde es mir aber nie selber kaufen.

Weil es illegal ist?

Nein, das ist irrelevant. Ich bin absolut für die Legalisierung von Drogen, besonders von den weichen. Polen würde von den Steuern profitieren, und die Polizei hätte mehr Zeit, um sich um die wichtigen Sachen zu kümmern.

Seien wir mal ehrlich: Kinder zu jagen, die Gras in der Tasche haben, kann man nicht ernst meinen. Es ist dasselbe mit Prostitution. Die würde ich auch legalisieren. Das würde jedem zugutekommen. Das bedeutet nicht, dass ich jede Woche in ein Bordell gehen muss oder dass ich mich jeden Tag mit Drogen vollpumpe.

Sind Drogen deiner Meinung nach gefährlich?

Viele Dinge sind gefährlich. Ich bin überzeugt, dass Wodka und Zigaretten mehr Menschen töten als Drogen. Die Gesetze sollten auf kalter Berechnung basieren. Wenn wir Drogen verbieten können, warum lassen wir die Leute Alkohol kaufen und Tabak rauchen?

Würdest du also deren Verbot unterstützen?

Ich denke, dass Erwachsene das Recht haben, selbst über die Wahlmöglichkeiten in ihrem Leben zu entscheiden. Wenn sie sich selbst vergiften wollen, lasst sie es tun. Das geht mich nichts an.

Was ist mit Kindern?

Es ist schwierig für mich, mich in die Lage eines Elternteils zu versetzen. Wir haben neulich im Freundeskreis darüber geredet. Einige von ihnen haben Kinder, und wir haben diskutiert, wie man sie vor Sucht schützen kann. Alkohol, Drogen, alles, was attraktiv für Teenager ist. Dass sie verboten sind, ist auch ein Faktor. Falls ich jemals Kinder haben sollte, und ich hoffe, dass ich das eines Tages werde, sollten sie die verbotenen Früchte lieber daheim als auf der Straße probieren. Ich werde einen Joint für mich drehen und ihn mit ihnen rauchen. Ich werde mit ihnen ihr erstes Bier trinken. Ich werde erklären, wie das alles funktioniert.

Aber würdest du Ihnen Heroin spritzen?

Du machst Witze. Ich habe selber Angst vor Heroin. Ich sehe, welche Auswirkungen Heroin auf Menschen hat, und das reicht mir.

Du erwähntest, dass du vollkommen für die Legalisierung von Prostitution bist. Hast du diese Dienste jemals in Anspruch genommen?

Ich muss nicht für Sex bezahlen.

Aber hast du es mal versucht?

Zweimal. Meine Einstellung zur Realität ist streng empirisch. Ich muss etwas ausprobieren, bevor ich es beurteile. Es passierte zum ersten Mal in den späten Neunzigern. Ich kam damals kaum über die Runden, genaugenommen war ich ziemlich arm und konnte mir diese Art von Zerstreuung nicht leisten. Aber nach einer Party fand ich mich im Haus eines Freundes in Warschau wieder. Heute ist er ein ehrenwerter Mann, er hat Frau und Kinder. Ich werde seinen Namen nicht nennen. Er arbeitete in der Getränkeindustrie und verdiente ganz schön viel Geld. Nach einem Saufgelage bot er an, mich in ein Bordell mitzunehmen. Wir gingen hin, wir suchten zwei Frauen aus, er bezahlte sie, und los ging's. Mein Mädel war auf den ersten Blick nicht schlecht. Aber als ich sie von Nahem betrachtete, kam mein Sehvermögen zurück...

Es gibt keine hässlichen Frauen, nur zu wenig Wein.

Zu viel Wein war das Problem. „Schönsaufen" nennt man das, glaube ich. Betrunken, wie ich war, konnte ich nicht anders, als festzustellen, dass da eine echt hässliche Frau vor mir stand. Das Zimmer war mir Spiegeln dekoriert. Ich schaute in einen, und alles, was ich sah, war dieser Wichser mit einer billigen Nutte. Es war wirklich schlimm.

Plötzlich klopfte es an der Tür. Es stellte sich heraus, dass mein Freund ein Problem hatte. Die andere Frau kam ins Zimmer und informierte uns, dass er eingeschlafen sei, anstatt geil zu werden. Sie fing an herumzumeckern, dass dies ein Bordell sei, und kein Hotel, und dass ich ihn wecken solle. Ich rief ein Taxi, und wir fuhren heim. Aber er ließ nicht locker. Er raffte sich auf und versuchte zu erklären, dass das eine schlechte Agentur gewesen sei. Und jetzt würde er mir zeigen, wo die echten Kätzchen wären.

Warst du einverstanden?

Ich war betrunken. Aber ich erinnere mich, dass er sein Telefon nahm und Mädels anrief. Ich sitze da neben ihm und schmeiß mich weg vor Lachen. Er, voll wie eine Haubitze, aber sehr höflich und direkt, erklärte irgendwem am Telefon ganz genau, welche Art von Mädels wir wollten: Größe, Haarfarbe, alles im Detail. Schließlich sagte er: „Sie wissen schon, bitte enttäuschen Sie uns nicht."

Gab es denn welche?

Zwei Damen in ausgeleierten Pullis und mit fettigen Haaren kamen zu uns. Sie waren sehr enttäuschend. Ich hatte von Allem die Nase voll und war mehr als nur leicht verärgert. Ich zog mich höflich zurück und ging in das andere Zimmer.

War dein Freund seiner Sache gewachsen?

Ich hörte, wie sein Bettgestell gegen die Wand hämmerte, also war er wohl zufrieden.

Das war dein erstes Mal. Was ist mit dem zweiten Mal, was passierte dann?

Beim zweiten Mal verknallte ich mich in eine Nutte. Es war 2001 während unserer Tour mit Carpathian Forest. Wir hatten einen Tag frei und verbrachten ihn in Amsterdam. Natürlich haben wir uns das Rotlichtviertel angesehen. Es war Winter, aber den Damen in den Fenstern schien das nichts auszumachen. Sie bückten sich, lächelten kokett und reizten uns. Und dann sah ich eine Brünette, eine dunkelhaarige Version der Venus von Milo. Sie war Griechin und sah aus wie eine echte Göttin. Ich sagte den Jungs, dass ich sie einfach haben müsse, und ich sagte ihnen auch, dass mich nichts aufhalten würde. Ich gehe nicht ins Detail, aber es war wieder enttäuschend. Also schminkte ich mir Nutten endgültig ab.

Die Göttin hat die Erwartungen nicht erfüllt?

Wir sprachen bereits darüber. Ich bin ein Idealist. Ich schätze Intimität und Gespräche, nicht nur Sex.

Hast du irgendwelche sexuellen Fetische?

Ich bin ein Fan von wohlgeformten Hintern. Ich bin einer von denen, die meinen, dass eine Frau nicht unbedingt große Brüste braucht, wenn sie gut geformte Hüften hat und etwas, worauf sie sitzen kann.

Hast du viele erotische Fantasien?

Natürlich habe ich die. Aber die werde ich nicht öffentlich verraten. Wenn ich eine Frau kennenlerne, an der ich interessiert bin, versuche ich herauszufinden, wie ihre Einstellung zu Sex ist. Wenn sie locker über intime Momente sprechen kann, ist das ein Signal dafür, dass sie offen ist. Und das bedeutet umgekehrt, dass wir im Bett verrückte Dinge anstellen und uns von unseren Fantasien treiben lassen können. Das ist toll! Offenheit im Bett bedeutet auch dieselbe Einstellung gegenüber anderen Dingen, und ich mag unerschrockene Frauen.

Machst du Liebe gern tagsüber, oder lieber in der Nacht, wie es ein wahrer Teufel tun sollte?

Ich bin ein Geschöpf des Tages. Ich liebe den Morgen. Gutes Training, guter Kaffee, guter Sex... meine Manneskraft ist morgens am größten. Ich hatte mal was mit einer Frau, die nie vor Mittag aufwachte. Unsere biologischen Uhren gingen total unterschiedlich. Das ist etwas, woran man einfach nichts ändern kann.

Magst du Pornohefte?

Pornographie ist gesund. Sie kann echten Sex nicht ersetzen, aber dabei helfen, einige Distanzen zu überbrücken. Sie fördert die Vorstellungskraft und bringt dich zum Experimentieren. Gelegentlich bildet sie sogar.

Pornos in der Schule?

Jetzt übertreiben wir mal nicht. Außerdem wissen junge Leute sowieso, wie es geht. Die finden schon, was sie brauchen. Als Kind habe ich *Die Kunst des Liebens* gelesen.

Du sagtest mal, dass du Pornostar geworden wärst, wenn es mit der Musik nichts geworden wäre.

Das war natürlich ein Scherz. Aber ich habe keine Probleme mit Nacktsein. Die Jungs aus der Band werden das bestätigen.

Ziehst du dich vor ihnen aus?

Manchmal laufe ich nach der Show nackt in der Garderobe herum. Aber, um ehrlich zu sein, ich glaube nicht, dass ich mit dem Pornobusiness zurechtkäme. Selbst wenn ich nur Sex zum Spaß habe, erlebe ich starke Emotionen. Ich bin kein Roboter.

Kannst du Gefühle nicht von Sex trennen?

Doch, aber nur bis zu einem gewissen Grad. Wenn ein guter Pornofilm mit hohem Budget gedreht wird, vögeln die

Darsteller in der Firma vor bis zu einem Dutzend Leuten. Ich glaube nicht, dass solche Umstände ideal für mich wären.

Du redest aber oft über Pornostars. Hast du mal jemanden aus diesem Umfeld getroffen?

Viele Male, aber meistens in den Staaten. Einige von ihnen sind Fans von uns. Bei einer unserer Shows war mal ein Typ mit Behemoth-T-Shirt. Er war von dem Label *I Love Vagina*. Es war wirklich witzig. Ich habe die Ikone dieser Szene, Ron Jeremy, ein paar Mal getroffen. Er war stets in Begleitung üppiger, nach Plastik aussehender Blondinen. Das sah toll aus, denn seine Körpergröße und sein allgemeines Erscheinungsbild sind ziemlich lausig. Er sieht aus wie ein Trottel, trägt Flipflops und ausgeleierte Sportklamotten. Aber er kann sich selbst perfekt verkaufen. Eines Tages möchte ich mal den Pornoregisseur Rocco Siffredi kennenlernen. Sein Akzent ist saukomisch. Und er wirkt ziemlich entspannt: ein Typ mit Durchblick.

Was gefällt dir an seinen Filmen?

Ich mag ihren Naturalismus. Das sind echte Dokumentationen. Ich finde, dass er in jeder Frau Schönheit sieht. Ich beneide ihn, weil ich Frauen nicht auf diese Art betrachte.

Was ist mit Darstellerinnen?

Ich liebe Belladonna. Sie ist absolute Spitze. Sie hat diesen gewissen Pulp-Fiction-Look wie Uma Thurman. Sie ist wild, pervers und offen.

Viele Pornofilme sind reines Handwerk, als ob man einem Kerl dabei zusieht, wie er Nägel in einen Zaun hämmert. Keine Finesse, keine Leidenschaft, kein Funkeln in den Augen. Belladonnas Filme sind anders. Das Mädel macht verrückte Sachen, immer mit voller Leidenschaft. Und nicht nur das; für sie ist nichts tabu. Ihre Pornographie ist Kunst.

Siehst du irgendwelche Grenzen für solche „Kunst“?

Kinderpornographie. Da gibt es null Toleranz.

Psychologen sagen, dass jede Art Pornographie die Wirklichkeit verfälscht.

Tut mir leid, aber ich mag die falsche Wirklichkeit.

Also wirst du vielleicht deine Meinung ändern und in einem Film mitspielen? Womöglich mit Belladonna?

Ich glaube nicht. Aber du weißt ja, wie das ist, wenn ich sage, dass ich im Leben etwas nie tun würde. Sag niemals nie, richtig?

Wenn man sich anschaut, was du trägst, ist es ziemlich offensichtlich, dass du unberechenbar bist. Magst du gute Kleidung?

Ja, weil ich Qualität schätze. Immer und überall. Wir sprachen vorhin über Fastfood, hier ist es genauso. Als ich Student war, habe ich Würstchen gegessen und sie mit Sauermilch runtergespült. Es war lecker, aber mit der Zeit entdeckte ich, dass man anders und besser essen kann.

Es ist dasselbe mit Kleidung. Eine Lederjacke und Kampfstiefel haben mir früher gereicht, aber heute nicht mehr. Italienische Schuhe aus gutem Leder, etwas Exklusives, Einzigartiges; das brauche ich. Man könnte sagen, ich sei eitel. Vielleicht, aber nur ein bisschen, weil ich Qualität in allen Lebensbereichen suche. Man nennt mich ja auch nicht eitel, wenn ich mich mit hochwertigen Menschen umgebe. Also warum sollte es mich eitel machen, wenn ich mich mit hochwertigen Gegenständen umgebe und hochwertige Kleidung trage?

Ein Sprichwort sagt: Der Schein trügt.

Bullshit! Alles, was wir bewusst auswählen, ist Teil unserer Schönheit. Die Verachtung der Fleischeslust ist ein Ergebnis zweitausendjährigen Wartens auf das Königreich, das erst dann kommt, wenn wir sterben. Ich lehne dieses Märchen ab, und ich lehne die Missachtung weltlicher Güter ab. Was wir tragen, ist das, was wir sind. Es formt unser Bild in der Wahrnehmung anderer Menschen.

Findest du, dass du gut aussiehst in dem, was du trägst?

Ich fühle mich wohl, soviel ist sicher. Außerdem spiele ich mit meiner Kleidung. Ich glaube, darum geht es bei Mode insgesamt. Es geht nicht darum, irgendeinem bestimmten Trend zu folgen, sondern darum, Spaß zu haben. Und manchmal geht es auch um Provokation. Natürlich würde ich nicht etwas tragen, in dem ich mich nicht wohlfühle. Das ist die wichtigste Regel. Weitere Regeln? Es gibt keine.

Manche meinen, dass du ein bisschen metrosexuell aussiehst.

Sollte ich stattdessen wie ein typischer Metal-Höhlenmensch aussehen? Sollte ich dreckig sein und stinken? Ich sehe mich trotzdem noch als Metalhead, aber ich habe nie einen Pakt mit dem Teufel unterschrieben. Und ich habe nie gesagt, dass ich bis zum Lebensende in Kampfhosen rumlaufen würde. In meinem Vokabular gibt es ein Wort wie „sollen“ nicht. Es ist genau das, was wir vorhin diskutiert haben: *Iss Fleisch, es ist gut für dich...* Ich bin derjenige, der weiß, welche Hosen an mir gut aussehen. Ich zwinge niemanden, sie zu tragen. Und überhaupt: Lass die Leute über mich sagen, ich sei metrosexuell. Die können sogar sagen, ich sei schwul, wenn sie wollen. Ich habe damit kein Problem, solange mir die Frauen sagen, dass ich wie ein Mann aussehe.

Was denkst du über Schwule? Metal ist für sie nicht besonders einladend, oder?

In Polen nicht, aber im Westen ist das Vergangenheit. Ich habe einige schwule Freunde. Ich mache gerne Witze über sie, aber nicht, weil ich homophob wäre. Ich mache das, weil ich gerne Witze mache. Ich denke zudem, dass sich unser Land den Homosexuellen gegenüber langsam öffnet und sie akzeptiert.

Vor einiger Zeit ging ich mit Damian Ukeje, der an *Voice Of Poland* teilgenommen hatte, auf eine Party. Es war mitten in der Nacht, als wir eine Bar am Plac Zbawiciela in Warschau verließen. Wir hatten Heißhunger und mussten etwas essen, also gingen wir in ein anderes Lokal. Ein Typ – ich denke, er war schwul – sagte uns, sie würden jetzt schließen und wir bekämen nichts mehr zu essen. Wir wollten gerade gehen, da schreit Ukeje: „Dann fick dich in den Arsch!“ Der Mann lächelt ihn an und sagt: „Oh! Das wäre in der Tat ein Vergnügen.“

In einer kleineren Stadt hätten wir für so einen Spruch ganz schön Prügel kassieren können. Aber Warschau ist schon etwas anders. Dem Exzess meines Freundes begegnete man mit Humor, sogar mit ein wenig spielerischer Perversion.

Also wenn vor dir ein Homophober und ein Homosexueller stünden, würdest du Partei für Letzteren ergreifen?

Natürlich. Und ich würde Partei ergreifen für einen Juden, einen Schwarzen, einen Freimaurer...

Wie Jesus. Der hat auch immer die Verfolgten beschützt, richtig?

Hör auf, mich zu verarschen.

Was ist mit Feministen?

Über die mache ich mich auch gerne lustig. Ich sehe mich nicht als sexistisches Schwein. Ich mag starke und unabhängige Frauen, und manchmal verehre ich sie sogar. Aber manches von ihrem Getue verstehe ich nicht. Warum sollte dein Geschlecht entscheidend sein, ob du eine Stelle bekommst oder nicht? Sollten das nicht vielmehr deine Fähigkeiten und Veranlagungen sein? Jede Frau und jeder Mann hat Potenzial, das Geschlecht hat damit nichts zu tun.

Also hältst du keine Lobreden über Political Correctness?

Ich bin tolerant, aber insbesondere in den Vereinigten Staaten ist politische Korrektheit der Gipfel der Absurdität. Ein Film könnte als rassistisch angesehen werden, weil kein Schwarzer mitspielt. Und falls doch, dann trotzdem, wenn er die Rolle des Kriminellen spielt. Na komm, das ist totaler Bullshit.

Sollten homosexuelle Ehen legalisiert werden?

Natürlich sollten sie das. Ich habe neulich ein Interview mit Clint Eastwood gelesen. Dieser Kerl wurde jahrelang mit eher konservativen Ansichten in Verbindung gebracht. Aber seine Einstellungen über gleichgeschlechtliche Partnerschaften sind, wie sich herausstellt, liberal. Er sagte: „Gib allen die Chance, das eine Leben zu leben, das sie haben. So, wie sie es wollen." Also wenn so ein Mann so etwas denkt, was kann ich da schon sagen?

Was ist mit der Adoption von Kindern durch homosexuelle Paare?

Auch hier würde ich dazu neigen, Ja zu sagen. Warum sollten zwei nette Lesben ihrem Kind weniger Wärme geben als eine heterosexuelle Familie, in der der Vater trinkt und seine Frau schlägt? Die sexuelle Orientierung eines Menschen beeinflusst nicht meine Meinung über ihn. Die Polen haben allerdings schreckliche Vorstellungen in ihren Köpfen verankert, sowohl von Sex als auch von Mode.

Gefällt es dir, aus Schemata auszubrechen?

In London habe ich mal eine Hose gekauft. Sie ist rot mit Schottenmuster und hat auf den Knien zerrissene Aufnäher. Sie sieht aus wie aus *Gangs Of New York* oder *A Clockwork Orange*. Am Vortag sah ich eine Theateraufführung von *Der Meister und Margarita*, und Azazello trug eine ähnliche Hose. Ich hatte sie an, als ich nach Polen zurückkam. Ich traf mich mit einem Freund, und der rief von Weitem: „Was? Punk's not dead?" Nur weil sie rot ist und Aufnäher hat, macht mich das zu Johnny Rotten? Erbärmlich.

Nach Einbruch der Dunkelheit und in geschlossenen Räumen eine Sonnenbrille zu tragen bricht auch die Regeln, oder nicht?

Ich liebe Sonnenbrillen. Ich setze sie mir oft auf die Nase, auch, wenn die Sonne nicht scheint. Ich habe meine Gründe: Ich bin von der Blödheit der Leute geblendet. Außerdem kann ich einer Frau ungestraft auf die Beine starren. Und ich kann anonym bleiben.

Hast du mal Angebote bekommen, eine Modemarke zu unterstützen?

Ich bin nur bei einer Stammkunde: der Marke Behemoth. Ich entwerfe unsere T-Shirts und Hoodies. Ich mache das nicht alleine, es ist eine gemeinsame Arbeit. Aber ich habe einen Einfluss darauf, was unsere Fans tragen. Das ist auch kreativ. Das Angebot in unserem Shop ist riesig, und uns reicht es nicht, ein Albumcover auf ein schwarzes T-Shirt zu drucken. Natürlich ist das Business, wir leben schließlich davon. Aber wir haben keine Angst davor, auch mal kühn zu sein. Wenn man sich außerdem die Vorlieben der Fans anschaut, hat sich Vieles geändert. Vor ein paar Jahren hätte ein Metalhead nichts anderes getragen als ein schwarzes T-Shirt mit dem Bandlogo drauf. Heutzutage sind weiße, rote und sportliche Shirts ziemlich beliebt.

Okay, du bist also kein braver Junge. Aber du wirst auch keinen Platz in der *Rock 'n' Roll Lovers of Destruction Hall Of Fame* bekommen?

Weil Hedonismus nicht der Weg zur Verwüstung ist, jedenfalls nicht meine Art von Hedonismus. Wenn jemand gerne schwimmt, dann springt er nicht ins Wasser, um zu ertrinken. Es geht um den Spaß, den man von der Tätigkeit bekommt; dass man sich vornimmt, eine längere Strecke als beim letzten Mal zu schwimmen. Ich glaube, dass man das Leben konsumieren kann, ohne sich daran zu verschlucken. Ich kontrolliere nur gerne mich selbst und mein eigenes Schicksal. Genaugenommen kontrolliere ich gerne alles.

Dafür gibt's eine Bezeichnung: Kontrollfreak.

Da ist was Wahres dran, denn wenn ich die Kontrolle verliere, bekomme ich Angst. Mit einer Ausnahme: Ich liebe fliegen. Ich habe darüber neulich mit Rinke Rooyens gesprochen. Er ist ein typischer Kontrollfreak. Wir kamen beide zu dem Schluss, dass uns nichts mehr entspannt als fliegen. Man steigt in ein Flugzeug, und das ist der einzige Moment, in dem man absolut keine Kontrolle darüber hat, was passiert. Man streckt die Beine aus, nimmt ein Buch oder eine Zeitung, und alle Verantwortung verflüchtigt sich. Man muss einer Maschine und dem Mann, der sie bedient, vertrauen. Das ist wunderschön.

Einige Leute werden davon gestresst.

Ich nicht. Ich bin ruhig, selbst bei Turbulenzen.

Klatschst du bei der Landung?

Ich hasse das! Ich kriege einen Anfall, wenn ich nur daran denke, in einem Flugzeug zu klatschen. Dafür sollte man die Hände abgehackt bekommen. Was soll das denn, zum Henker?

„Oh, wir haben es wieder mal geschafft! Wir leben noch!" Geht's etwa darum?

Kein Mensch auf der Welt klatscht nach der Landung. Nur die Polen. Man bekommt eher einen Ziegelstein auf den Kopf, als bei einem Flugzeugabsturz zu sterben. Warum dankt man den Piloten so demonstrativ? Sie sind gelandet, weil es ihr Job ist. Man kann genauso gut dem Busfahrer applaudieren, wenn er an einer Haltestelle anhält.

In deinem Leben gibt es nicht viel Platz für Risiken, oder?

Ich mag es, das Adrenalin zu spüren, aber nur bis zu einem bestimmten Grad. Es ist wie mit Gewürzen. Man darf es mit ihnen nicht übertreiben, weil sie sonst das Essen ruinieren. Man darf aber auch nicht zu wenig nehmen, sonst schmeckt es fade. Außerdem, seien wir mal ehrlich, liebe ich das Leben, und ich will es so lange wie möglich genießen.

Wahrscheinlich pumpe ich mich deswegen nicht mit Drogen voll und trinke nur mäßig. Ich bin gerne bei Bewusstsein, und ich möchte das Tempo meiner Reise selbst bestimmen. Manchmal renne ich, aber ich will mir auch den Luxus gönnen, innezuhalten, nachzudenken und von Zeit zu Zeit eine Pause einzulegen. Ich sage nicht, dass das besser ist, als durchs Leben zu hetzen. Es ist einfach die Art, wie ich den Geschmack der Welt wahrnehmen will. Jemand möchte das anders machen? Nur zu.

Und wenn jemand, der dir nahesteht, den Weg der Zerstörung wählt? Was würdest du tun?

Fragst du, ob ich moralisiere? Das kommt vor, aber subtil. Ich hasse es, Predigten gehalten zu bekommen. Das ist okay, wenn es ein Freund ist. Ich weiß dann, dass er sich um mich sorgt und mir einen guten Rat geben will. Den muss ich nicht annehmen, aber ich erkenne es an. Schlimmer ist es, wenn jemand einen belehrenden Tonfall annimmt und mir dauernd erklärt, wie ich leben solle. Das halte ich nicht aus, ich weigere mich einfach und höre nicht zu. Also nähere ich mich guten Freunden auf behutsame Art. Ich berate, aber ich befehle nichts. Wie ein guter Geist. Oder wie die Stimme der Vernunft aus dem Off.

Kam dir, als du im Krankenhaus lagst und die Leukämie bekämpft hast, der Gedanke, dass du gefährlicher und risikoreicher hättest leben sollen?

Meine Gedanken waren anders. Ich betrachtete mein ganzes Leben und stellte fest, dass ich genauso durchs Leben gegangen bin, wie ich es wollte. Ich habe viele Erfahrungen gemacht. Ich habe fast jeden Ort auf der Welt besucht, ich habe Tausende von großartigen und inspirierenden Menschen kennengelernt. Ich habe auch viele Idioten getroffen, aber so läuft das nun mal. Man greift nach dem Apfel vom Baum der Erkenntnis und bekommt das ganze Paket. Man kriegt das Schöne und auch das, was einem auf die Eier geht. Ich fühle mich nicht alt, aber ich denke, dass ich mehr erfahren habe als Max Mustermann, selbst, wenn er fünf Leben hätte.

Du nimmst viel vom Leben. Was gibst du zurück? Will ein Hedonist überhaupt etwas geben?

Wenn jemand ein guter Journalist ist, bedeutet das nicht dass er auch ein toller Mechaniker oder Seiltänzer ist. Wir sollten keine Allmacht für uns beanspruchen. Ich glaube, dass wir in ein oder zwei Bereichen des Lebens Meisterschaft erlangen können. Für mehr fehlt einfach die Zeit.

Ja, ich habe viel vom Leben genommen, aber ich bin kein Parasit. Ich gebe die Energie durch Schaffenskraft zurück, dadurch, dass ich Musiker bin. Ich verwirkliche meine Träume und zeige Tausenden von Menschen meine Vision. Manche identifizieren sich damit, manche schöpfen daraus Kraft. Ich glaube, dass es eine Balance zwischen dem gibt, was ich von der Welt nehme und was ich ihr zurückgebe. Außerdem ist nichts Falsches daran, lebenshungrig zu sein.

XII

AUSZUG AUS ÄGYPTEN, AUSZUG AUS DER SKLAVEREI

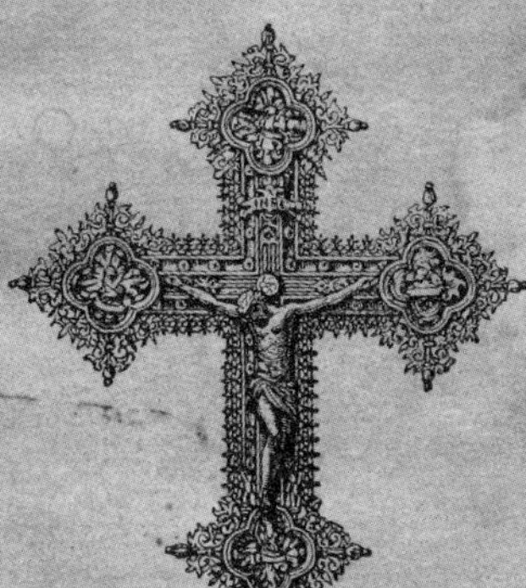

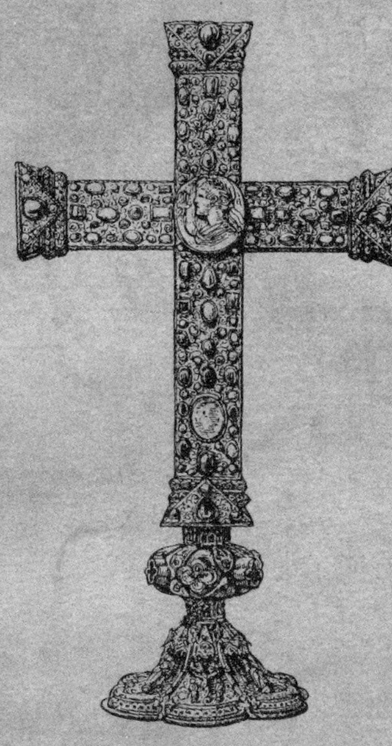

Am 18. Juni 2012 hast du die Apostasie begangen. Du hast seit 20 Jahren Black Metal gespielt, warum hast du diesen Entschluss so spät getroffen?

Aus Faulheit. In Wahrheit habe ich die Entscheidung schon vor vielen Jahren getroffen. Es gibt Dinge, da ist man sicher, dass sie früher oder später passieren, aber man verdrängt sie immer wieder. Für gewöhnlich sind es ganz offensichtliche Angelegenheiten, die sehr einfach zu erledigen sind. Abgesehen davon ist der Vorgang der Apostasie tatsächlich ziemlich kompliziert. Man kann nicht einfach so aus der Kirche austreten. In meinem Fall hat das sechs Monate gedauert. Das Ganze ist natürlich ein Versuch, auch den größten Antichristen zu entmutigen.

Wann bist du das erste Mal zu deinem Pfarrer gegangen?

Im Winter. Ich ging zu der Kirche, die nur 50 Meter von meinem Haus entfernt steht. Das ist witzig, denn ich habe über die Jahre in verschiedenen Vierteln von Danzig gelebt. Aber am Ende bin ich in einer Wohnung gelandet, die sehr nahe an der Kirche ist, in der ich getauft wurde. Scheint so, als würde ich immer in der Nähe des Kreuzes landen. Ich vermute, dass das Karma zurückkommt, um mich zu beißen.

Wie dem auch sei, ich tauchte in der Sakristei auf und wurde von einer netten, älteren Dame empfangen. Dummerweise konnte sie mir nicht die Informationen geben, die ich brauchte. Der Pfarrer hatte darauf ein Monopol, war zu der Zeit aber nicht da. Also kam ich ein paar Tage später wieder.

Hat er dich mit Weihwasser erwartet?

Ich war vor ihm da. Er hatte Probleme mit seinem Auto und kam ein paar Minuten zu spät. Er war ein sehr freundlicher und sachlicher älterer Herr mit grauen Haaren. Wir gaben uns die Hände, und er bat mich herein.

Hat er dich erkannt?

Auf der Stelle. Unser Gespräch dauerte nur ein paar Minuten. Er erklärte mir, was ich tun müsse, um aus der Kirche auszutreten. Die meisten meiner Informationen hatte ich aus dem Internet. Es gibt einige Websites, die beschreiben, wie man aus der Kirche austritt. Zudem hatte ein Freund von mir das schon durchgemacht, also gab er mir auch ein paar Tipps. Ich war der Meinung, dass ich in die Kirche müsse, in der ich getauft wurde. Aber der Pfarrer sagte, ich solle in die Kirche gehen, in deren Bezirk ich gemeldet sei.

Hat er versucht, dich umzustimmen?

Er hat weder versucht, mich zu konvertieren, noch mich zu belehren. Als ich ging, sagte er nur noch Eines: Wann immer er mich im Fernsehen sieht, sähe ich wie ein intelligenter Mann mit guten Manieren aus. Ich lächelte, dankte ihm für seine Hilfe, und wir gaben uns noch mal die Hand.

Musstest du auf das Treffen mit dem nächsten Pfarrer lange warten?

Ab da wurde alles schwieriger. Ich ging viele Male zu der Kirche. Der Pfarrer arbeitete auch in dieser Diözese, also entschuldigte die Sekretärin seine Abwesenheit mit seinen vielen Pflichten. Schließlich bat ich sie um seine Telefonnummer. Ich rief ein paar Mal an, aber immer ging jemand anderes ans Telefon. Ich brauchte mehrere Monate, um ihn schließlich zu erwischen.

An einem Sonntag ging endlich die richtige Person ans Telefon. Das Gespräch war nicht allzu erfreulich. Ich hatte den Eindruck, mit einem einfältigen Bauerntölpel zu sprechen. Er hat kein Wort verstanden, obwohl ich langsam und sachlich sprach. Ich erklärte höflich, warum ich anrief. Jedes meiner Argumente wurde mit Verneinung und verbaler Aggression abgewehrt. Er erklärte mir schließlich, dass ich keine Apostasie begehen könne, weil ich kein Mitglied der Kirchengemeinde sei. Und ich konnte offensichtlich kein Gemeindemitglied sein, weil ich weder zur Messe ging, noch einmal im Jahr zu Hause den Pfarrer empfing. Er versuchte mir zu erklären, dass die Registrierung in einer Pfarrgemeinde nur bedeutete, dass ich in einem bestimmten Bezirk wohne, aber nicht, dass ich ein Gläubiger sei. Und nur Gläubige könnten aus der Kirche austreten...

Es war alles sogar noch absurder, weil ich dort nur registriert war, aber woanders wohnte.

Aber du hast es geschafft, ihn persönlich zu treffen.

Irgendwie habe ich es geschafft. Ich hatte Angst vor dem Treffen. Ich wusste, dass es ein Kampf werden würde, aber ich war bereit für Krieg. Außerdem hatte ich das Gefühl, mich darauf schon seit Jahren vorbereitet zu haben. Es war zu der Zeit, als der Politiker und Aktivist Janusz Palikot ebenfalls aus der Kirche austrat. Er nagelte seine Papiere an eine Kirchentür, wie Luther. Das war sehr demonstrativ, aber warum nicht? Ich überlegte, ob das vielleicht die richtige Art und Weise sein könnte. Ich gab mir das Versprechen, den Dritten Weltkrieg heraufzubeschwören, falls sie es mir schwer machen würden.

Ein Anruf bei einer befreundeten Journalistin – jemand wie Monika Olejnik, die solche Geschichten liebte –, und ganz Polen würde am nächsten Tag darüber sprechen. Ich habe mich auch mit meinen Anwälten beraten, aber die konnten nichts tun. Das Kirchenrecht hat mit dem bürgerlichen Recht nichts gemeinsam. Also machte ich mich, bis an die Zähne bewaffnet mit einem Stapel Unterlagen, zwei Zeugen und zwei Aufnahmegeräten auf den Weg zur Sakristei.

Aber in den Medien gab es gar keinen Skandal.

Der Typ, der vor mir stand, ähnelte dem Trottel am Telefon überhaupt nicht. Er war ziemlich grobschlächtig und geschwätzig, aber friedlich. Er bat mich herein und bot mir etwas zu trinken an. Zu Beginn fragte er: „Nehmen Sie dieses Gespräch auf?"

„Sollte ich?", fragte ich.

„Ich weiß nicht", antwortete er.

Heute weiß ich, dass es nicht nötig war. Das Gespräch dauerte eine Stunde und führte genau nirgendwohin.

Also konntest du die Apostasie nicht einfach so vollziehen?

Der Priester ging nach den Regeln, die er auf einem Blatt Papier ausgedruckt hatte. Er hatte sich gleichfalls auf das Treffen vorbereitet. Er informierte mich, dass ich nicht an dem Tag austreten könne, an dem das erste Gespräch stattfand. Er gab zu, dass diese Regel dafür gedacht war, den potenziellen Apostaten in der Schafherde zu halten.

Ich verstand seine Argumente, konnte aber nicht nachvollziehen, wie jemand die Welt so eindimensional betrachten konnte. Immer, wenn ein Wort wie „gut", „böse" oder „Sünde" in dem Gespräch auftauchte, kam es mir vor, als redete er über irgendeine weit entfernte Galaxie. Er verstand schlichtweg nicht, dass es Menschen geben könnte, die die Welt aus einer anderen Sicht als der seinen betrachteten. Jedenfalls war die Atmosphäre entspannt, gelegentlich sogar scherzhaft.

Was war sein Argument?

Er sagte mir beispielsweise, dass an der Tatsache etwas dran sein müsse, dass Menschen seit 2000 Jahren an Christus glauben und an der katholischen Lehre festhalten. Ich erzählte ihm von einem Freund von mir, der Druide ist. Der hält an einer Tradition fest, die viel älter als das Christentum und immer noch quicklebendig ist. Deswegen... was jetzt? Sollen wir alle keltische Gewänder tragen?

Hat er anerkannt, dass du Recht hattest?

Er murmelte nur irgendwas, man habe ihm gesagt, dass es mit diesem Kerl, Darski, nicht einfach werden würde, weil der ziemlich clever sei. Aber er gab nicht auf. Er versuchte, mich zu überzeugen, mal sehr ernsthaft, mal mit Witzen. Ich habe mit ihm gestritten, aber die meiste Zeit habe ich einfach nur gelächelt und genickt. Wie ich schon sagte, hatte die Apostasie in meinem Herzen bereits lange vorher stattgefunden.

Ich glaube, dass er der Konversation schließlich überdrüssig wurde. Er sah mir in die Augen und sagte: „Da sind wir nun, zwei störrische Esel." Er wusste, dass er nichts erreichen würde, aber er schlug weiterhin vor, ich solle mir das Ganze vielleicht noch mal überlegen. Er erwartete ein Wunder. Am Ende fügte er hinzu, dass ein Kirchenaustritt nichts ändern würde, weil ich meine Taufe nicht auslöschen könne.

Na und? Ich wollte immer noch die symbolische Durchtrennung dieser Nabelschnur. Er schlug ein Treffen vor, wollte aber kein Datum festlegen. Er wollte mir Zeit zum Nachdenken geben, aber die brauchte ich nicht. Ich insistierte, und er gab schließlich auf. Wir verabredeten für in zwei Wochen ein Telefonat.

Ist er rangegangen?

Die Pflicht lag bei mir. Ich rief ihn am 11. Juni an, dem Tag nach meinem 35. Geburtstag. Der Priester wechselte das Thema zu

Fußball. Es war Montag, und am Dienstag sollte Polen gegen Russland spielen. Er fragte mich, wie das Spiel ausgehen würde. Ich kenne mich mit Fußball nicht aus, ich mag diesen Sport nicht. Und außerdem bin ich nicht Nostradamus. Aber um des lieben Friedens willen erzählte ich ihm, dass Russland uns mit 4 : 1 in den Arsch treten würde. Er bot mir spaßeshalber eine Wette an. Er wollte meinen Kirchenaustritt nach hinten verschieben, wenn ich um drei Tore danebenläge. Er war ein kleiner Zocker.

Hast du die Tore richtig geraten?

Ich war im Polonia Hotel in Warschau, als das Spiel stattfand. Übrigens kein besonders interessanter Laden, ziemlich schmuddelig. Nun ja, ich hörte die ganze Zeit die Stimmen der Fans. Laute Glücksrufe, sodass ich dachte, ich würde die Wette verlieren. Unmittelbar nach dem Spiel rief mich der Pfarrer an. Er fragte zum hundertsten Mal, ob ich nicht meine Meinung geändert hätte.

Ich sagte ihm, dass das Gegenteil der Fall sei; dass meine Entschlossenheit immer stärker würde und dass ich nicht sagen könne, wie mein Verhalten in den nächsten paar Wochen sein würde. Wir einigten uns auf ein Treffen am 18. Juni.

Hattest du Probleme damit, Zeugen aufzutreiben?

Kein Problem. Meine Freunde Maciej und Agnieszka waren dabei, ein Ehepaar. Sie kamen mit ihrer acht Monate alten Tochter. Und bevor du fragst: Nein, sie war nicht getauft. Sie wird solche Probleme nicht haben, sie wird ihren eigenen Weg gehen.

Wie waren deine letzten Augenblicke als Mitglied der Kirche?

Das war kein guter Tag. Morgens hatte ich Morphologietests, dann wurde mir für weitere Tests Knochenmark entnommen. Ich musste zudem anderthalb Liter einer abscheulichen Flüssigkeit trinken, weil später eine Tomographieuntersuchung von Magen und Brust gemacht werden sollte. Ich bekam in der Nacht zuvor wenig Schlaf, hatte Schmerzen und war angepisst. Ich wollte nur schlafen. In solchen Zeiten bin ich niemandes Freund, erst recht nicht von einem Geistlichen. Ich wollte das so schnell wie möglich hinter mich bringen.

Der Pfarrer forderte mich auf, meinen Wunsch laut in Anwesenheit von Zeugen vorzulesen. Dann unterschrieb er das Formular. Er sagte mir, dass das Dokument erst an die Diözese gehen würde und danach an die Pfarrgemeinde, in der ich getauft wurde. Dort würde man einen entsprechenden Vermerk in meiner Taufurkunde machen. Am Ende deutete er auf mein T-Shirt und sagte: „Ich habe auch mal AC/DC gehört." Selbst da wollte er nicht locker lassen: „Denken Sie dran, Herr Darski, dass Sie immer noch drei Tage Zeit haben, um alles rückgängig zu machen."

„Ich glaube eher daran, dass Sie nach drei Tagen von den Toten auferstehen können, als dass ich meine Meinung ändere", gab ich scherzhaft zurück.

Denkst du, dass dieser Tag irgendetwas in deinem Leben verändert hat? Hast du etwas verloren? Etwas gewonnen?

Das war natürlich alles sehr symbolisch. Mein ganzes Leben war Beweis dafür, auf welcher Seite der Mauer ich stand, ich wollte dem nur das i-Tüpfelchen aufsetzen. Das wirkt vielleicht nur wie ein kleines Detail, aber mich ärgerte es. Wie ein kleiner Dorn: fast unsichtbar, aber sehr ärgerlich. Den musste ich loswerden, wenn auch nur für mich.

Während einem meiner Besuche in der Kirche erwähnte der Priester beiläufig, dass der Abfall vom Glauben nichts ändere. Er würde nur die Kirche traurig machen. Ich fragte, ob ihm mal in den Sinn gekommen sei, dass mir genau diese Trauer Sorgen machen würde.

Die Herde zu verlassen war demnach nicht nur ein PR-Trick?

Ich bin damit nicht zu den Medien gerannt, ich habe keine Reporter zur Kirche bestellt. Genaugenommen lieferte mir dieses Buch den Vorwand dazu. Zu Beginn unseres Gesprächs meintest du, dass du über Apostasie sprechen möchtest. Also dachte ich: „Wenn dem so ist, sollte ich die Apostasie vollziehen. Es gibt keinen besseren Grund, meinen Arsch in die Sakristei zu bewegen."

Apostasie ist ein Weggang. Von welchem Ort bist du an diesem Nachmittag im Juni weggegangen?

Ich verließ einen sehr kleinen, dunklen Raum. In dem war ich, zumindest förmlich, mein Leben lang eingeschlossen. Allein das Wort „Apostasie" ist faszinierend. Es ist wie ein Schlüsselwort, oder, wie ich manchmal sage, ein Kraftwort. Damit meine ich, dass Worte oder Symbole eine eindeutige Botschaft in sich tragen, eine Botschaft mit viel Inhalt. Dahinter steht eine ganze Philosophie. Die muss man nicht erklären, weil sie für sich selbst spricht. Aus dem Grund habe ich diesen Titel für das Behemoth-Album *Apostasy* gewählt. Und das ist auch einer der Gründe für mich gewesen, warum mir der Kirchenaustritt wichtig war und ich mein Ticket für den Wald haben wollte.

Den Wald?

Wenn ich an die Kirche denke, stelle ich mir einen Zoo vor. Alles ist geregelt, überall gibt es Käfige. In einem Käfig sind

Affen, im nächsten große Elefanten, und in einem anderen ein paar Giraffen, und so weiter. Das Handeln der Kirche dreht sich um den Prozess, alles in Käfige zu sperren und die Welt mit Gewalt zu ordnen. Der einzige Unterschied ist, dass Zoos normalerweise eher klein sind, wohingegen das Christentum eine Ideologie ist, die die ganze Welt hinter Gitter zu bringen versucht. Ich beziehe mich hier selbstverständlich auf alle Formen institutionalisierter Religion. Aber ich kann im Einzelnen nur über die Religion sprechen, die ich kenne, weil ich in einem Land lebe, in dem sie vorherrschend ist. Die Betonung liegt auf „vorherrschen"...

Die Kirche spricht aber auch von freiem Willen.

Die Anmaßungen einer Religion können ja schön sein, aber „an ihren Früchten sollt ihr sie erkennen". Auf jeden Fall ist der freie Wille ein schlauer Trick. Die Katholiken sagen: „Tu, was du willst; wir sind nicht hier, um über dich zu urteilen." Und dann wenden sie einem den Rücken zu und urteilen doch. Als nächstes machen sie viel Lärm darum, dass sie sich verletzt fühlen, weil jemand andere Sichtweisen hatte als sie. Der nächste Schritt ist Lobbyarbeit für die Gesetze, mit denen sie ihre eigenen Regeln absolut jedem aufzwingen können.

Wenn jemand die Glaubensfreiheit erwähnt, schreit die Öffentlichkeit auf und beklagt die Tragik der Gläubigen. Diese würden von aggressiven Minderheiten angegriffen, so wie Polen von den Bolschewiken angegriffen wurde... alles nur, um Menschen anderen Glaubens zu dominieren und ihnen ihre eigene Weltsicht aufzuzwingen.

„Otto Normalverbraucher fickt eine Frau nach der anderen, aber meine Religion verbietet mir das! Also verbieten wir ihm das auch! Lasst es uns gleich *allen* verbieten! Sie sollen genauso traurig sein wie wir! Und dann lasst sie dem Herrn für dieses

Privileg danken! Und außerdem sollten sie glücklich sein, dass wir so großzügig sind, denn die Islamisten hätten sie schon längst gekillt!" Ich verabscheue das.

Also sagst du, dass es in Polen keine Glaubensfreiheit gibt?

Wir leben in einer wundervollen Demokratie, die eine Illusion von Gleichheit schafft. Dummerweise sind wir nur auf der materiellen Ebene gleich. Bei Finanzen und in der Wirtschaft gibt es keinen Aberglauben. Und der Rest? Erst vor Kurzem, im Laufe des 20. Jahrhunderts, wurde die Welt tatsächlich vom Feudalsystem befreit. Die Menschen wurden durch dieses System seit dem Mittelalter ausgebeutet, und die Kirche hat den Feudalismus immer unterstützt. Seit Ewigkeiten haben die Prinzen und Bischöfe von den Kanzeln gebrüllt, dass nur ein gehorsamer Bauer ein guter Bauer sei. Und darauf haben sie natürlich gesetzt. Ein wohlhabendes Leben mit dem Adel bedeutete ein wohlhabendes Leben mit dem Klerus. Dieses System hat sich geändert, die Kirche aber... nicht so sehr.

Gleichwohl beabsichtigen die Geistlichen heutzutage keine Leibeigenschaft mehr.

Aber sie überreden die Leute, für bestimmte politische Ansichten zu stimmen, um den Status quo zu erhalten und Veränderungen zu verhindern. Um die Gegebenheiten zu konkretisieren. Die Struktur der Kirche basiert auf einer präzisen und unerschütterlichen Hierarchie. Es geht nur darum, ihre Position und ihren Einfluss zu erhalten. Daran sieht man die Wichtigkeit jedes einzelnen Schäfchens. Oder vielleicht sollte ich sagen: jedes Sündenbocks...

Warum beschimpfst du die Gläubigen?

Wie würdest du jemanden nennen, der die Last der Sklaverei auf sich nimmt und versucht, andere zu zwingen, dasselbe zu tun? Der Glaube hat damit nichts zu tun. Es ist ein System, das einen spirituellen Totalitarismus oktroyiert. Wären wir vor den Zwangsenteignungen und Annexionen geboren worden, würden die meisten von uns alles unternehmen, um diese Ketten abzuwerfen. Aber wenn wir es mit der spirituellen Ebene zu tun haben, geben wir auf, noch bevor wir angefangen haben.

Für lange Zeit wurde die Religion in Polen wie Luft behandelt. Wenn man atmet, denkt man nicht darüber nach, warum man das tut – man tut es einfach. Die Kirche schaffte es, die Religion in unsere Traditionen einzumeißeln – so sehr, dass das niemand hinterfragte.

Es scheint, als ändere sich das.

Weil eine Zersetzung im Gange ist. Die wichtigste Grundlage des Katholizismus – ein statistischer Gläubiger stellt Fragen, oft sehr unbequeme Fragen. Es ist schwer, den sozialen Wandel aufzuhalten. Und die Menschen fangen an, ihren Verstand zu benutzen. Oft wenden sie der Institution den Rücken zu, aber nicht dem Glauben an sich. Sie spüren, dass sich Religion in Politik verwandelt. Das ist ziemlich witzig, weil Jesus, der als Rebell gegen die Ordnung der Welt kämpfte, zu einem Symbol für alles Konservative wurde.

Was machen Rebellen heute?

Sie fliehen aus dem Zoo, von dem ich vorhin sprach. Das ist nicht die ganze Welt, aber ein großes Gebiet. In Polen ist es ein Großteil des Landes. Wenn wir von oben draufschauen, sehen wir nur wenige Orte, an denen keine Käfige sind, und an denen die Tiere im Einklang mit ihrer Natur leben können. Zum Beispiel in den Bieszczady[8], dort lebt ein Rudel Wölfe. Es gibt Menschen, die, so wie ich, die Freiheit lieben. Es ist

[8] Mittelgebirgslandschaft in Südostpolen

einfacher, einen Wolf zu töten als ihn zu fangen. Denn wenn man ihn einfängt, wird er aus Sehnsucht nach Freiheit sterben. Die Apostasie ist mein Ticket für diesen Wald.

Und so siehst du dich? Als einen Wolf?

Ich will keine bemühten oder zusammenhangslosen Definitionen erfinden. Ich möchte vielmehr den Free-Jazz-Komponisten Tomasz Stanko zitieren, der von dem Dichter Witkacy inspiriert wurde. Die Worte gehen mir nicht aus dem Kopf und es ist schwer, da etwas Besseres zu finden. „Ich bin ein Einzelnes Wesen. EW. Kein Zusammenschluss, keine Gruppe, kein Patriotismus. Ich bin ein Pole, ich wurde hier geboren, ich spreche die Sprache, aber ich fühle wirklich, dass ich Tomasz Stanko bin. Ich bin eine unnachahmliche Ansammlung von Atomen. Es gibt niemanden wie mich auf dieser Welt oder im Universum." Ersetze das Wort Stanko mit Darski und du hast die Antwort auf deine Frage.

Wir haben ausführlich darüber geredet, an was Nergal nicht glaubt. An was glaubt er denn?

Ich denke, das kommt aus unseren Gesprächen hervor. Ich glaube an Veränderung und daran, dass alles fließt. Die Realität „ist" niemals, sondern sie „wird". Ich weiß nicht, wie dieser Prozess anfing und ich weiß auch nicht, wohin er führt. Und ich werde das vermutlich auch niemals wissen, also beschäftige ich mich nicht damit.

Relativismus?

Nenne es, wie du willst. Das sind nur Kategorien. Die Bedeutung von Worten ändert sich auch mit der Zeit.

Wenn alles fließt, kommst du in ein paar Jahren vielleicht zu dem Schluss, dass der Kirchenaustritt ein Fehler war. Was dann?

So, wie ein Mensch den Lauf eines Flusses nutzbar machen kann, so kann er auch sein Leben steuern. Wir bauen einen Damm, um das Wasser in eine bestimmte Richtung zu lenken. Und ich habe eine Brücke hinter mir abgebrochen, sodass mein Leben nicht wieder in eine falsche Spur geraten kann. Ich wurde von Instinkt und Intuition geleitet, etwas sehr Starkes und Primitives.

Was hat Gott dir angetan?

In „Chant For Eschaton" singe ich: „Remove all gods from my way". Es gibt in meinem Leben keinen Platz für irgendwelche Naturkräfte, die höher als der Mensch stehen. Ich lehne den Glauben an einen personifizierten Gott absolut ab. Ich lehne auch den Glauben daran ab, dass unser Glück und Unglück von irgendeiner höheren Gewalt abhängen soll. Wir stehen selbst für unser Leben gerade. Hau Gott von dem Podest runter, und du wirst seinen Platz einnehmen. *Deus absconditus.* Das ist meine Philosophie.

Ist das der Grund, warum du bei deinen Konzerten oft den englischen Okkultisten Austin Osman Spare zitierst? Der sagte, er sei noch nie einem Menschen begegnet, der nicht Gott war.

Ein Mensch erschuf Gott, er gab ihm sogar seine Eigenschaften und personifizierte ihn. Und dann fiel er vor dem, was er erschaffen hat, auf die Knie. So, als hätte er all das Wundervolle, Kreative und Gute aus sich herausgenommen und auf einen Sockel gestellt. Gleichzeitig sieht er sich selbst als einen verfaulten Haufen Mist an. Warum? Ich habe keinen blassen Schimmer. Was ich weiß, ist, dass mit unserer Kreativität und expansiven Einstellung zur Welt jeder von uns sein göttliches Element hervorbringen kann. Ohne die Hilfe von Figuren an der Wand und ohne Anbetung der Goldenen Kälber.

Hochmut... eine der Todsünden.

Ich war immer arrogant und überheblich. Ich vereinige diese Eigenschaften in mir. Genau wie meine stille Liebe für Anarchie und Chaos. Nietzsche hat mal gesagt, man müsse Chaos in sich haben, um einen tanzenden Stern zu gebären...

Willst du zu Krawallen anstiften?

Ich sehe das metaphorisch. Revolution ist vor allem eine Geisteshaltung. Eine Idee, die das System umkrempelt und herausfordert, ist immer hilfreich. Das hat nichts mit Politik zu tun. Ich bin nicht an Staatsstreichen interessiert. Ich interessiere mich für den Menschen und sein göttliches Potenzial.

Du lehnst Religion ab, beziehst dich aber oft auf Okkultismus. Siehst du da keinen Widerspruch?

Der Umstand, dass ich annehme, dass Gott nicht existiert, bedeutet nicht, dass ich die Spiritualität automatisch aberkenne. Viele Dinge passieren uns und manifestieren sich, die durch Wissenschaft nicht erklärbar sind.

Die Welt ist magisch. Als Kinder betrachten wir sie auf eine sehr einfache, oft sehr naive, aber reine Weise. Wir bemerken die Magie. Die Definitionen und Konzepte, in die wir die Realität zwängen, kommen erst später. Wir zähmen und beschreiben sie. Im Laufe der Zeit nehmen wir diese Beschreibungen als unveränderbar und endgültig an. So funktioniert organisierte Religion. Die Menschen werden zu ihr hingezogen, weil sie sich sicher fühlen und Antworten auf alle ihre Fragen bekommen möchten. Wir fürchten das, was wir nicht kennen, und diese Furcht tötet die Neugier und den Willen zur Erkenntnis. Ich verschließe meine Tür nicht vor etwas, das ich nicht berühren, benennen und identifizieren kann.

Du nimmst die Bücher von Crowley oder dem eben erwähnten Spare, liest sie und akzeptierst sie unkritisch?

Ich bin sehr skeptisch. Das ist meine Einstellung gegenüber allem. Andererseits bin ich Empiriker. Ich verneine nichts, bevor ich es nicht durchdacht habe. Ich lehne eine Idee nicht ab, nur weil sie jemand mit Etiketten dekoriert hat.

Was Crowley, Spare und ich gemeinsam haben, ist eine Überzeugung, dass in der menschlichen Natur ein verborgenes Potenzial existiert. Sie schauen auf die Welt wie ein andauernd neugieriger Junge. Und das kaufe ich ihnen ab. Ich renne nicht mit einem Zauberstab durch die Gegend, ich vollziehe keine Rituale mit Kerzen und ich bin kein Schüler irgendeiner Zauberschule. Doch es gibt im Okkultismus Einiges, was mich inspiriert. Ich nehme viel von diesem Vermächtnis, wie auch von vielem anderen.

Ich habe auf dem Rücken ein Tattoo der *Monas Hieroglyphica* von John Dee, dem Astrologen von Queen Elizabeth I. Heißt das, dass ich auf den gleichen Pfaden wandele wie er? Nein. Das kann ich nicht, das *bin* ich nicht. Meine Natur entspricht einem extremen Eklektizismus. Wir haben über das Smörgåsbord gesprochen. Darum geht es. Ich bin an Philosophie und Gegenkultur interessiert, und sicher auch an Okkultismus, aber ich will keinen Weg gehen, den schon jemand anderes zuerst gegangen ist. Ich meide Kategorien wie die Pest. Ich lehne auf natürliche Weise alle Arten von Universalismen ab.

Natürlich lese ich leidenschaftlich gern. Ich lasse mich inspirieren und borge und klaue Ideen – alles! Ich bin wie ein Schwamm, der Wasser aufsaugt. Dieses Wissen ist mein Treibstoff. Aber der Erschaffer dieses Systems, das mir erlaubt zu leben und zu funktionieren, bin *ich*.

Du beziehst dich oft auf den Polytheismus. Gibt es in der Welt Platz für viele Götter statt nur für einen Gott?

Ich benutze sie als Werkzeuge. Dafür wurden wir geschaffen. In vorchristlichen Religionen brauchte man ganze Götterwelten, um die Naturphänomene zu erklären. Die Menschen verstanden sie nicht, sie konnten sie nicht begründen. Also verliehen sie ihnen göttliche Eigenschaften. Das ist naiv, aber wunderschön.

Ich bin nicht daran interessiert, die Antike wiederzubeleben. Ich verwende dieses Erbe lieber mit einer neuen und zeitgemäßen Bedeutung. Ich übersetze den Polytheismus in eine Sprache, die modern und mir näher ist. Götter sind Metaphern. Das Pantheon heidnischer Götterbilder bringt ein bisschen Farbe in unsere Schwarz-weiß-Realität. Wenn es draußen donnert, sagt niemand, dass Thor einen scheiß Tag hatte. Die Begründung? Ein Sturm ist ein atmosphärisches Phänomen, durch die Wissenschaft perfekt beschrieben und erklärt. Aber wenn ich von einem Christen angefeindet werde, antworte ich stolz: „Dein Gott wurde ans Kreuz genagelt, aber meiner trägt einen Hammer in seiner Hand. Zieh deine eigenen Schlüsse daraus!“

Die Natur *versus* Gott?

Falls die Natur Chaos und Veränderung ist und Gott eine geordnete Welt der Illusion, dann ja. Die alten Götter waren nicht perfekt. Im Gegenteil, sie wurden als trügerisch und unberechenbar beschrieben. Sie waren mit der Welt, nicht gegen sie.

Menschen fürchten das All und die Tatsache, dass sie in Nichtexistenz enden werden, und das kann ich verstehen. Dieses Fehlen von Empfindungen ist erschreckend. Was ich aber nicht verstehe: Warum sind Menschen so naiv zu denken, sie könnten die Natur zügeln, indem sie in diesem Chaos eine Ordnung bewahren und ihm Gott entgegensetzen? Das ist so, als stünde man direkt vor einem Tornado oder einer 90-Meter-Flutwelle und würde mit den Fäusten drohen, um dem Element zu zeigen, dass es hier nicht das Sagen hat... Die Natur wird sich um diese Art zu denken schon kümmern.

Nergal: der Verbündete der Natur.

Ich bekämpfe einfach eine Krankheit effektiv, und es ist egal, ob diese Krankheit Krebs oder Religion ist.

XIII

WAS LEBT WIRD NICHT STERBEN

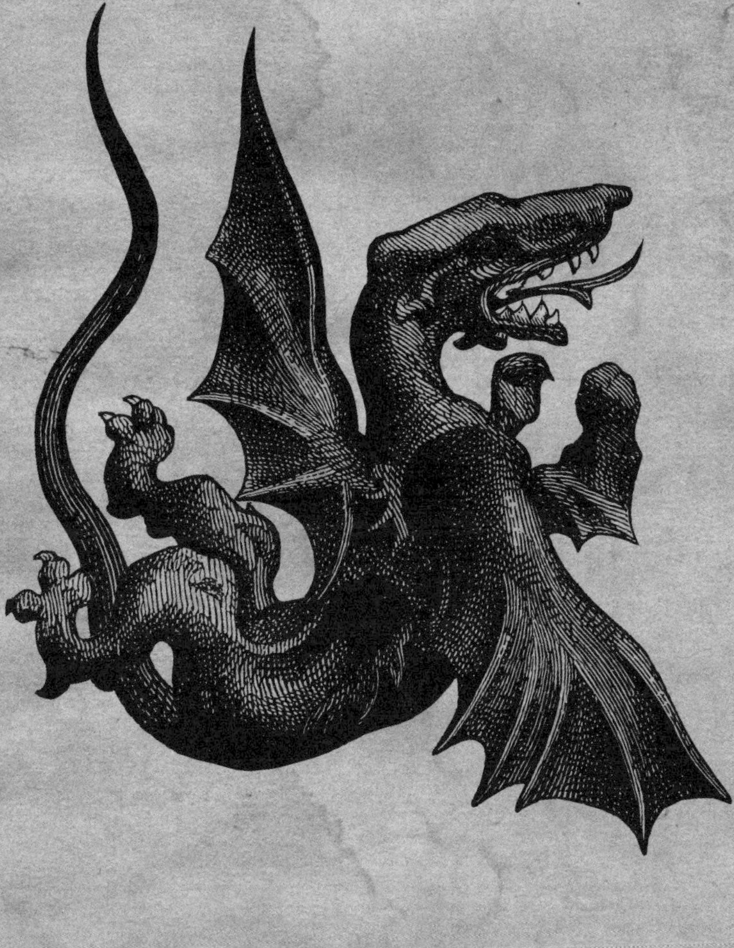

Es gibt keine Anzeichen deiner Krankheit mehr. Behemoth sind endgültig auf der Bühne zurück. Wie schwer war es?

Ich habe es geschafft, aber anfangs war es schwierig. Wir fingen im Herbst 2011 mit einigen Einmalauftritten an, im Frühjahr gingen wir dann auf eine größere Europa-Tour. Es war ziemlich stressig für mich, wieder Musik zu machen. Sylwia Gruchala – die polnische Fechterin, die 2003 bei der Weltmeisterschaft eine Silbermedaille und 2004 eine Bronzemedaille gewann – erzählte mir, dass Sportler und Sportlerinnen, wenn sie zu einem Wettkampf gehen, so angespannt sind, dass sie sich viel leichter verletzen können.

Das ging so weit, dass einige Verbände ihren Athleten verboten, sich vor einem Wettkampf zu treffen, damit sie sich nicht durch Händeschütteln eine Infektion zuzogen. Das ist erstaunlich, weil es genau die gleiche Art von Stress ist, die ich vor einer Tour bekomme. Mir dessen bewusst zu sein, dass ich einen weiteren Monat in bester Form sein muss, lässt mich nachdenken, ob ich es überhaupt schaffen kann. Besonders heute. Drei Tage vor der Abreise hatte ich Probleme mit der Lunge. Ich ließ mich untersuchen. Es war nichts Ernsthaftes, aber mein Stresslevel stieg ein bisschen an.

Wie bist du damit zurechtgekommen?

Ich bewahrte mir eine positive Einstellung. Das erste Konzert sollte in Hamburg stattfinden. Wir spielten die Show, obwohl ich mir währenddessen und danach buchstäblich die Lunge raushustete. Dann hatten wir noch zwei Auftritte, und ich zählte schon die Tage bis zum Ende der Tour: 22, 21, 20…

Irgendwann während der Tour wurde ich die ganze Anspannung los. Ich spürte, dass dies mein natürlicher Lebensraum war. Der Rhythmus der Tour richtete mich körperlich und geistig wieder auf. Eines Tages fühlte ich mich dann einfach gut. Ich fing an zu trainieren, die Rückenprobleme der ersten Tage waren plötzlich weg, und es gab auch keine Anzeichen einer Erkältung oder Husten...

Du warst dann wieder im Rock 'n' Roll-Modus.

Ich fühlte mich für die Band verantwortlich. Jetzt nach der Krankheit sogar noch mehr. Außerdem bin ich der Frontmann, ich benutze meine Stimmbänder. Ein Gitarrist kann auch mit Mandelentzündung auftreten, aber der Sänger? Es gab Zeiten, da konnte ich noch nicht mal sprechen, aber ging trotzdem auf die Bühne. Manchmal spuckte ich sogar Blut, mein eigenes Blut. Wenn wir eine Show absagen, verlieren wir Geld, und das können wir uns einfach nicht leisten. Man hat keine Einnahmen, muss aber trotzdem für alles bezahlen. Beim Bus angefangen, über die Produktion und Ausrüstung, bis zum Hotel. Das ist ein verdammt schwieriger und anspruchsvoller Beruf.

Also sind die Partybilder von eurer DVD *Crush.Fukk.Create* alle aus der Vergangenheit?

Unsere biologischen Uhren sind unerbittlich. Heute lassen wir uns eher von der Routine führen. Aber das gefällt mir. Mehr Schlaf, ordentliche Mengen an Vitaminen und Mineralen, etwas Entspannung, ein Nickerchen vor der Show, ein paar Übungen, und dann Ruhe im Hotel – in Ordnung! Natürlich feiern wir immer noch, und die Jungs vertragen immer noch ziemlich viel. Nach den Auftritten, selbstverständlich.

Was ist mit dir?

Nachdem ich ruhiger wurde, habe ich mir ein paar Mal den Arsch abgetanzt. Aber ich bin ein braver Junge. Der Weißwein und ich sind gute Freunde. Ich könnte eine Flasche oder zwei am Tag trinken.

Sind zwei Flaschen Weißwein nicht etwas viel?

Die Touren haben ihr eigenes Mikroklima. Auf Tour zu trinken ist nicht dasselbe, als würde man zu Hause trinken. Im Urlaub ist es genauso. Man wacht morgens auf und fühlt sich nicht verkatert. Wenn man die gleiche Menge aber daheim trinkt, hat man am nächsten Morgen Probleme, aus dem Bett zu kommen.

Hast du mal jemanden aus der Band geworfen, weil er getrunken hat?

Nein. Ich bin nicht mehr ihr Kindermädchen, ich bin ihr Partner. Es geht um Vertrauen und darum, sich an die Regeln zu halten, die wir uns aufgestellt haben. Vorrang haben die Tour, die Band und die Show. Das Feiern steht im Hintergrund. Wenn jemand über die Stränge schlägt, entschuldigt er sich normalerweise und benimmt sich dann. Jeder hier weiß, dass das Leben von der Musik ein Privileg ist, genau wie die Partys danach. Das alles wegwerfen? Wozu?

Was ist, wenn sich jemand nicht entschuldigt?

Dann rückt ihn der Rest der Band schon wieder zurecht. Wir sind aber tolerant. Wichtig ist, dass zu einer Show jeder nüchtern sein muss. Davor und danach können sie voll wie die Eimer sein. Vor Kurzem gab es eine solche Situation. Die Europatour war wirklich gesellig. Wir tourten mit Bands, die wir kennen und mögen, zum Beispiel Cannibal Corpse. Das sind alte Bekannte. Während der ersten Tage trank deren Leadsänger, George Fisher, mit unserem Gitarristen Pazdzioch.

Anfangs tranken sie dieselbe Menge. Ich wachte immer so um elf Uhr früh auf, und die saßen immer noch mit einem Bier in der Hand da, sturzbetrunken. Dann gingen sie schlafen und standen erst kurz vor dem Auftritt wieder auf. Und das wiederholten sie ständig.

Die Show war vorüber, und George kam in unseren Bus, um mit Seth zu saufen. Es ging ihm ganz gut, bis er so betrunken war, dass er sich in die Hose schiss. Seit dem Tag nannten wir ihn nicht mehr George „Corpsegrinder", wie man ihn kennt, sondern George „Shitmaster". Wir machten unsere Späße bis zum Ende der Tour. Aber es war sehr freundschaftlich. Wir Musiker sind wie eine Familie. Wir können uns jede Menge Scheiß an den Kopf werfen, aber diese Witze sind nicht aggressiv.

Vermissen dich deine Groupies nicht?

Ich glaube schon, aber das habe ich nie ausgenutzt. Auf Tour zu sein ist hart, schmutzig, ermüdend. Und dann noch in der Toilette irgendeine Tussi vögeln? Dafür bin ich zu alt. Wie ich außerdem vorhin sagte, habe ich aus dieser Perspektive kein Interesse an meinen Fans.

Wie war es, als du jünger warst?

Ich bin nicht der Heilige Geist. Es gibt Umstände, die für solche Situationen mehr oder weniger passend sind. Letzteres ist häufiger der Fall. Ich hatte nie das Bedürfnis, den Rekord im Nageln von Mädels in Kampfstiefeln zu brechen. Aber das ist nur eine Seite von mir.

Und die andere Seite?

Es gibt Orte, da sind die Umstände dafür öfter gut. Da sind wir aber nicht allzu oft. Südafrika ist ein wahres Eldorado für einen Mann. Die Frauen dort haben ein ganz anderes Temperament, eine andere Einstellung zum Leben. Sie haben weniger Grenzen. Sie haben gerne Spaß. In Russland ist es genauso. Mann-Frau-Beziehungen sind da viel einfacher.

Russische Frauen sind wie die polnischen. Sie sind unkonventionell.

Ich habe den Eindruck, dass russische Frauen weniger berechnend sind. Wenn wir in Moskau auftreten, bin ich außerdem viel anonymer als in Warschau. In Russland weiß ich, dass eine Frau, die ein paar Stunden mit mir verbringen möchte, danach aus meinem Leben verschwindet, aber in Polen? Ich muss es mir fünfmal überlegen, bevor ich nur daran denke, mit einer Frau intim zu werden.

Die Polinnen sind berechnend?

Manchmal. Ich habe oft das Gefühl, dass sie außer dem reinen Spaß noch Hintergedanken haben. Es scheint, dass es manchmal um meinen sozialen Status geht, und da zögere ich natürlich.

Gibt es jemanden in der Band, der nicht so zögerlich ist?

Gibt es, aber mehr sage ich dazu nicht.

Hast du Veränderungen bei deinem Publikum bemerkt, nach dem du in der Boulevardpresse und im Fernsehen aufgetaucht bist?

Es gab Meinungen zu unseren Shows, die sich verändert haben. Einer meiner Freunde weigerte sich sogar, zu einem unserer Auftritte zu kommen. Ich dachte, er hätte mich verstanden und wüsste, wie ehrlich ich bin, wenn es um meine Musik geht. Aber er sagte, dass ihm Erinnerungen wichtig seien und dass er uns als Band in Erinnerung behalten wolle, die für ernsthafte Menschen spielt, nicht für „Eintags-Fans". Das ist sein Recht.

Ja, aber hat er denn recht?

Wir führten mit den Leuten ein paar soziologische Experimente durch und überprüften, welche Leute zu unseren Shows kamen. Es ist so, dass das Publikum immer noch hauptsächlich aus Metalfans besteht. Sie sind vielleicht ein bisschen jünger, aber das ist normal. Es ist ein Generationenwechsel. Natürlich gab es ein paar Wichtigtuer, die nur nach billigen Storys suchten und die nur kamen, um den Typ aus dem Fernsehen zu sehen. Aber die machten nur einen kleinen Teil des gesamten Publikums aus. Unsere Einstellung hat sich aber trotzdem nicht geändert: Wir spielen für unsere loyalen Fans.

Waren die polnischen Shows erfolgreich?

Die meisten waren ausverkauft, die Leute waren hungrig nach Behemoth. Wir fanden langsam wieder in unsere alte Form zurück. Wir fingen ganz gut an. Die Europatour war sehr gut, und als wir später in den Staaten waren, wurden wir noch besser.

Die Amerikaner begrüßten euch allerdings damit, dass sie ein Konzert „aus religiösen Gründen“ absagten.

Der Club, der uns drei Monate vorher gebucht hatte, sagte das Konzert ab. Der Besitzer war mit einem Konzert mit Behemoth, Watain und The Devil's Blood einverstanden, aber änderte dann seine Meinung. Wäre ich ein gottesfürchtiger Christ, würde ich mir wahrscheinlich die Namen anschauen und sagen: „Oh, nein, nein. Ihr tretet bei mir nicht auf.“ Letztendlich sehe ich das als gute Werbung, eine Art Ostergeschenk.

Hattet ihr in den Staaten vorher schon ähnliche Situationen?

Wir mussten ein paar Auftritte absagen, aber nur wegen technischer Probleme. Das war während der Promotour für *Evangelion*. Wir fuhren im Winter durch North Dakota und fanden uns mitten in einem Schneesturm wieder. Wir waren in irgendeinem Kuhkaff, wie in *Fargo*. Uns fehlte nur noch eine schwangere Polizistin...

Wir hielten an einer Tankstelle. Wir wussten, dass der Gig für'n Arsch war. Keine Chance, da rechtzeitig hinzukommen. Das war aber nicht unser größtes Problem. Die Heizung im Bus war kaputt. Es war scheiße kalt. Die Leute von der Tankstelle ließen uns rein, und wir kauften ein paar Decken. In der Nacht lebten wir wie die Penner…

Es waren noch mehr Leute in derselben Lage. Die Polizei war im Einsatz und leitete alle direkt zu der Tankstelle. Am nächsten Tag sollten wir in Chicago spielen, ein paar hundert Meilen weit weg. Morgens waren wir in echt übler Verfassung. Wir schliefen auf dem Fußboden und zitterten. Es ist nicht einfach, sich unter solchen Umständen zu erholen. Schließlich wurde der Highway wieder geöffnet. Die Busheizung funktionierte immer noch nicht, aber wir waren unterwegs, obwohl die Innentemperatur weit unter null war. Wir fuhren schweigend und in Decken eingehüllt. Die Straßen waren in schlechtem Zustand, also brauchten wir ein paar Stunden bis in die nächste Stadt.

Egal, was wir unternehmen würden, es war unmöglich, mit dem Bus nach Chicago zu kommen. Also riefen wir unseren Promoter an. Wir fuhren zum nächsten Flughafen und nahmen einen Flug nach Chicago. Wir packten nur unsere Instrumente und die wichtigste Ausrüstung ein. Vor der Show konnten wir gerade noch duschen und gingen direkt danach auf die Bühne. Der amerikanische Winter *versus* Behemoth: 1 : 1.

Als ihr das nächste Mal in Amerika wart, war es Frühling, also konntet ihr euch über das Wetter nicht beschweren.

Es war schön. Ich habe das wirklich genutzt. Ich bin jeden Tag joggen gegangen, habe viel trainiert…

Immerhin musstest du dich nicht vor Paparazzi verstecken.

Ich begegnete einem in New York City. Ich schlenderte mit meinen Freunden Julka und Kinga durch Manhattan, wir schauten uns ein paar Boutiquen an. Wir saßen in einem

Rick-Owens-Shop in South Village. Ich probierte ein neues Paar Schuhe an, als ich aus dem Fenster sah. Auf der anderen Straßenseite war ein Typ mit einem fetten Grinsen im Gesicht, der Fotos von mir machte. Die Mitarbeiter bemerkten das ebenfalls, also zogen sie Vorhänge vor die Schaufenster. Aber der Kerl wollte einfach nicht verschwinden.

Als wir hinausgingen, machte er immer noch Bilder von uns. Ich pfiff, er kam gehorsam zu uns und lächelte. Und bevor ich irgendetwas sagen konnte, entschuldigte er sich, dass er unsere Privatsphäre verletzt hatte. Er war Pole und arbeitete seit fünf Jahren in den Staaten. Er versprach, uns nicht zu folgen, wünschte uns einen schönen Tag und verschwand. Sein Benehmen war total anders als das, das ich von den Straßen in Warschau oder Danzig kannte. Er hat mich nicht verärgert. Ich habe ihm sogar viel Glück beim Verkauf der Bilder gewünscht...

Die wurden in der Boulevardpresse veröffentlicht, also hat er vermutlich etwas daran verdient. Das Wetter war gut, die Stimmung war gut; wie lief es mit den Shows?

Der Empfang war bemerkenswert. Die Leute wussten, was ich während der letzten Jahre durchgemacht hatte. Sie unterstützten mich. Während der Shows schaue ich mir gerne die Leute vor der Bühne an. Das mache ich immer. Meine Fans zu sehen bringt mich in Schwung. So war das bei einer der ersten Shows auf der Tour. Ein Mann hielt sein T-Shirt hoch über den Kopf, sodass ich lesen konnte, was draufstand. Da stand „*Fuck cancer*". Wow! Ich fühlte mich seltsam, vielleicht sogar ein bisschen gerührt.

Ein anderes Mal sah ich einen Fan in einem T-Shirt, auf dem stand „Nergal *versus* Leukaemia: 1 : 0". Das gab mir einen unglaublichen Kick. So etwas schafft eine Bindung. Es wird einem bewusst, wie wichtig die Fans für einen sind. Manchmal sind sie sogar wie eine Familie. Je mehr man sie respektiert, desto mehr fühlt man sich, als würde man sich auf der Bühne für sie öffnen.

Gab es noch mehr solcher Geschichten?

Unser vorletztes Konzert war im Palladium Club in New England. Der Laden war voll. Ich schaue ins Publikum. Auf einer der Emporen sehe ich einen älteren, dürren Kerl. Ich habe den Eindruck, ihn von irgendwoher zu kennen. Er beobachtet mich aufmerksam. Ein paar Mal treffen sich unsere Blicke, aber ich bin von der Show eingenommen, ich drifte auf der Bühne ab...

Eine Stunde später gehe ich duschen. Plötzlich klopft der Tourmanager an die Tür. „Nergal, beeil dich. Hier ist jemand, der dich sehen will.“ Ich ziehe mich an, gehe in den Raum, und sehe den Mann von der Empore. Er stellt sich vor.

„Tom Hamilton, schön, dich kennenzulernen.“

Er zeigt auf den Jungen neben ihn, seinen Sohn, der ein großer Fan von uns sei, und in dem Moment wird mir alles klar. „Fuck“, denke ich mir, „der Typ von Aerosmith bringt seinen Sohn mit zu unserem Konzert, das ist der Knaller.“

In der Zwischenzeit erzählt Tom, was er über die Show denkt. Er spricht über Musik und ich bin erstaunt, wie viel Spaß er daran hat. Er könnte mein Vater sein! Außerdem ist er einer der Pioniere des Hardrock. Ich stehe einer Legende gegenüber und muss mir sehr viel Mühe geben, nicht zu zeigen, dass ich mich sehr klein fühle. Als er *seine* Band erwähnt, versuche ich, einen Witz zu machen: „Du spielst bei Bon Jovi, richtig?“

„Nein, Aerosmith“, antwortet er ziemlich ernst. Er ist absolut ungerührt. Es stellt sich heraus, dass er meinen Namen kennt und von meiner Krankheit gehört hat. Er sagt mir, dass er froh ist, dass ich sie besiegen konnte. Daraufhin deutet er an die Seite seines Halses und zeigt mir die Narbe an der Stelle, wo sein Tumor herausgeschnitten wurde. Die Zeit vergeht, wir unterhalten uns und machen ein paar Fotos. Ein weiterer außergewöhnlicher Tag in einem wundervollen Leben.

Ist dir die Unterstützung durch andere Leute aus der Musikindustrie wichtig?

Ich bin stolz darauf, dass ich mit vielen Menschen arbeite, mit denen ich nicht nur durch das Geschäftliche teile, sondern auch durch Freundschaft verbunden bin. Ich bin seit 20 Jahren im Geschäft und habe gelernt, dass man Augen auf dem Hinterkopf haben muss. Es gibt immer jemanden, der einen verarschen und einem das Messer ins Kreuz rammen will.

Zum Glück lerne ich auch außergewöhnliche Menschen kennen und versuche, zu ihnen Kontakt zu halten. Michal Wardzala, unser polnischer Publisher und der Chef von Mystic Production, ist ein tolles Beispiel. Es fing alles ganz einfach an. Er bot an, unser Album zu veröffentlichen, und ich stimmte zu, obwohl ich noch bei jedem Schritt sehr vorsichtig war. Mein Vertrauen wuchs mit der Zeit, und heute vertraue ich ihm wie meiner eigenen Mutter. Er ist mein Freund. Das Glück, mit solchen Menschen zu arbeiten, ist ein wahrer Schatz. Ihre Unterstützung war und ist unbezahlbar.

Fühlst du dich erfüllt?

Das Leben eines Musikers ist eigentümlich. Es ist sehr leicht, arrogant zu werden. Man geht jeden Abend auf die Bühne und hört, wie tausend Kehlen die Worte deiner Texte brüllen. Nach dem Auftritt bekommt man Alkohol und andere Sachen umsonst, und die Mädels warten nur darauf, sich mit dir in der Garderobe einzuschließen.

Es hat genug Leute gegeben, die dachten, dies würde ewig so weitergehen. Viele von denen waren schnell aus dem Spiel. Es gibt Tausende, die nur auf den einen großen Fehler von dir warten. Und dann zwingen sie dich auf deinen Platz. Wenn man von der Musik leben will, muss man das immer bedenken.

Bedenkst du es denn?

Unser Bus hält mitten in den Alpen, ich kann die in Sonnenlicht gebadeten Berggipfel sehen. Ich steige aus und vertrete mir die Beine. Alles um mich herum ist atemberaubend schön. Das ist so ein Moment, in dem ich daran denke, welche wundervolle Überraschung das Leben für mich hatte. Und ich sage mir: „Darski, versau es nicht."

Hast du manchmal eine Schreibblockade?

Oft.

Kämpfst du dagegen an, oder lässt du sie vorübergehen?

Ich kämpfe. Ich versuche, sie zu überwinden, aber dann kommen die Zweifel. Sollte ich kämpfen? Ist das ehrlich? Sollte es nicht aus freien Stücken geschehen, ohne diesen Kampf? Ist das, was ich da erschaffe, noch authentisch?

Na, ist es das?

In solchen Momenten denke ich an Bergsteiger. An Kerle, die 8000-Meter-Gipfel besteigen. Das ist nicht mühelos, schön und gemütlich. Oder ich denke an Frauen.

An Frauen?

Die Gefühle, die man beim Kampf um eine Frau hat, sind denen gleichzusetzen, die ich habe, wenn ich zu schreiben versuche. Wenn ein Mann eine Frau erobert, ist das nicht immer einfach, richtig? Man erobert sie, man kämpft um sie.

Manchmal reagiert sie, und manchmal ignoriert sie einen. Es ist wie ein Tanz. Und so tanze ich mein Leben lang mit meiner Gitarre. Sie ist mein *Utensil*.

Das wirkt einfach: du schnappst sie dir einfach und spielst.

Es hängt davon ab, wie man da herangeht. Ein Utensil, ein Gebrauchsgegenstand, ist dazu da, wie der Name schon sagt, um gebraucht zu werden. Ich spreche nicht vom Spielen um des Spielens willen oder wegen der Klänge selbst, sondern von etwas viel Größerem, Vollständigerem. Ich finde es schwer, das Wort „Kunst" auszusprechen, weil es ein ziemlich großes Wort ist. Zu ihm gehört eine Ganzheit, eine Vollständigkeit. Man hat eine Vision, ein Bild im Kopf, und das will man in einer bestimmten Sprache ausdrücken. In meinem Fall ist diese Sprache die Sprache der Musik. Das bringt einige Probleme mit sich, denn ich bin kein Virtuose. Natürlich versuche ich ständig, besser zu werden in dem, was ich mache. Ich arbeite hart, aber manches ist für mich einfach unerreichbar. Also muss ich meine Vision mit den Mitteln umsetzen, die mir zur Verfügung stehen. Aber die sind nur ein Aspekt. Es gibt auch die Vorstellungsgabe, die wie eine motivierende Kraft wirkt. Aber auch die ist begrenzt.

Die Leiden des jungen Nergal...

Es wirkt ein bisschen so, weil Musik oft aus Schmerz geboren wird. Ein Tischler nimmer ein Stück Holz, bearbeitet es, poliert es, er schneidet und sägt, aber er arbeitet nach einem bestimmten Schema. Er sieht den Stuhl, den er anfertigen soll, bereits im Kopf – und sieht ihn manchmal sogar auf dem Papier. Mein Schaffen ist anders. Ich nehme ein Stück Holz und schnitze es auf gut Glück. Ich suche nach einer passenden Form. Das dauert manchmal Wochen. Aber es macht einen glücklicher, wenn man es schafft, die richtige Form zu finden; auch wenn sie immer noch krumm, unbeholfen und voller Splitter ist.

Ist dieses Erschaffen nicht ziemlich schmerzhaft?

Das Unvermögen, etwas zu erschaffen, ist besonders schmerzhaft. Und extrem lästig.

Wie gehst du damit um?

Ich muss alleine sein. Es ist vielleicht ein Klischee, aber Einsamkeit motiviert, wenn man kreativ ist. Wenn ich überlege, meine Gitarre zur Hand zu nehmen, während jemand im Haus herumläuft, spüre ich, dass da nichts bei rumkommen kann. Selbst, wenn es jemand ist, der mir nahesteht... allein die Geräusche, die durch seine Anwesenheit verursacht werden, können ein Hindernis sein.

Also du bist alleine zu Hause...

So wie heute. Ich schaute aus dem Fenster. Wie du weißt, wohne ich in der Nähe einer Kirche. Ich sah also ein großes Kreuz im Regen. Ich nehme an, dass die meisten Menschen bei diesem Anblick traurig würden. Weil es regnet, weil es kalt ist, weil es ein weiterer Tag ist, an dem man all die üblichen Dinge erledigen muss. Aber mich hat es aufgeheitert. Und diese Leere im Haus, diese Stille... das funktioniert wie ein Resonanzboden. Und das war *der* Moment. Ich nahm die Gitarre, schrammte ein paar Akkorde, und alles fügte sich zusammen. Alles passte.

Und falls es sonnig gewesen und eine liebende Gattin im Haus gewesen wäre?

Es wäre schwierig gewesen, die richtigen Akkorde zu spielen.

Ist das nicht ein wenig wie kreativer Masochismus? Man sagt, dass Künstler am besten arbeiten, wenn sie leiden.

Das sagt man so.

Stimmt es?

Ich schrieb *Evangelion*, nachdem ich mit einer Frau Schluss gemacht hatte, mit der ich ein Jahr zusammen war. Ich fühlte mich wirklich schrecklich. Das war der einzige Moment in meinem Leben, in dem ich Hilfe bei Tabletten und Antidepressiva suchte. Das und der Umstand, dass ich wie verrückt anfing zu schreiben, ließen meinen totalen Zusammenbruch sich in Nichts auflösen. Die Platte wurde unser größter Erfolg, und nicht nur im kommerziellen Sinn.

Es ist ziemlich mutig, das zu sagen. Aber denkst du nicht, dass das Geständnis mit den Antidepressiva etwas mit deinem künstlerischen Image kollidiert? Du bist immer so voller Vitalität und Stärke.

Das ist mir nicht unangenehm, und ich habe keine Probleme damit. Wenn einem das Leben in den Arsch tritt und man es nicht mal aus dem Bett schafft, warum sollte man zögern, ein Gegenmittel zu nehmen, das zudem nicht mal chemisch ist? Das ist eine Methode wie jede andere auch, aber was zählt ist, dass sie wirkt.

Wenn ich in ein Gebäude rein soll, ist es egal, welche Methode ich dafür auswähle. Ich kann wie Spiderman die Wand hochklettern, wie ein Sprinter die Treppen hochrennen oder wie eine Katze von Dach zu Dach springen. Übrigens: Weißt du, warum die Schildkröte hart ist? Weil sie weich ist.

Also verbirgt die Schale eines hardcore Metalheads im Inneren eine sensible Seele?

Es geht nicht nur um meine Psyche, sondern um mich als Person, inklusive meines Körpers. Es ist so, als hätte man versucht, ein Kind und einen Titan in einem Charakter zu vereinigen. So bin ich konstruiert. Mit der Zeit werde ich mir meiner Schwachstellen immer bewusster. Das sind Bereiche, in denen ich mich wehrlos fühle. Und ich verspüre eine echte Angst, dass eine von ihnen eines Tages nicht mehr funktionieren könnte. Andererseits ist meine Haltung wie eine Rüstung, mit der ich wie ein Soldat durchs Leben gehen kann.

Was ist in dem Fall die Musik? Dein Schwert?

Sie ist eher der Soundtrack für meine Reise. Nicht falsch verstehen, ein guter Soundtrack besteht manchmal auch aus viel Stille. In der letzten Zeit gab es davon ziemlich viel in meinem Leben. Manchmal muss es still sein, damit auch mal ein Orchester spielen kann.

Es gibt in deinem Leben ganz schön viele Gegensätze, oder nicht?

Ich denke, schon. Ich muss hinfallen, um wieder aufzustehen.

So wie Sisyphos?

Lustig, dass du das sagst. Es ist noch gar nicht lange her, dass ich an Sisyphos gedacht habe. Ich dachte daran zurück, was während der letzten paar Jahre in meinem Leben geschehen ist. Ich erinnerte mich an die Situation, über die wir vorhin sprachen. Nachdem ich mit meiner Liebsten Schluss gemacht hatte, fühlte ich mich, als wäre ich gestürzt, wie am Boden zerstört. Meine Rüstung war beschädigt, und ich selbst konnte sie nicht reparieren. Da griff ich nach den Tabletten. Das war ein enormer Kick. Einerseits war es oberflächlich und äußerlich. Andererseits verordnete ich mir strenge Disziplin und fing an, wieder hochzuklettern.

Für ein paar Monate lebte ich wie in einer Kaserne. Es fehlte nur der tägliche Drill. Ich begann den Tag mit hartem Training, dann arbeitete ich viel mit der Gitarre in meinem Studio daheim. Abends las ich etwas oder ging ins Kino. Es war Ende Dezember, und ich wurde ganz fuchsig bei dem Gedanken, dass um mich herum die Heiligabend-Show stattfand. Die Leute saßen vor dem Fernseher und stopften sich die Bäuche voll. Und ich, eingepackt in drei Lagen Kleidung und einen Schal, rannte im Schnee durch den Wald.

Wie Rocky Balboa?

Ich mochte schon immer Filme, in denen der Protagonist vom Leben richtig gefickt wird, sich zusammenreißt, wieder auf die Beine kommt und sich mit offenen Augen den Härten des Lebens stellt. Das beeindruckt mich an der amerikanischen Kultur: sich selbst auf Sieg zu programmieren.

Hast du auch deine Dämonen besiegt?

Ich hatte die ganze Zeit ein Gefühl in mir; das Gefühl, durch die Trennung von jemand Geliebtem schwer verletzt worden zu sein. Aber ich fühlte auch, wie es heilte. Ich setzte dieses Gefühl in Worte und Klänge um. So entstand das Album *Evangelion*. Ich glaube, dass es das beste Album ist, das wir bis heute aufgenommen haben.

Wenn Sisyphos den Gipfel erreicht, stürzt er. Du bist in großem Stil gestürzt. Du warst kurz vor dem Tod.

Es ist schwierig für mich, das einzuschätzen. Ich kenne kein rechtes Maß, das für solche Begebenheiten passen würde, um sie zu in irgendeiner Form zu kategorisieren. Ich weiß wirklich nicht, ob eine tödliche Krankheit ein größerer Absturz ist, als sich von einer Frau zu trennen. Das ist alles höchst individuell und hängt von tausenden von Faktoren ab.

Du hast die tödliche Krankheit besiegt, aber du hast noch viel mehr Trennungen durchgemacht.

In gewisser Weise lernte ich, wie man sich trennt. Das macht es trotzdem nicht einfacher. Ich weiß einfach nur, wie ich meine Wunden behandeln muss. In solchen Situationen fühlt man sich wie ein Kind mitten im Wald: Es ist dunkel, und man weiß nicht, welchen Weg man gehen soll. Und dieses Gefühl bleibt bei einem.

Aber ich lerne immer noch. Ich weiß, dass ich, statt durchzudrehen, auf den Sonnenaufgang warten muss. Das Licht kommt immer, aber nie sofort. Ehrlich gesagt kann ich nicht sicher sein, dass ich in so einer Situation nicht einfach in Panik geraten und blindlings davonrennen würde. Das weiß man nie, bis es so weit ist, oder?

BILDNACHWEISE

Die Fotografien in diesem Buch stammen aus den folgenden Quellen. Sollten Sie der Meinung sein, dass bei der Zuordnung ein Fehler passiert sei, kontaktieren Sie bitte den Verlag. Viele der verwendeten Bilder stammen aus Nergals Archiv. Wir danken ihm und Maciej Szymnowicz, der die polnische Originalversion dieses Buches verfasste, für ihre Hilfe bei der Zusammenstellung dieser Ausgabe.

Umschlag, **3–6** Ivo Ledwożyw **81–3** Nergal **84** Damian Kramski **85** *oben links* Agnieszka Krysiuk, *oben rechts* Nergal, *unten* Martin Darksoul **86** *oben links* Charlene Tupper, *oben rechts* Nergal, *unten* Natalia Kempin **87** Nergal **88** Ivo Ledwoż **201** *oben* Natalia Kempin, *unten* Agnieszka Krysiuk **202–3** Nergal **204** Rafał Szyjer **205** *oben* Agnieszka Krysiuk, *unten* Krzysztof Wiktor **206** Nergal **207** *oben* Jan Bogacz TNP SA, *unten* Charlene Tupper **208** Mike Savoya.